广告法规管理

（第二版）

主　编　陈丽平

副主编　程向明　任　莺

张红燕　林　英

ZHEJIANG UNIVERSITY PRESS

浙江大学出版社

·杭州·

图书在版编目（CIP）数据

广告法规管理 / 陈丽平主编. — 2 版. — 杭州：
浙江大学出版社，2025.4

ISBN 978-7-308-24328-5

Ⅰ．①广… Ⅱ．①陈… Ⅲ．①广告法－研究－中国－
教材 Ⅳ．①D922.294.4

中国国家版本馆 CIP 数据核字（2023）第 203843 号

广告法规管理(第二版)

GUANGGAO FAGUI GUANLI (DI-ER BAN)

陈丽平　主编

策划编辑	曾　熙	
责任编辑	曾　熙	
责任校对	郑成业	
封面设计	春天书装	
出版发行	浙江大学出版社	
	（杭州市天目山路 148 号　邮政编码 310007）	
	（网址：http://www.zjupress.com）	
排　　版	杭州朝曦图文设计有限公司	
印　　刷	杭州捷派印务有限公司	
开　　本	787mm×1092mm　1/16	
印　　张	14	
字　　数	340 千	
版 印 次	2025 年 4 月第 2 版　2025 年 4 月第 1 次印刷	
书　　号	ISBN 978-7-308-24328-5	
定　　价	48.00 元	

前　言

党的二十大报告提出要"构建高水平社会主义市场经济体制","构建全国统一大市场,深化要素市场化改革,建设高标准市场体系"。① 广告业作为经济的晴雨表,在自身各项数据的快速上升中充分体现了其在服务国家创新发展、促进消费和扩大内需、推动社会主义精神文明建设中发挥的作用。广告行政管理的各项制度、措施在促进行业健康发展、规范行业良性竞争、彰显行业社会价值方面发挥了重大作用。

本教材第一版于 2014 年 4 月出版,至今已 10 年有余。如今,我国广告市场规模稳居世界第二,大型广告市场主体数量稳步增长,截至 2023 年底,我国从事广告业务的事业单位和规模以上企业达 1.7 万户,广告业务收入 13120.7 亿元,同比增长 17.5%;广告产业集约化发展水平不断提升,截至 2024 年 8 月,我国广告产业园区共 100 个,形成了以国家广告产业园为骨干、省级及以下广告产业园为基础的广告产业集聚区框架体系;广告业数字化转型加速。党的二十大报告提出,要"贯彻新发展理念,着力推动高质量发展","建设现代化产业体系",加快建设"网络强国、数字中国",② 广告业成为推动数字经济发展的重要力量。大数据、云计算、人工智能等现代信息技术在广告领域运用广泛,2024 年,互联网广告收入规模达到 6508.63 亿元,同比增长 13.55%,其中,短视频、兴趣电商和社交平台互联网广告收入总体占比达 46.13%,已占据近半壁江山。广告监管执法不断强化,涉及民生等重点领域的违法广告治理力度不断加强,重点案件协调督办机制逐渐完善,各级整治违法广告联席会议机制作用日益明显。

十几年间,我国广告领域进一步推进"放管服"改革,大幅削减广告行政许可事项,依法取消了外商投资广告企业项目审批许可、户外广告登记、媒体单位的广告发布登记等行政许可事项;废止了《印刷品广告管理办法》《化妆品广告管理办法》《酒类广告管理办法》《药品广告审查办法》《烟草广告管理暂行办法》等多部部门规章;修订了《中华人民共和国广告法》《房地产广告发布规定》等法律和规章;出台了《互联网广告管理办法》《公益广告促进和管理暂行办法》《药品、医疗器械、保健食品、特殊医学用途配方食品广告审查管理暂行办法》等部门规章。

根据以上变化,本书对相关内容进行了修订和调整。本书第一章和第二章介绍了我国广告业及广告行政监管的基本情况;第三章具体论述了我国广告活动过程中的伦理道德监督体系;第四章梳理了我国公益广告的立法和管理情况;第五章归纳了广告活动主体必须遵循的制度规范,包括广告经营许可制度、广告审查制度、广告证明制度、广告代理制度、广

---

①② 习近平.高举中国特色社会主义伟大旗帜　为全面建设社会主义现代化国家而团结奋斗:在中国共产党第二十次全国代表大会上的报告[N].人民日报,2022-10-26(01).

告合同制度、广告业务档案制度、违法广告公告制度等;第六章详细介绍了当前我国各类广告的发布标准;第七章里汇集了多部涉及广告的法律、法规和行政规章,是广告学专业学生和广告从业人员需重点掌握的内容;第八章是关于广告违法行为的法律责任的论述。

前辈的学术积累和各地广告执法机关的执法实践为本书的写作提供了诸多启迪。本教材在编写过程中,借鉴、参考、选用了近年来众多的海内外相关文献及网上资料,在此,谨对借鉴、参考、选用的文献、资料的作者表示衷心的感谢。本教材得到了浙江农林大学文法学院的大力支持,被确立为浙江农林大学教材建设项目。另外,《广告法规管理》第一版出版至今获得了不少国内兄弟院校广告学专业同仁的支持与肯定,在此,一并致谢。

编者

2025 年 4 月

目 录
CONTENTS

第一章 广告业与广告管理概述 / 1

　　第一节　广告业概述 / 1
　　第二节　广告业发展中存在的问题 / 6
　　第三节　广告违法及其危害 / 9
　　第四节　我国的广告管理体制 / 13

第二章 广告行政监管概述 / 17

　　第一节　广告行政监管的概念 / 17
　　第二节　广告行政监管的对象 / 21
　　第三节　广告行政监管机关及其职能 / 34
　　第四节　广告行政监管的法律依据 / 39

第三章 广告伦理道德规范及行业自律 / 44

　　第一节　广告伦理道德规范概述 / 44
　　第二节　广告行业自律 / 47

第四章 公益广告及公益广告规范 / 58

　　第一节　公益广告概述 / 58
　　第二节　我国公益广告的发展历史 / 61
　　第三节　公益广告的法律规制 / 62
　　第四节　我国公益广告运作及监管方面存在的问题 / 66
　　第五节　促进公益广告发展的思路 / 67

第五章 广告活动制度规范 / 71

　　第一节　广告经营许可制度 / 71
　　第二节　广告审查制度 / 74
　　第三节　广告证明制度 / 85
　　第四节　广告代理制度 / 88
　　第五节　广告合同制度 / 93
　　第六节　广告业务档案制度 / 98
　　第七节　违法广告公告制度 / 99

第六章　广告发布标准 / 101

　　第一节　广告发布标准概述 / 101

　　第二节　广告发布的一般标准 / 105

　　第三节　特殊商品和服务的广告发布标准 / 125

第七章　特殊形式、特定媒介广告的监管 / 157

　　第一节　广播电视广告的监管 / 157

　　第二节　户外广告的监管 / 159

　　第三节　电影贴片广告的监管 / 164

　　第四节　电视直销广告的监管 / 167

　　第五节　互联网广告的监管 / 170

　　第六节　网络直播营销的监管 / 177

第八章　广告违法行为的法律责任 / 186

　　第一节　广告违法行为法律责任概述 / 186

　　第二节　广告违法行为的行政责任 / 189

　　第三节　广告违法行为的民事责任 / 204

　　第四节　广告违法行为的刑事责任 / 209

　　第五节　广告行政复议 / 212

　　第六节　广告行政诉讼 / 214

参考文献 / 217

第一章　广告业与广告管理概述

第一节　广告业概述

一、什么是广告业

(一)广告业的概念

产业是指由提供相近产品或服务,或使用相同原材料、相同工艺技术,在相同或相关的价值链上活动的企业共同构成的集合。从产业的定义我们可以推导出,广告产业是指提供或生产广告产品和服务的企业集合体,包括广告公司、媒介,以及为广告产品生产提供相关服务的企业。

按照国际标准,产业可划分为第一产业(农业)、第二产业(工业)和第三产业。目前,世界各国对于第三产业涵盖的范围和对象还没有一致的看法。一般认为,第三产业大致包括流通行业、服务行业、文化教育等行业。广告经营活动实质上是广告公司受广告客户委托,为广告客户提供广告代理、承揽、制作、发布和广告效果评估等各种服务的活动。广告经营的一切活动均围绕着广告目标的达成而进行,广告公司通过这一系列的服务行为赚取利润。因此,整个广告信息的传播过程,同样也是一个社会化的服务过程,并最终满足社会的整体需要。因此,广告行业具有强烈的服务色彩,应归属到第三产业的服务行业之中。

(二)我国广告产业的发展

如今,我国广告市场总规模已经超过日本跃居世界第二位。20世纪80年代以来,我国广告业的规模不断发展壮大,无论是广告经营单位的数量、广告从业人员的总数还是广告营业额在国内生产总值中的比重都在逐年上升,详见表1-1。

表 1-1　全国广告业经营情况一览

年份	全国广告营业额/万元	广告营业额占国内生产总值的比重/%	全国广告经营单位数/户	全国广告从业人员数/人
1981	11800.0	0.024	1160	16160
1982	15000.0	0.028	1623	18000
1983	23407.4	0.039	2340	34853

续 表

年份	全国广告营业额/万元	广告营业额占国内生产总值的比重/%	全国广告经营单位数/户	全国广告从业人员数/人
1984	36527.8	0.051	4077	47259
1985	60522.5	0.067	6052	63819
1986	84477.7	0.083	6944	81130
1987	111200.3	0.093	8225	92279
1988	149293.9	0.100	10677	112139
1989	199899.8	0.118	11142	128203
1990	250172.6	0.135	11123	131970
1991	350892.6	0.162	11769	134506
1992	678675.4	0.255	16683	185428
1993	1340873.6	0.388	31770	311967
1994	2002623.0	0.429	43046	410094
1995	2732690.0	0.475	48082	477371
1996	3666372.0	0.548	52871	512087
1997	4619638.0	0.629	57024	545788
1998	5378326.0	0.706	61730	578876
1999	6220500.0	0.758	64882	587000
2000	7126631.7	0.801	70747	641116
2001	7948876.3	0.829	78339	709076
2002	9031464.4	0.890	89552	756414
2003	10786800.0	0.920	101786	871366
2004	12645600.0	0.930	113508	913832
2005	14163500.0	0.777	125394	940415
2006	15730018.0	0.751	143129	1040099
2007	17409626.0	0.698	172615	1112528
2008	18995614.0	0.632	185756	1266393
2009	20410300.0	0.608	205000	1333000
2010	23405100.0	0.588	243000	1480000
2011	31250000.0	0.660	290000	1670000
2012	37879400.0	0.729	378000	2178000
2013	50197500.0	0.882	445400	2622100
2014	56056000.0	0.881	543700	2717900
2015	59734100.0	0.867	671900	3072500
2016	64891300.0	0.872	875100	3900400
2017	68964100.0	0.840	1123100	4381800
2018	86742800.0	0.963	1375900	5582300
2019	87900000.0	0.887	1633100	5935100
2020	93430000.0	0.920	1727200	6000000

从表 1-1 中可以看到,我国广告营业额占国内生产总值的比重从 1981 年的 0.024% 增长到 2020 年的 0.920%,增长速度相当惊人,广告营业额的年平均增长速度达到 32.8%。不仅如此,从吸收就业的角度来看,广告业为国民经济做出的贡献也不容小觑。过去几年我国广告业总体向好,全国广告营业额不断攀升,广告经营单位及广告从业人员结构经过调整,逐渐进入良性发展轨道;互动广告营销成为拉动广告增长的重要力量,呈现出较强的创新能力,持续保持快速增长的势头,对世界互动广告的发展走向起引领作用的价值逐渐显现;市场监管能力成效显著,违法广告案件受到遏制。广告管理正成为规范、引导市场经济发展的重要力量。"十四五"时期,我国广告业发展迅速,新技术、新业态、新模式不断涌现,广告业在服务国家创新发展、促进消费和扩大内需等方面发挥了重要作用。

二、广告业在国民经济中的地位

广告业是我国现代服务业和文化产业的重要组成部分。广告是引导消费、扩大内需、拉动经济增长的积极推动力量,是企业塑造品牌、开拓市场、增强自主创新能力的有力工具。大力发展广告业是提升品牌影响力、加速民族品牌国际化进程的重要手段,是带动相关产业发展、提高资源配置效率、促进产业结构升级、建设现代产业体系的有效途径。有关统计表明,我国广告营业额与国民经济发展呈明显的正相关关系。以"十一五"期间的经济数据为例,全国广告营业额对于第二产业增加值的平均弹性为 1.62,对于第三产业增加值的平均弹性为 1.94。也就是说全国广告营业额每增长 1 个百分点,第二产业增加值就增长 1.62 个百分点,第三产业增加值增长 1.94 个百分点。此外,我国广告营业额的增长与社会消费品零售总额的增长也呈正相关关系,同期全国广告营业额每增长 1 个百分点,社会消费品零售总额就增长 1.6 个百分点。可见广告业和国民经济的各行各业都密切相关,尤其是对传媒业的发展起着重要的支撑和促进作用。另外,从解决就业的角度来说,广告业也功不可没,在表 1-1 中,我们可以看到广告业的就业容量从 1981 年的 16160 人增至 2020 年的约 600 万人,增加了 300 多倍,与其他人才密集型的行业相比,广告业的就业容量相当惊人。

三、我国广告业发展的特点

总结我国广告业的发展情况,有以下特点。

首先,广告业规模迅速扩大,广告业发展步入相对成熟时期。受到传统计划经济体制的影响,1992 年以前,国家对广告经营单位的发展实行"总量控制"的方针,导致广告业的规模与经济发展的实际需要不相适应。1992 年建立社会主义市场经济体制的目标确立以来,我国广告业进入快速发展时期。1995 年广告业开始由快速发展步入稳步发展的相对成熟时期。中国广告业是国内发展最快的产业之一。20 世纪 80 年代以来,国内广告业的年增长速度平均保持在 30%,远远超过 GDP 的增长速度,我国成为全球广告业增长最快的国家之一。

其次,广告业的结构不断调整,资源配置日趋合理。在广告业的发展中,专业广告公司的地位日渐突出,在广告业中的主导作用初见端倪。广告公司和广告从业人员的数量逐年上升,其营业额在全行业的比例日益扩大。从媒介发展情况来看,在四大媒介中,除杂志广告外,其他三种媒介广告均有大幅度的发展,电视广告尤其突出。新的媒体形式和技术不断出现和发展,广告媒介容量狭窄的问题得以明显改善。随着我国加入 WTO 时承诺的兑现,我国广告业、传媒业及相关的上游、下游产业开放度日益增加,外资的进入加剧了行业竞争,在给广告市场带来新的活力的同时,也对我国广告业的发展形成了巨大的挑战。

最后,相关法律法规日益健全,广告监督力度不断加强。广告行政监管机关通过广告经营审批,广告审查、出证管理,广告日常监测,虚假、违法广告的查处等,依法规范广告经营活动和广告竞争行为。

四、我国广告业面临的新机遇和新挑战

"十四五"时期,我国广告业面临创新发展的重大战略机遇,国民经济保持平稳增长,居民收入水平稳步提升,国家综合实力增强,为广告业发展打下坚实的经济和社会基础。国家深化改革开放,再加上互联网、大数据等新媒体、新技术的快速发展,新形态、新业态的发展,极大地开拓了新的广告服务领域,为广告业创造了新的增长点。中国广告协会会长张国华在《中国广告》杂志上发表的署名文章指出,广告业正在呈现出新的趋势,驱动着广告业结构的转型和升级,为广告产业发展带来了新的机遇和挑战。

第一,数字化广告飞速发展,新冠疫情使数字化广告发展走上了快车道。尽管数字化技术已经在生产生活中得到普遍应用,但新冠疫情促使各行各业加快了数字化应用的力度,扩大了其范围。数字化营销作为一种使用数字传播的渠道、对产品和服务进行推广的实践活动,以其及时、精准、定制化、节省成本等特点获得了各行各业的青睐,数字化广告也顺势成为近些年的发展重点。数字化广告的类型已经由互联服务领域逐渐扩展到传统行业,包括金融、医疗、制造、教育和文化传媒等。

第二,技术对于广告业的结构提升起到重要的作用。数字技术的广泛应用和移动媒体及社交媒体的大量涌现,促使广告行业的媒介生态环境发生了巨大改变。大数据、AI等技术的应用已得到广泛普及,在持续扩大广告库存资源的同时,也拉低了广告投放的门槛,让仅有小预算的小微广告主投放广告成为可能,大大提高了广告投放者的库容量。

随着社交环境趋于成熟及新社交工具的应用,线上线下融合趋于紧密,社交新品牌和基于个性化内容、KOL(key opinion leader,关键意见领袖)等的小微经济逐渐繁荣,涌现出一批颇为可观的小微品牌,成为广告主阵容的新增量。成长于社交环境下的社交品牌和小微品牌,对当下媒体环境非常熟悉,热衷于投入新兴的广告形式,带动了互联网广告收入总额的稳步增长。而红人带货、内容种草等营销手段不仅把传播与销售捆绑在了同一环节,还在颠覆着消费者的消费认知和消费习惯。互联网营销创新不仅正在改变着原有的营销习惯,而且已经开始引导着全球互联网的变革趋势。

第三,广告业将在推动中国制造到中国创造、中国产品到中国品牌转变的国家战略中发挥更大的作用。品牌是企业与国家核心竞争力的综合体现。党的十八大以来,国家高度重视品牌建设。2014年,习近平总书记在河南考察中铁工程装备集团有限公司时提出"推动中国制造向中国创造转变、中国速度向中国质量转变、中国产品向中国品牌转变"[①],为推动我国产业结构转型升级、打造中国品牌指明了方向。中国制造曾以低成本优势为全球市场提供物美价廉的好产品。但与此同时,关键技术和专业人才等方面的短板也日益凸显。

---

① 深化改革发挥优势创新思路统筹兼顾 确保经济持续健康发展社会和谐稳定[N].人民日报,2014-05-11(01).

随着华为、大疆、海尔等优秀品牌在全球崛起，一大批拥有自主知识产权的创新产品涌现，中国制造开始与美国制造、德国制造、日本制造一起同台竞技，一批批中国品牌也随着 5G、工业互联网、人工智能等技术的发展走向世界。在中国制造突飞猛进的同时，广告要肩负起展现中国制造新形象、中国品牌新声音的时代重任，让全世界人民听到中国声音、看到中国制造、用到中国品牌。

第四，作为文化的传播载体，广告对中国文化的传播具有强大的推动作用。在我国现当代广告业的发展过程中，西方文化曾对我国广告业在广告设计的美学风格、表现手法、技术运用、运作制度等方面产生过重要影响，促进了中国广告和世界广告的融合。随着我国综合实力的增长，国人的文化自信不断增强。在历经百年的东西方文化碰撞、文化冲突中，中国人从文化反省、文化迷茫到文化自觉，在中国共产党的领导下的中国特色社会主义道路的探索中，不断增强文化自信。在文化自信的氛围中，中国广告也从源远流长的传统文化里寻找灵感，中国传统文化的内涵和底蕴为我国广告设计提供了丰富的视觉元素和创意来源。将中国传统文化元素应用于广告设计中，不仅能创造出具有中国文化底蕴的优秀广告作品，增强民族文化自信，也能发展和弘扬中国传统文化，让中国文化走出去。

第五，共建"一带一路"为广告业走出去提供了新的空间和平台。经济全球化和共建"一带一路"倡议的实施，为广告业的国际化发展增添了很多机遇，提供了更加广阔的市场空间。我国广告行业要依托区位优势，主动融合和服务共建"一带一路"倡议，坚持将广告业"引进来"与"走出去"相结合，通过政策引导、资金扶持等方式，鼓励各类广告、文化创意类行业协会、龙头企业等参加海外重点展会、开拓海外市场和渠道，支持优秀的广告、文化创意产品和服务走向国际主流市场，支持外向型广告、文化创意类企业通过新设、收购、合作等方式对外投资，提高广告业的国际化水平，推动广告业成为服务国家开放、树立国家形象的有生力量。

第六，广告行业需要不断创新发展模式。创新体现在以下几个方面：其一是营销内容的创新，要做出能够真正触动人心的广告，让人过目不忘，直触心灵，而不是靠铺天盖地的强刺激营销，这对于广告业也是一种回归。其二是商业模式的创新，从以前的展示性广告、搜索广告、信息流广告到精准营销的效果广告等，再到现在的短视频广告、网红广告、关键意见领袖等新形式，广告形式一直在迭代，但是有些只是媒介的改变，例如只是从电视屏到手机屏，而商业模式没有创新。其三是技术的创新。如今，技术创新进入了一个爆发期，基础设施愈发完备，5G、人工智能正在普及，硬件设备如 AR(augmented reality，增强现实)、VR(virtual reality，虚拟现实)等产品，也在不断更新迭代。因此，未来随着 5G、VR、AR 及区块链等前沿技术的逐渐成熟并实现商业化，全新的商业模式或将被激发，也将改造目前互联网及互联网广告产业的市场格局，开拓更为广阔市场空间。其四是组织模式的创新。过去，广告公司的组织结构都是一种较为传统的模式，未来需要更多的奇思妙想，将现有资源整合起来，形成全新的组织架构。

在广告业面临全新挑战和机遇的同时，广告监管也同样面临挑战。细化广告内容准则和广告发布要求已被提上议事日程；规范行政处罚裁量标准、提升监管规范化和精细化水平已刻不容缓；依托互联网、人工智能、大数据、云计算等技术实现智慧监管也是箭在弦上；强化市场主体责任、发挥广告行业组织和各领域行业组织作用、畅通社会监督渠道等社会共治体系还需进一步推进。

第二节　广告业发展中存在的问题

改革开放以来,我国的广告业历经了 40 多年的突飞猛进,取得了众多的成就,但与此同时,也存在许多不容忽视的问题,毕竟与发达国家的广告业相比,我国的广告业仍在成长中。

一、广告业分布不均匀

从发生学的角度来看,广告是经济发展过程中市场竞争的产物。从某种意义上来说,经济越发达,广告业越繁荣。我国的经济发展呈现出明显的区域不平衡,沿海地区的经济繁荣促进了当地广告业的兴旺发达,而中西部地区经济发展相对滞后也使得当地的广告业从规模、实力来看都与发达地区如北京、上海、广州等地的广告业存在一定的差距。解决广告业分布不均的问题,仰赖于国家在经济发展规划上进行调整。值得期待的是,我国早在1996 年发布的《中华人民共和国国民经济和社会发展"九五"计划和 2010 年远景目标纲要》中,就提出了区域经济协调发展的思路,指出要突破行政区域,在已有的经济布局的基础上,以中心城市和交通要道为依托,设立 7 个经济区域:长三角及沿江地区、环渤海地区、东南沿海地区、云南和华南部分省区、东北地区、中部五省地区和西北地区,政府根据上述不同区域的地理和资源优势,分别予以相应的扶持,包括加强中西部地区资源勘查,优先安排资源开发和基础设施建设项目,逐步增加财政支持和建设投资;调整加工业的布局,引导资源加工型和劳动密集型的产业向中西部地区转移;理顺资源型产品的价格,增强中西部地区自我发展的能力;改善中西部地区的投资环境,引导外资更多投向中西部地区;加强东部地区与中西部地区的经济联合与合作,鼓励向中西部地区投资,引导人才向中西部流动;等等。地区经济发展不平衡是历史形成的,缩小差距是个长期的过程,我们有理由相信,只要加快改革步伐,增强经济活力,中西部地区就一定能加快发展,甚至迎头赶上发达地区。而我们的广告业也会随着这样的经济格局调整,呈现健康、合理的分布。

二、中小型广告企业高度密集,质量参差不齐

广告经营单位数量增速明显,但是中小型广告企业仍然高度密集,停留在"小而散""小而差"的低水平操作方式阶段。国家市场监督管理总局开展的统计调查显示,2019 年,广告经营单位数量依然保持 18.69％的增幅,鉴于中美贸易摩擦、中国经济处于结构调整的大周期、经济走势进入下行通道,这一数字相比 2018 年 22.51％的增幅虽然有所收窄,但市场整体表现依然信心充足,经营单位户数增长了 25.72 万户,高于 2018 年经营单位户数的增长量。私营广告经营单位占比高达72.75％,为98.09 万户;个体工商户广告经营单位占比为15.94％,为 21.93 万户。二者同为非公广告经营单位,加起来占比高达 88.69％。正是它们支撑起了全球排名第二的广告市场。受新冠疫情影响,2020—2022 年,各行业企业注册数量总体下滑;2023 年,广告行业新增注册企业数量有较大幅度的回升,约为 11.69万户。这从一个侧面解释了我国广告企业过于微小、分散,其产值远远低于全球平均水平的原因。

三、广告代理制运行不畅

广告代理制的确立标志着广告市场的正规化和规范化。在广告代理制下,广告代理公司作为联系广告主和媒介的纽带而存在。在广告业发达的欧美国家,广告代理制成了重要的广告经营模式,知名的国际大企业的产品和品牌一般都由大的广告公司代理,这些广告公司长期参与企业的产品、品牌行销活动,为其出谋划策,俨然成为企业品牌的管家。从理论上来说,广告代理制有利于广告公司和企业确立稳定的合作关系,也能使媒介专注于其媒介业务,使广告公司、企业、媒介相互协调,共同发展。然而,从实际发展情况来看,我国的广告代理制的现状并不乐观。据统计,在我国,广告代理公司只占所有广告公司的10%左右。造成这一局面的主要原因有两个方面。首先,很多的媒介单位下设广告公司,将绝大部分的广告业务依托于自身旗下的广告公司运作,这使得许多广告公司尤其是中小广告公司的业务既小也少,业务能力无法快速提升;其次,一些有实力的大企业由于自身庞大的广告需要,将广告业视作"肥水不流外人田"的兼营业务来运作,设立了作为企业子公司的广告公司,如此一来瓜分了原本流向广告市场的业务量。

四、创意水平与技术发展亟待提高

与发达国家和地区的广告业相比,我国广告业的业务水准还需提升。好的广告创意能使广告的商业性和艺术性结合得非常完美。从目前我国广告创意的平均水平来看,趋同性太明显,缺乏原创性,很多广告创意似曾相识。广告创意被剽窃会严重影响我国广告业的健康发展。首先,这样的行为会消减优秀广告的价值并缩短其商业寿命。因为广告主无法找到恰当有效的方法保护自己的广告创意不被剽窃,就只能不断地更换广告来规避剽窃者的模仿,这样优秀广告创意的生命周期就被大大缩短了。据估计,国内的一则电视广告的平均寿命只有6个月,远远低于国外的平均水平,从这个角度来说,我们需要一个完善的法律环境支持。其次,广告公司不敢也不愿将自己的好创意留给客户,为了防止客户剽窃自己的创意转而交付给收费偏低的广告公司运作,很多广告公司往往保留了好创意,甚至一些广告公司还会在与客户分享创意前,调查客户是否有侵犯知识产权的行为,并且要求客户签订具有法律效力的协定。从广告的制作技术来看,我国广告制作设备和材料显得滞后,电脑绘画、电脑刻字等技术,近几年才开始被广泛运用;许多大型灯箱的制作,还停留在手工贴制的阶段;激光绘图等高技术仪器的使用频率偏低;电视拍摄技术不成熟,灯光和特技处理粗糙;制作三维动画时,使用的软件普遍比较落后。正是因为如此,许多国内的广告公司不得不寻找海外的广告制作商合作。从人才的角度来看,适应新形态新模式的广告产业人才较为稀缺。人才作为广告公司最重要的资产,在"互联网＋"时代出现断层危机。目前业内普遍面临新型广告人才匮乏的问题,技术、管理、创意、业务拓展等各个方面的人才需求缺口越来越大。在北京、上海、广州等广告业发达地区已出现新媒体专业背景的人才供不应求的局面,而国内其他地区人才缺口就更大。人才专业化程度不足、不能满足行业快速发展需求,已成为制约广告业可持续发展的一大痼疾。

五、违法广告治理成效不明显

中国广告业存在的最大问题是虚假广告太多。广告业蓬勃发展,推动了市场经济发展的进程,引导着社会的健康消费,为企业创造了经济效益,对国民经济发展做出了不可磨灭的贡献。广告特有的社会化功能对促进社会主义精神文明建设也发挥着重要的作用。然而,广告业在快速发展的同时,也存在不容忽视的问题,那就是违法广告数量庞大。表 1-2是中央财经大学市场监管法律研究中心统计的数据。

表 1-2 2015—2021 年查处全国违法广告案件情况一览

年份	违法广告案件数量/件
2015	24252
2016	23283
2017	32510
2018	40348
2019	37399
2020	42900
2021	42700

中央财经大学市场监管法律研究中心的统计数据显示,2015—2018 年,我国每年查处的违法广告案件数量是逐年上升的,其中 2017 年增长了 39.6%,2018 年上升了24.1%,2019 年出现了逆转,下降了 7.3%。2019 年查处的违法广告案件数量下降,一方面是因为相关部门在广告执法领域加大了执法力度;另一方面,也是更重要的原因,在于 2019 年受国内经济增长放缓和中美贸易摩擦等国际形势的影响,广告主对 2019 年整体经济市场的信心有所波动,致使中国广告市场受到影响,广告投放数量有所下降,违法广告数量也随之下降。2023 年,我国查处虚假违法广告案件 47600 件,罚没 4.66 亿元。我国的违法广告治理工程仍然任重道远。

接下来我们以 2019 年的数据为例,了解一下我国违法广告案件的结构分布。2019年,全国市场监督管理系统共查处各类广告违法案件 37399 件。从案件违法性质结构分析,其中,虚假广告案件 20830 件,违法经营广告案件 1419 件,其他违法广告案件 15150件,占比分别是 55.7%、3.8%、40.5%。从违法主体角度来看,广告主违法案件数量达到25757 件,占比高达 68.9%,广告发布者违法案件有 8023 件,广告经营者违法案件有 1837件,其他广告活动主体违法案件有 1773 件。从违法广告案件分布的媒介来看,互联网案件20263 件,占比 54.2%;传统的大众媒介案件共计 10826 件,占比 28.9%;其他媒介案件6310 件,占比16.9%。从广告类别的角度来看,2019 年违法广告案件数量排名前三的是:食品广告案件,占比 11.3%;医疗服务广告案件,占比 9.0%;房地产广告案件,占比 5.6%。

第三节　广告违法及其危害

一、广告违法概述

(一)广告违法的定义

广告违法是指违反以《中华人民共和国广告法》(以下简称《广告法》)为核心的法律法规的各类广告和各类广告经营行为。我国《广告法》规定,广告"应当真实、合法";"以健康的表现形式表达广告内容";"广告不得含有虚假或者引人误解的内容";"(从事广告发布业务的广播电台、电视台、报刊出版单位)向县级以上地方市场监督管理部门办理广告发布登记";"大众传播媒介不得以新闻报道形式变相发布广告";"(广告主、广告经营者、广告发布者从事广告活动)诚实信用、公平竞争"……因此在日常生活中,人们把包括虚假广告、含有误导性内容的广告、以新闻报道形式发布的广告等违法广告,以及无照经营、超越经营范围或国家许可范围、广告活动中的不正当竞争等广告经营行为都称之为广告违法。

广告违法应包含以下三层含义。

(1)广告活动主体的经营行为和广告作品违反了以《广告法》为核心的法律法规。广告法律法规是广告法规管理和广告活动的法律依据。新中国成立后,我国最早关于广告的规范性法律文件是 1949 年天津和上海两市公布的《广告管理规则》。在我国广大广告执法部门、法律工作者和广告业界人士 70 多年的努力下,我国在广告领域的法律法规不断完善,法治建设水平不断提升,逐渐形成了以《广告法》为核心的法律体系。

(2)广告在内容、形式、载体、刊播程序等方面违反广告法律法规及相关规定,如广告宣传的产品信息虚假;利用淫秽、色情的表现形式;在大众媒体上刊播烟草广告;未经审查发布药品、保健食品、医疗、医疗器械等广告等。

(3)误导、欺骗消费者,直接或间接损害消费者物质、精神利益或社会利益,造成了不良影响和后果。我国广告法规管理最大的出发点就是通过整治广告市场、规范广告行业来保障广大消费者的权益,促进各行各业公平、合法竞争。

从以上的内容来看,广告违法是一个综合性的概念,涵盖范围比较广,涉及的行业和人员也比较多,形式也多种多样。

(二)违法广告的类型

广告违法包括各类违法广告和违法广告经营行为,单就违法广告而言,按照不同的划分标准,可分为多种类型。

按产品种类可分为违法医疗广告、违法药品广告、违法食品广告(包括保健食品广告)、违法医疗器械广告、违法烟草广告、违法化妆品广告、违法农药广告等。

按发布载体可分为违法电视广告、违法报纸广告、违法广播广告、违法杂志广告、违法网络广告、违法户外广告及违法手机广告等。

按后果可分为虚假广告、误导广告、违禁广告等。

按表现形式可分为新闻广告、性暗示广告、淫秽广告等。

在众多广告中，医疗广告、药品广告、食品广告（包括保健食品广告）、化妆品广告等的违法问题一直比较严重，尤其是违法医药广告在违法广告中所占比例最大，也是国家相关管理部门重点整治的对象。近几年，互联网广告和化妆品广告的违法比例也有所上升，成了消费者新的投诉重点。

二、广告违法的影响

广告违法不仅影响了广告业自身的发展，也产生了巨大的社会危害。

（一）妨碍了广告业的健康发展

广告违法所带来的违法收益使得不少广告经营者放弃行业操守，不仅没有按照法律的规定履行相应的职责（《广告法》第三十四条规定"广告经营者、广告发布者依据法律、行政法规查验有关证明文件，核对广告内容。对内容不符或者证明文件不全的广告，广告经营者不得提供设计、制作、代理服务，广告发布者不得发布"），反而百般顺应广告主，成了其利用违法广告获取不正当收益的帮凶和违法广告的制造者。广告公司成为广告违法活动的参与者，长此以往，广告公司不是将精力用于如何提升创意、制作水平和综合服务能力上，而是花尽心思用于如何制作具有更大欺骗性的违法广告上，这不仅助长了广告主所在行业的不良竞争，也不利于我国广告业的健康发展。

（二）损害了消费者的合法权益

违法广告不仅损害了广告业自身的健康发展，更对广大社会消费者造成了巨大的伤害。《中华人民共和国消费者权益保护法》（以下简称《消费者权益保护法》）第七条、第八条、第十条分别规定："消费者在购买、使用商品和接受服务时享有人身、财产安全不受损害的权利"；"消费者享有知悉其购买、使用的商品或者接受的服务的真实情况的权利"；"消费者享有公平交易的权利。消费者在购买商品或者接受服务时，有权获得质量保障、价格合理、计量正确等公平交易条件"。然而，违法广告常常诱使消费者做出错误的消费决策，严重侵害其安全权。以药品广告为例，一些不法企业利用患者病急乱投医的心态，利用广告推出了一些所谓专攻疑难杂症、顽症的"良药""秘方"，消费者吃了这些在广告中被吹得天花乱坠的"良药"后，不仅没有减轻病症，反而加重了病情，甚至耽误了最佳治疗时期，给患者的身体和心理都带来了严重的损害，这就是典型的侵害了"消费者在购买、使用商品和接受服务时享有人身、财产安全不受损害的权利"及"消费者在购买商品或者接受服务时，有权获得质量保障、价格合理、计量正确等公平交易条件"的案例。

（三）扰乱正常的市场竞争秩序

一个健康、有序的市场是建立在合法经营、公平竞争的基础上的，《广告法》第五条也强调"广告主、广告经营者、广告发布者从事广告活动，应当遵守法律、法规，诚实信用，公平竞争"。但是总有一些企业并不想通过扎实的建设、守法的经营来获得财富，而是想走捷径，违法广告就是一条获取财富的"捷径"，这就使一些合法经营企业的利益受到了侵害，更可怕的是这些原本守法的企业也可能迫于生存压力而陷入造假的泥淖中。违法广告的欺诈性使得公平合理、诚实信用的传统商业道德受到了严峻的挑战，影响了竞争机制的有效发挥，扰乱了正常的市场交易秩序，从而阻碍市场经济的健康发展。

（四）影响社会诚信建设

著名广告学者陈培爱先生说过，广告不仅影响并引导人们的消费，在潜移默化中也影响着人们的价值观念、生活方式乃至社会风气、社会文明。也就是说，广告身兼经济、文化双重功能，广告业的发展水平不仅是衡量一个国家或地区市场经济发展程度、科技进步水平、综合经济实力的主要标志，也是衡量一个国家或地区社会文化质量的主要标志。诚信不仅是一个人、一个企业的立足之本，也是一个国家、一个社会的立足之本。广告不仅传播商品信息，也在无形中影响着人民的价值取向和社会精神建设。违法广告以虚假信息诱骗消费者，以不正当的手段挤压竞争对手，从而引发了企业之间、企业和消费者之间的信任危机。当这种信任危机扩散到整个社会，人与人之间充满了猜疑，社会秩序将陷入混乱之中，这对我国诚信体系、精神文明及社会良性运行环境的建设都是极大的危害，正因为如此，《"十四五"广告产业发展规划》特别强调把弘扬社会主义核心价值观融入广告作品创作全过程，坚持正确的创作方向，倡导讲格调、讲责任的广告作品。

三、广告违法屡禁不止的原因

（一）广告主所属行业的亚健康状态

广告行业的规范与否，与广告主所属行业的发展是否规范有着直接的关系。如果行业发展相对成熟、稳定，企业行为规范，竞争环境良好，那么企业会自然而然地将良好的发展观念和竞争行为延伸到其广告行为中，制作合法、精良、有助于推动企业和行业有序发展的广告。如果行业秩序混乱，广告就会成为一些企业进行不正当竞争的有力武器，它们不是为了企业的长远发展，而是想利用行业发展的混乱，在最短的时间内打倒竞争对手，谋取一时之利。如此一来，广告宣传怎样才能在最短的时间内获得最大的收益就成了广告主们最关心的问题，于是编造、夸大产品功效，假借"专家""高科技""最新科研成果"之名，虚构神奇的治愈故事，就成了广告主惯用的伎俩。违法药品广告就是最典型的例子，它的泛滥就与我国药品市场的发展状况紧密相联。我国制药企业数量多，规模小，研发能力低，缺少核心竞争力，低档次与低附加值产品多，高技术含量与高附加值产品少，重复生产品种多、独家创新品种少，各企业都将工作重心放在市场营销上，以"医师公关""媒介广告"等手段为主，造成药品市场供大于求。为了促销，企业不惜重金大打广告，夸大药品的功能疗效进行虚假宣传，以不实的承诺取信消费者，导致我国药品市场的广告整体水平低下，违法现象不断，以至于药品广告如今成了违法广告治理的重点对象。

（二）国内广告公司普遍"小"且"弱"

我国的广告行业虽然有了长足的发展，一串串的数据非常鲜亮，然而我国广告公司存在的问题却无法被这些漂亮的数据掩盖。我国广告市场的准入门槛较低，所以竞争力弱、规模小的广告公司数量庞大。2018年广告营业额首次突破8000亿元，这一里程碑性数字的背后，是大批经营规模不到百万元的中小广告公司。2019年，我国广告营业额为8674.28亿元，创下了当时历史最高纪录，但是结合我国广告业经营单位数量163.31万户，每户营业额的平均数只有53.12万元。广大中小广告公司的业务结构非常单一，多半是简单的标识制作、灯箱制作、喷绘业务，无法通过日常的业务经验积累提升业务能力，另外也吸引不了优秀的广告人才，即便自身培养，最后也有可能是"为他人作嫁衣裳"。这样的严重缺乏核心竞争力的中小广告公司在面临严酷的市场竞争时,就有可能放弃道德和法律的底线,成了违法广告的主要制作者。

(三)媒介职业操守的淡薄

在广告业如何发展的问题上,中国广告协会学术委员会委员杨同庆在接受记者的访问时分析道:"问题广告出台的主要原因在于广告主或广告代理商在广告创意与创作过程中单纯从商业的角度考虑广告的营销作用,忽略了广告对社会意识形态、社会风尚及社会文化的影响,忽略了广告对发布地区传统文化的影响,忽略了广告监管法规的规定。问题广告得以出台的根本原因在于广告主、广告公司和广告媒介的利益驱动。"在巨大的经济利益面前,从广告主到广告公司,再到媒介机构都面临着巨大诱惑,有的人因此放弃了职业操守。

而在这三者当中,大众媒介是最为人诟病的,因为在老百姓的心目中,媒介尤其是电视、报纸、广播这样的大众媒介应该是体现公信力、传播正能量的场域,然而近几年来,消费者发现大众传播媒介上出现了不少的虚假违法广告,且刊播的数量和频率有增无减。从2019年查处的违法案件来看,广告经营者的违法案件有1837件,而广告发布者违法的案件竟然高达8032件,远远高出广告经营者的违法案件数量。究其原因,与我国传媒业改革有一定的关系。1978年以后我国进行了"事业单位企业化管理"改革,国家逐步减少对新闻单位的财政拨款,绝大多数新闻单位主要通过媒介广告等经营创收实现自收自支。媒介的盈利模式在几十年间并没有随着媒介的发展而产生根本性的变化。媒介起步依赖广告,到今天,无论是报纸、期刊、广播、电视媒介还是互联网,其广告创收依然占据着媒介收入的大半,绝大多数媒介在收入这一方面对广告的依赖甚至达到90%以上。媒介盈利模式的单一性不仅暴露出媒介发展的潜在缺陷,还使媒介对广告势力"言听计从",而对于那些整体上依赖少数广告商的行业和地方媒介来说,它们比其他大众传媒更受到广告商近乎"勒索"般的影响。广告商对媒介的影响一方面使得媒介系统的服务对象发生了巨大变化,媒介开始倾向富人而不是穷人,因为富人能给他们带来更多的广告回报。另一方面,为了创收,媒介甚至忘记了自己为人民服务的原则,忘记了自己安身立命的初衷,许多媒介人有意无意地放弃了自己的职责,致使一些严重的虚假违法广告堂而皇之地出现在我们的公共媒介上。随着媒介竞争的加剧,媒介受众市场渐趋饱和,媒介在广告市场的竞争变得更为残酷,市场的压力与媒介的趋利本性使得媒介的广告违法率一直保持在高位,甚至在个别媒介的某个特定时段达到99%。

无论媒介处于东部沿海发达地区还是西部经济欠发达区域,只要它背负创收压力,其经营者的本性——追求利润的最大化就会暴露无遗。马克思说过:"一旦有适当的利润,资本就大胆起来……有50%的利润,它就铤而走险;为了100%的利润,它就敢践踏一切人间法律;有300%的利润,它就敢犯任何罪行,甚至冒绞首的危险。"①

(四)多头管理

早有学者指出,《广告法》最大的缺陷就在于"广告审查"和"广告查处"的多头管理,造成了涉及部门太多、哪个部门都可能推诿的局面。《广告法》第四十六条规定:"发布医疗、药品、医疗器械、农药、兽药和保健食品广告,以及法律、行政法规规定应当进行审查的其他广告,应

---

① 中共中央马克思恩格斯列宁斯大林著作编译局.资本论(第一卷)[M].北京:人民出版社,2004:871.

当在发布前由有关部门(以下称广告审查机关)对广告内容进行审查;未经审查,不得发布。"据此规定,医疗、药品、医疗器械、农药、兽药、保健食品等特殊商品和服务广告在发布前需要到相关的部门如药监部门、卫生部门、农业部门等进行广告内容的审查。《广告法》第六条规定:"县级以上地方市场监督管理部门主管本行政区域的广告监督管理工作,县级以上地方人民政府有关部门在各自的职责范围内负责广告管理相关工作。"根据规定,各级市场监督管理部门是广告事后的主要监督管理部门,也就是"广告查处部门"。广告审查和广告查处分属不同部门,这给广告监督管理带来很多问题。首先,广告审查部门只能对提交上来的广告进行审查,而很多不法分子完全可以捏造广告批准文号(法律规定特殊商品广告必须获得广告批准文号才可以刊播),披上合法的外衣在媒介上刊出广告,甚至许多违法广告的主要问题并不是没有通过审查,而是擅自更改审批或备案内容进行播出,对于这样的广告,审查部门最能发现问题,然而,即使事后审查部门发现问题,也没有查处的权限。而市场监督管理部门在违法广告刊播前是没有机会界定其合法与否的,只能事后进行监管。也就是说在"事前审查"和"事后查处"中间存在监管的黑洞。

(五)处罚偏轻、违法成本低

相较国外,我国的广告违法成本并不高。2024 年 4 月,在国家市场监督管理总局召开的例行新闻发布会上,据有关负责人介绍,2023 年共查处各类虚假违法广告案件 4.76 万件,罚没 4.66 亿元。由于是按照修订后的《广告法》执行罚款,数额相较于过去已经有了很大的提升。如果做横向对比,与其他国家的违法广告行为处罚力度相比,我国广告违法成本仍然不高。2009 年 9 月 2 日,美国司法部因辉瑞公司在广告中夸大药品治疗效果和治疗范围而对其做出罚款 23 亿美元的处理。由于涉嫌违规发布医药广告,2011 年,美国搜索巨头谷歌以 5 亿美元(金额相当于其上一年净利润的 58.8%,2010 年谷歌的净利润为8.5亿美元)为代价求得了与美国联邦司法部的和解,以避免被起诉。这样的处罚力度如果用在我国的广告执法中,相信任何广告主、广告公司、广告媒介都要三思而后行了。

我国现行的广告法律法规中关于处罚的规定普遍偏轻,使得广告违法行为的违法成本低廉,无法形成震慑。《广告法》第五章是关于法律责任的条款,多数条款的处罚区间都在广告费 1 倍以上 5 倍以下,事实上处罚上限"广告费的 5 倍"对很多不法企业来说只是其非法所得的很小部分,所以相较违法所得,处罚的费用是完全可以承受的,况且也并不是每次违法行为都会受到处罚,如此一来,违法成本更低了,违法的欲望也会更加强烈。

第四节 我国的广告管理体制

我国广告管理体制是由相互联系、相互支撑的 3 个部分组成的。首先是广告行政监管机构的监管,这是我国广告管理体制最重要的部分,在广告监督管理方面承担主要的职责,从管理效果来看也是最具有约束力的部分;其次是广告主、广告经营者和广告发布者等广告业者以行业内部普遍认可的制度、准则,对自身的广告活动进行自我约束、自我管理;第三是消费者和社会各界,通过自我维权或是对广告宣传的建议、批评、举报等方式进行监督。

一、广告行政监管

广告行政监管是政府行政管理机关(主要是广告监督管理机关和广告审查机关)依据法律、法规和行政规章,行使国家授予的职权,对广告活动全过程进行监督、检查、控制和指导的工作。严格来说,它是市场经济条件下一种基于规则的管理,是市场经济体制的产物,属于国家调控经济的行为之一。关于这一我国广告法规管理的主体部分,我们将在本书的第二章予以详细介绍、分析。

二、广告行业自律

广告行业自律是广告主、广告经营者、广告发布者等广告业者,以行业内部普遍认可的制度、准则等成文或不成文的规范为标准,对自身的广告活动进行自我约束和自我纠正,使广告活动不偏离相关的法律法规框架,符合广大消费者对广告功能的期待和认知,真正成为促进社会经济发展的助推力。《广告法》第七条规定,"广告行业组织依照法律、法规和章程的规定,制定行业规范,加强行业自律,促进行业发展,引导会员依法从事广告活动,推动广告行业诚信建设"。《广告法》确立了广告行业组织的法律地位,并从制定行业规范、加强行业自律、引导会员依法从事广告活动、推动广告行业诚信建设 4 个方面明确了广告行业组织的基本职责,这对促进广告业的健康发展具有重要意义。在市场经济条件下,市场的健康发展、有序运行,一方面离不开政府的监督管理;另一方面行业组织对于及时发现问题、解决问题,进行自我约束、有效规范,加强会员间的沟通与交流,及时向政府反映市场发展的意见和建议、会员面临的困难与问题,维护会员的合法权益,提升行业信誉,促进行业发展,具有重要意义。广告行业自律是广告业发展到一定阶段的必然产物,它对于提高广告行业自身的服务水平、维持广告活动的秩序,都有着不可替代的作用。世界上广告业比较发达的国家都十分重视广告行业自律对于广告业发展的积极意义,美国是世界上广告业最发达的国家,也是广告行业管理最为规范的国家之一,美国广告代理商协会、美国广告业联盟和商业优化局理事会等组织,严格审查广告发布,调查广告真实性和准确性,公正而有效地解决广告活动中产生的争议和纠纷。英国广告标准局在虚假广告的处理上令人印象深刻,不少世界著名品牌曾因在广告中夸大产品及服务效果、误导消费者、内容虚假等被英国广告标准局处罚过。在日本,广告业界的行业组织非常多而且很活跃,这些行业组织对其成员的约束对日本广告市场的繁荣和健康做出了巨大的贡献。相较而言,我国的广告业正处在发展阶段,随着社会主义市场经济的发展,广告管理法规也在进一步完善和健全之中,在这种状况下,广告行业自律的作用显得更加重大。

三、广告社会监督

广告社会监督主要是通过消费者和社会各界对广告宣传活动的批评、建议、投诉、举报等产生的社会舆论压力而实现的,包括消费者监督、新闻舆论监督。

(一)广告社会监督的特点

1. 监督主体的广泛性

广告作为一种商品和服务的信息,是对全体受众开放的,所以它也面临着最广泛的监督,每一个消费者都可以对广告的真实性进行判断、分析、质疑,可以向有关部门反映问题,此外,媒介、消费者组织、广告主的竞争对手等也是广告的社会监督成员,而且多方力量相辅相成,比如说,当消费者因违法广告上当受骗时,就会向消费者组织和媒介反映、投诉,一经媒介报道,社会上就会形成一股舆论,一张由消费者、消费者组织、媒介共同编织的网将置违法主体于大庭广众之下。

2.监督途径的多样性

对广告的社会监督可以通过多种多样方式和途径来完成。对于普通消费者而言可以选择向消费者协会投诉、向市场监督管理机关举报,甚至向司法机关起诉。对于法定的消费者社团组织——消费者协会而言,其进行广告监督的方式有:①参与行政部门对违法广告及其所涉及商品和服务的检查;②就消费者所投诉的问题向有关部门反映、查询,提出建议;③受理消费者的投诉,并对投诉事项进行调查、调解;④就消费者投诉的违法广告涉及的具体商品和服务,可以提请相关鉴定部门鉴定;⑤支持受损害的消费者提起诉讼;⑥对损害消费者合法权益的行为通过大众传播媒介予以揭露。

3.监督行为的自发性

社会公众对广告的监督管理并非广告行政机关的指令所致,完全是一种自发和自愿的行为。社会公众增强了对广告信息真实性、合法性的要求,同时维权意识和维权能力日益增强后,这种自发和自愿的监管行为将会更加普遍。这种自发和自愿的广告监督行为如果通过民间团体或组织的引导发挥出来,威力将更大一些。

4.对公权力的依赖性

消费者对广告的监督呈现一种分散性、自发性的状况,很多时候维权必须依托消费者协会或是法律途径。而消费者协会在解决消费者和广告主之间的纠纷时,多以调解为主,当调解无法达成或是调解无法解决问题时,消费者协会仍然要借助国家行政部门和司法部门的公权力来达成消费者的合理诉求。

(二)消费者监督

治理侵害消费者合法权益的虚假广告及其他损害社会公共利益的行为,除了政府监管、行业自律之外,也需要广泛的社会监督。《广告法》第五十四条规定:"消费者协会和其他消费者组织对违反本法规定,发布虚假广告侵害消费者合法权益,以及其他损害社会公共利益的行为,依法进行社会监督。"该条款赋予了消费者协会和其他消费者组织监督违法广告行为的社会监督权。

消费者对广告的监督是通过各类消费者组织来实现的,各类消费者组织是消费者为维护自身合法权益而形成的社会团体。在我国,目前最重要的消费者组织是"中国消费者协会"。中国消费者协会的宗旨是对商品和服务进行社会监督,保护消费者的利益,指导广大消费者合理消费,促进社会主义市场经济的发展。如果没有这样的消费者组织,消费者的维权就会因其分散而异常艰难。正是因为消费者组织的形成和发展,使原本分散的力量形成了合力,才使得这种力量对广告活动形成的监督、控制和约束越来越强大。

在一些广告业发达的国家,消费者监督是一种非常重要的广告监管手段。美国商业优化局理事会除了对广告业和广告主进行监督外,还对国家的广告管理提出建议。美国消费者联盟是美国最大的消费者组织,它经常进行商品比较,并将比较结果向社会公布。此外它还设立了最差广告奖,每年评选一次。日本的消费者组织在广告的监督管理方面也起到很大的作用,以主妇联合会和消费者协会为例,这两个组织是日本比较重要的民间组织,它们的职责之一就是促使商品信息和知识得以正确的传播。

随着市场竞争的加剧,商家越来越依靠建立在消费者信息收集基础上的广告投放,所以消费者对广告的监督也涉及了更深的层面。目前,一些广告公司的互联网插件就像一张蜘蛛网一样,不管用户在哪里,都可以抓到用户。这些公司获取用户cookie(一种存储在网络浏览器或移动设备上的小型文本文件,用于存储用户的相关信息),基本都是通过在别的网站加代码来实现的。只要拿到cookie,包括用户的手机号码、姓名、年龄等信息都可以知道。目前,许多视频或购物平台通过用户浏览或购买痕迹来分析用户习惯并发送精准广告。但放眼全球互联网,涉及用户个人账户、联系方式等隐私的用户网络浏览行为分析是全球所有精准营销公司、广告网络公司的运营基础。同样的事情发生在美国,美国的消费者通过诉讼维护自身的隐私权。《"十四五"广告产业发展规划》中也强调了要畅通社会监督渠道,将消费者信访、投诉、举报等作为监管的风向标,使社会监督成为广告监管的重要力量。

(三)舆论监督

舆论是指在一定社会范围内,消除个人意见差异,反映社会知觉和集合意识的、多数人的共同意见。舆论的形成,有两个相辅相成的过程,一是群众自发形成,二是有目的的引导。当社会出现某一新问题时,社会群体中的个人,基于自己的物质利益和文化素养,自发地、分散地表达出对这一问题的态度,持有类似态度的人逐渐增多,并相互传播、相互影响,凝聚成引人注目的社会舆论。政治领导集团或权威人物,按照人们的意愿,提出某种主张或号召,并引起广泛共鸣,也可转化为社会舆论。这两类舆论的形成过程,实际上也在相互转化,对于违法广告的监督实际上也体现了这一过程:消费者或由于上当受骗,或出于其教养而形成的责任感、正义感表示出对违法虚假广告的憎恶,并通过投诉或周边宣传(例如在社区周边进行宣传)等方式引起社会舆论的关注,从而达到监管的功效。

舆论与新闻关系密切,新闻传播工具在反映舆论,以及形成、引导舆论的过程中有很大作用。社会舆论若只在街谈巷议中存在,其力量是有限的。只有经过报纸、通讯社、广播、电视等新闻传播工具的广泛传播,唤起人们对某一社会问题的普遍注意,才能把舆论凝聚起来,影响人们的思想和行动。所以新闻界又被公认为"舆论界"。因此,在对违法广告的监督中,新闻媒介的功能也得以体现,我国2006年实施的违法广告公告制度的解释中就明确了电视台、广播电台、报纸、期刊等大众媒介是执行这一制度的主体之一,其任务为刊播典型虚假的违法广告案例、违法广告提示、违法广告案例定评、违法广告监测公告等。

> ▶ **思 考 题**

1. 广告产业在国民经济中的重要功能有哪些?
2. 进入新时期,我国广告业面临的新挑战和新机遇有哪些?
3. 我国广告业在发展过程中存在的问题有哪些?
4. 分析违法广告治理困境的成因。
5. 谈一谈违法广告的危害。
6. 社会监督包括哪些内容?

第二章 广告行政监管概述

第一节 广告行政监管的概念

一、广告行政监管的范畴

（一）广告行政监管的内涵

广告行政监管的内涵比较宽泛。不同的主体对广告活动和广告业的计划、协调、控制、管理、监督，都可以称为广告行政监管。广告行政监管具体来说表现为5个方面：①广告主的广告管理。具体来说就是广告主在生产经营活动中，对内部广告业务部门予以管理，制定广告战略和确定广告投资方向。②广告行业的行业自律。广告行业成员成立的各类行业组织，通过制定章程、准则、规范等形式进行自我约束、自我管理，从而促进广告业的健康发展。③广告经营者对广告的管理。广告经营者在法律规定的范围内对所从事的广告经营活动实施管理，包括对广告主所提供的证明文件的核查、在法律法规的框架内开展广告创意、设计或代理业务、建立完整的广告业务档案制度等。④国家对广告的管理。国家授权有关行政管理机关，依据法律、法规及有关规定进行广告行政监管，保护合法经营，取缔非法经营，查处违法行为，从而维护广告市场的有序性。⑤社会的监督。主要是消费者监督，也包括社会舆论、新闻媒介对广告行业的监督。

本书所论述的广告法规与管理，主要是前述的第四种，即以政府行政机关为主体，以广告法律法规为依据，对广告行业和广告经营活动的管理。

（二）广告行政监管的定义

行政监管是指监管者运用公共权力制定及实施规则和标准，以干预各种行为主体的经济和社会活动。广告行政监管是指政府行政管理机关依据法律、法规和行政规章，行使国家授予的职权，对广告活动全过程进行监督、检查、控制和指导的工作。严格来说，它是市场经济条件下一种基于规则的管理，是市场经济体制的产物，属于国家调控经济的行为之一。

我们可以通过以下几个方面来掌握广告行政监管的定义。

(1)广告行政监管是一种纯外部性的管理手段。其管理者是由国家指定的特定机关。对此,《广告法》的第六条有明确的规定:"国务院市场监督管理部门主管全国的广告监督管理工作,国务院有关部门在各自的职责范围内负责广告管理相关工作。县级以上地方市场监督管理部门主管本行政区域的广告监督管理工作,县级以上地方人民政府有关部门在各自的职责范围内负责广告管理相关工作。"

(2)广告行政监管的范围是广告活动的全过程,既包括对广告市场准入资格的确认,也包括对广告设计、制作、发布的控制和监督,还包括对广告活动涉及的各种社会关系的维护和调整。

(3)监管、检查、控制、指导构成了广告行政监管的全过程。参与广告活动的单位和个人都必须接受广告行政监管部门依法行使的监督管理。监管、检查、控制、指导4个方面相辅相成,共同保障我国广告业的繁荣。

监管,是指市场监督管理机关及广告审查机关对从事广告活动的组织或个人进行监审和督察,使其广告经营、发布活动在国家法律和法规允许的范围内进行。

检查,是指市场监督管理机关对广告市场中从事广告活动的组织或个人的经营行为进行检查,以规范市场行为,保护合法经营,取缔非法经营,查处违法广告。检查的方法可分为常规性检查和突击性检查。常规性检查一般作为一种制度固定下来,比如广告经营资质的检查;突击性检查是指对广告活动中的突出问题有针对性地展开专项检查、治理整顿。比如国家市场监督管理总局针对某个时期广告市场存在的违法情况突出、社会反应恶劣的特定广告,如近年来的药品广告、保健食品广告、医疗广告等,进行集中查处。

控制,是指市场监督管理机关通过核发《营业执照》《广告经营许可证》,审查广告收费标准,调查统计广告经营状况等活动,实施对广告企业的监督管理,促进广告业的有序发展。

指导,是指监督管理机关指导广告行业协会及广告主、广告经营者、广告发布者等广告经营组织之间交流经验,使广告业的发展符合经济规律,提高经营者的业务水平,促使广告活动主体遵守广告行政监管的法律、法规和行政规章,建立健全行业自律的制度等。

二、广告行政监管在广告学科体系中的地位

广告学是研究广告活动规律的科学,包括广告基础理论、广告营销理论、广告设计制作理论和广告监督管理理论4个部分。

(一)广告基础理论

广告基础理论是指运用经济学、社会学、心理学、管理学、传播学等基本理论观点对广告的定义、作用、历史和广告管理的原则、方法等进行系统的研究,以揭示其一般规律和本质。

(二)广告营销理论

它是对企业运用广告策略,维护和开拓市场活动的研究。营销组合是市场学的一个重要概念,它是指企业综合运用各种经营策略、手段,以取得最佳经济效益的活动。

(三)广告设计制作理论

广告设计制作理论是对广告设计和制作的方法与技巧的研究,其包括广告文案的创

作、广告设计的软件运用、各类广告媒介的性质和运用、广告创意方法研究等。在我国很多高校，广告学专业开设在艺术学院，就是强调和突出了广告设计制作的重要性。

（四）广告行政监管理论

广告行政监管理论研究如何运用国家的行政和法律手段，对广告活动进行监督、检查、控制和指导，使广告活动得以健康有序运行。在我国，广告监督管理机关是国家市场监督管理总局和地方各级市场监督管理局，并与其他行政主管部门及司法部门协同配合，对广告活动进行全面的监督管理。

在广告学的4个组成部分中，广告基础理论是介绍广告及广告活动一般规律和性质的部分，而在实际的广告制作和经营过程中，广告营销理论和广告设计制作理论运用得更多一些。然而在运用这些理论的过程中，我们也不能偏离"法"的矩阵，否则无论一则广告的营销效果如何有效，创意如何震撼人心，都会因其触犯法律而起到错误的示范作用，从而影响广告作为竞争方式的公平性。

三、广告行政监管的功能

（一）广告行政监管是我国广告业健康发展的重要推力

前文已经分析过，我国的广告业虽然取得了很多成绩，但是问题也不少，而且很严峻，尤其是违法广告泛滥已经成为我国广告行业的一个痼疾，靠社会舆论、道德规范很难对广告活动主体起到约束作用，很难对抗利益驱使下的违法冲动。广告行政监管的定义告诉我们，广告监管是国家调控经济的手段之一，它由我国的行政机关来执行，是强制性的，由监督、检查、控制、指导4个方面组成，4个方面相辅相成共同推进了我国广告业的健康发展。

（二）广告行政监管是维护消费者合法权益的重要手段

在现代社会经济运行过程中，消费者和广告有密切的关系，这主要体现在两个方面。首先，广告是商品、服务信息的载体，消费者需要通过广告来了解信息，从而产生消费、刺激经济发展；另一方面，消费者对于广告信息的接受并不都产生于审慎、周全的辨析，他们对虚假违法广告的辨识能力非常有限，尤其是中老年人，这时消费者的合法权益包括知情权、人身财产权、公平交易权，往往遭遇到虚假违法广告的挑战和侵犯。广告监督管理的重要部分即"监督"和"检查"，一方面对广告违法行为进行有力的控制，另一方面也减少了消费者受侵害的频率。

（三）广告行政监管是促使我国市场经济有序、和谐发展的有效保障

在论述违法广告的危害时，我们谈到了违法广告对社会经济秩序的破坏。广告行政监管是维护社会经济秩序的重要手段，只有打击虚假违法广告，整顿广告行业规范，促使各行各业的经营者诚实守信地运用广告手段，才能保障各个行业的有序竞争，发挥竞争效应，促使企业提供真正让老百姓放心的产品，而不是一门心思利用虚假违法广告来欺骗消费者，牟取私利。

四、广告行政监管的特点

（一）权威性

当前我国广告的行政监管分为两部分。一是广告监督管理机关的行政监管事项。《广

告法》第六条规定:"国务院市场监督管理部门主管全国的广告监督管理工作,国务院有关部门在各自的职责范围内负责广告管理相关工作。县级以上地方市场监督管理部门主管本行政区域的广告监督管理工作,县级以上地方人民政府有关部门在各自的职责范围内负责广告管理相关工作。"二是广告审查机关的行政监管事项。《广告法》第四十六条规定:"发布医疗、药品、医疗器械、农药、兽药和保健食品广告,以及法律、行政法规规定应当进行审查的其他广告,应当在发布前由有关部门(以下称广告审查机关)对广告内容进行审查;未经审查,不得发布。"广告监管的权威性在于,广告行政监管机关是国家法定的广告执法机关,其广告监管活动是国家意志的体现,是国家行政权力在广告监督管理方面的实施和体现。

（二）法制化

依法行政是现代公共行政管理的最基本特征之一。广告行政监管的法制化体现在4个方面。首先,正如前面分析的,我国广告行政监管的主体是国家法定的,无论是广告监督管理机关还是广告审查机关的执法地位都在《广告法》及相关的法规、规章中有明确规定。第二,广告行政监管有明确的法律依据,这是依法行政的最直接体现。目前我国已经初步形成了以《广告法》为核心和基础,由法律、行政法规、行政规章、地方性法规和规章构成的广告法律法规家族,为具体的广告执法提供了丰富的法律依据。第三,广告行政监管程序的法定性。现代法治原则要求,行政机关的行政行为无论在实体上还是在程序上都应受到法律制约,都应法制化。无论是广告发布前的事前审查还是发布后的监督、检查,相应的行政机构都应该以遵守法律法规明确的程序为前提来具体执行。第四,对行政违法行为有法定的救济渠道。在现实生活中并非行政执法机关的每一个行政决定都毫无瑕疵,当事人认为行政决定不合法,就需要通过公正的行政程序和司法程序来表达诉求。在广告活动过程中,如果当事人对监管机关的行政决定或行政处罚不服,就可以向做出行政决定或行政处罚的监管机关上级部门申请行政复议或提起诉讼。

（三）全方位性

广告行政监管的全方位性体现在两个方面:一是广告行政监管的覆盖面很广,是对广告经营全过程、广告活动全过程全方位的监管。以广告活动为例,在广告业务开展前,双方要依法订立书面业务合同,而广告监督管理机关要对此进行监督、指导;在业务开展过程中,广告经营者要对各种广告文字、图像、样本、证明、审查记录及其有关原始材料进行建档,广告监督管理机关在执法过程中会依据档案的内容判断经营者是否需要承担连带责任;在业务结束后,作为业务成果的广告(如果是特殊商品或服务广告还要在发布前申请广告审查机关的审查)发布后还要受到广告监督管理机关的检查。由此可见,整个广告活动过程都在广告行政监管机关的监管范围内。

（四）强制性

广告行政监管是国家强制力的体现,是以法律法规为依据的,不以个人意志为转移。这表现在广告行政监管机关督促各种广告活动,督促广告活动主体在法律法规框架内从事经营活动,对违法行为依法做出行政处罚,对情节严重、构成犯罪的行为,还要移交司法机关追究其刑事责任。

第二节　广告行政监管的对象

广告活动的参与者一般有广告主、广告经营者、广告发布者、各类市场中介机构等,而这些参与广告活动的主体和广告活动过程都要接受广告行政监管。

一、商业广告活动

(一)"商业广告活动"概念的出现

1995 年开始实施的《广告法》第二条第二款对广告的定义是:"本法所称广告,是指商品经营者或者服务提供者承担费用,通过一定媒介和形式直接或者间接地介绍自己所推销的商品或者所提供的服务的商业广告。"该项规定采用了循环定义,虽然说明了监管对象商业广告"付费""营销"的特征,但从逻辑上来说仍然没有明确定义"商业广告",这影响了《广告法》的适用。在实践中,执法机构经常会由于判断某项活动是否属于"广告"或者是否适用《广告法》而产生疑问。这种情况在互联网新媒体出现后更为常见。因此,准确定义"广告"和"商业广告"就成为修订《广告法》时业界与学界一致的呼声。在修订过程中,曾出现多种关于"广告"的定义,归纳起来,主要是两种思路:一种是沿袭了原《广告法》"循环定义"的思路,从确定《广告法》调整范围的角度进行表述,其中较为复杂的一稿中的表述是:"本法所称广告,是指商品经营者或者服务提供者承担费用,通过报刊、广播、电视、电影、路牌、交通工具、橱窗、店堂牌匾、音像制品、印刷品、霓虹灯、礼品、邮电通信、互联网等媒介和形式,直接或者间接地介绍自己所推销的商品或者所提供的服务的商业广告。"另有一稿的表述是:"本法所称广告,包括通过一定媒介和形式直接或者间接地推销商品或者服务的商业广告,以及基于公共利益发布的公益广告和为达到一定目的而发布的其他广告。"另一种思路是试图给"广告"或"商业广告"下一个较为明确的定义。最典型的就是国务院法制办公室公布的《中华人民共和国广告法(修订草案)征求意见稿》(以下简称《〈广告法〉(修订草案)征求意见稿》),其表述为:"本法所称广告即商业广告,是指商品经营者或者服务提供者通过一定媒介或者形式推销商品或者服务的信息。"与 1995 年的《广告法》相比,主要有两点不同:一是不再强调商业广告的"付费"特征,去除了有偿性要件,扩大了广告的外延;二是将"广告"界定为推销商品或者服务的"信息"。这一新的表述公布后,立即引起了较大的争议,尤其是互联网界反应较为激烈,互联网上的商业信息中既包括了广告,也包括了非广告信息,按照《消费者权益保护法》等法规规定,消费者具有知情权,针对消费者知情权所涵盖的商业信息则不在广告的范畴内。

国务院法制办公室在《〈广告法〉(修订草案)征求意见稿》中,试图对"商业广告"含义进行界定,这一做法是值得肯定的。国务院法制办公室在《关于〈中华人民共和国广告法〉(修订草案)征求意见稿的说明》中,也将完善广告定义视为本次修订的一项重要内容。但是采用"信息"来界定"广告"是有问题的。"信息"确实是广告的核心要素之一,但是并不是广告最核心的要素。

除了广告的要素外,广告(尤其是商业广告)的特征也是影响"广告"含义界定的因素。

从各种定义中可知,大家共同关注的广告的特征主要有两个,即付费特征和营销特征。

"付费特征"主要是从与广告活动主体的关系角度来认定的,广告主、广告经营者、广告发布者之间通常是"有偿的"商业合作。如美国广告协会就认为,广告是付费的大众传播。我国 1995 年《广告法》也特别注意商业广告的"付费特征",规定"本法所称广告,是指商品经营者或者服务提供者承担费用,通过一定媒介和形式直接或者间接地介绍自己所推销的商品或者所提供的服务的商业广告"。

广告的"营销特征"是从广告活动的目的角度进行认定的。例如我国 1980 年版《辞海》对广告的解释是"向公众介绍商品、报道服务内容和文艺节目等的一种宣传方式,一般通过报刊、电台、招贴、电影、幻灯、橱窗布置、商品陈列形式来进行"。《简明不列颠百科全书》对广告的定义是:"广告是传播信息的一种方式,其目的在于推销商品、劳务,影响舆论,博得政治支持,推进一种事业或引起刊登广告者所希望的其他反应。"再比如,《美国百科全书》对广告的解释是:"广告是一种销售形式,它推动人们去购买商品、劳务或接受某种观点。"1973 年在美国出版的《现代经济词典》对广告的解释是:"为了达到增加销售额这一最终目的,而向私人消费者、厂商或政府提供有关特定商品、劳务或机会等消息的一种方法。"相比较而言,"营销特征"是广告的本质特征,而"付费特征"只是一种表象特征。在实践中存在着"无偿"的以促进产品和服务销售为目的的广告。另外,有偿广告也存在不同的"偿",并不一定都表现为货币的支付形式。因此,在给"广告"下定义时,不一定要将"付费特征"作为一个必要的要素予以强调,但是必须强调广告的"营销目的"。

基于上述分析,国务院法制办公室在《〈广告法〉(修订草案)征求意见稿》中界定"商业广告,是指商品经营者或者服务提供者通过一定媒介或者形式推销商品或者服务的信息"可圈可点。省略了"付费特征",突出了"推销目的",这都是值得肯定的。但是将"广告"简单地界定为"信息"是不可取的。现代广告的主要媒介是互联网,而互联网世界中数字化的商品和服务信息非常庞杂。在界定"广告"时,不将注意力放在对广告含义影响重大的"媒介要素"上,而是放在对广告含义并无太大影响的"信息要素"上,这将为广告监管带来更大的难度,也不利于广告行业的发展。而且,法学层面的"广告"与广告学或营销学层面的"广告"的关注点不同。法学应该关注的是"动态"层面的广告,即广告活动,因为法律是行为规范,注重的是人的行为。而广告学或营销学关注的是广告的信息内容、表达方式及营销效果。从动态角度而不是从静态角度界定广告,这是 17 世纪末以来,尤其是现代广告业的一种倾向。将广告重新界定为"信息",这不符合广告发展的规律。

基于上述考虑,在征求意见的基础上,全国人大常委会公布的《〈广告法〉(修订草案)征求意见稿》二审稿中修改为:"在中华人民共和国境内,商品经营者或者服务提供者通过一定媒介和形式直接或者间接地介绍自己所推销的商品或者服务的商业广告活动,适用本法。"删除了"承担费用"的表述,同时放弃了直接给广告下定义的思路,转而从《广告法》调整对象的角度间接地对商业广告进行了描述。2015 年通过的《广告法》保持了二审稿这样的思路与表述。这不仅符合广告业的发展趋势,也顺应了监管执法实践的需要,毕竟法律是行为规范,关注的是动态的"商业广告活动"。《广告法》中"商业广告活动"的表述明确了其指称对象的两大属性:一是营销属性——推销商品及服务,二是媒介属性——一定的媒介和形式。从二者的关系看,媒介属性服务于营销属性。这是典型的"实质定义法"即"被定义项的内涵,是以对该概念指称的那类对象的构成性质的认识或规定为基本内容"。换言之,只要具备上述两种属性的活动即可定性为"商业广告活动"。

"商业广告活动"是我国广告行政监管的重要对象,但监管范围仅限于中华人民共和国境内。2016 月 10 日,欧洲杯揭幕战在法国巴黎圣丹尼斯球场举行,比赛现场出现了一则来自中国赞助商的品牌广告,其中文广告语为"海信电视,中国第一",英文广告语为"Hisense TV, CHINA'S NO.1"。有网友认为"中国第一"属于绝对化用语,违反了广告法。根据《〈中华人民共和国广告法〉释义》,在我国境内发布的商业广告或举办商业广告活动的,无论所宣传的商品和服务是否在境内,均属于《广告法》调整范围,包括境外广告主、广告经营者通过境内播出机构传播的广告内容。对于发生在境外欧洲杯赛场上的广告,虽然其内容违反了我国《广告法》的禁止性规定,但是不能适用《广告法》进行处理,即便行为主体(广告主)在国内。因为在法律的域外适用问题上,除了特殊刑事案件的管辖可以适用保护主义原则外,行政案件只能适用属地管辖的原则,即行政机关只能对发生在本国主权所辖范围内的行政违法行为予以管辖和做出行政处理。

(二)商业广告活动与商业宣传的区别

《中华人民共和国反不正当竞争法》(以下简称《反不正当竞争法》)第二十条规定:"经营者违反本法第八条规定对其商品作虚假或者引人误解的商业宣传,或者通过组织虚假交易等方式帮助其他经营者进行虚假或者引人误解的商业宣传的,由监督检查部门责令停止违法行为,处二十万元以上一百万元以下的罚款;情节严重的,处一百万元以上二百万元以下的罚款,可以吊销《营业执照》。经营者违反本法第八条规定,属于发布虚假广告的,依照《中华人民共和国广告法》的规定处罚。"由该条款规定可知,商业宣传与商业广告活动是有区别的。商业宣传是商业广告活动的上位概念,商业宣传包括了商业广告活动。商业宣传主要包括通过经营场所、展览活动、网站、自媒体、电话、宣传单等方式对商品或服务进行展示、演示、说明、解释、推介或者文字标注等不构成广告的商业宣传活动。因立法并未在商业广告与商业宣传之间划定一条非常明确的界线,在监管实务中,把握两者的区别有一定难度,一般下列活动属于不构成商业广告的商业宣传活动。

(1)商品经营者或者服务提供者发布的关于其自身的新闻信息,且未直接或间接推销其所经营的商品或者服务。

(2)不以推销商品或服务为目的股票行情、航班信息、寻人启事、招工招聘信息、征婚启事、物品交换等信息。

(3)利用会议、讲座、现场咨询、产品发布会等方式开展的人与人之间的即时交流信息。

(4)借助电话、互联网即时通信工具进行的点对点之间的即时交流信息。

(5)医疗机构在其互联网自有媒介上或者经营场所内发布的关于就诊程序、医师出诊安排、医疗技术人员基本情况、医疗服务价格等属于医疗机构按照有关规定需公开的信息。

(6)仅以实物形式展示的商品样品,如房地产开发商样品房展示。

二、广告主

(一)广告主的法律概念

根据《广告法》第二条规定,广告主是指"为推销商品或者服务,自行或者委托他人设计、制作、发布广告的自然人、法人或者其他组织"。

根据这一规定,广告主在广告活动中具有以下几个法律特征。

首先,广告主是广告意愿的发起者,其目的是为推销商品或者服务。

第二,广告主可以是企业、事业单位、社会团体等法人,也可以是不具法人资格的其他经济组织,甚至是个人。

第三,广告主一般是将广告事务委托给他人,但也可以自行设计制作发布广告。由于这种情况没有广告经营者和媒介的参与,所以不存在广告经营问题,对这类广告活动的管理仅限于广告内容和发布形式的管理,广告主对广告承担一切法律责任。

(二)广告主的义务

广告主的义务具体来说有以下几个方面。

第一,广告主利用广告宣传的商品或服务必须遵守法律法规,对此《广告法》第五条有明确的规定:"广告主、广告经营者、广告发布者从事广告活动,应当遵守法律、法规,诚实信用,公平竞争。"

第二,广告主委托设计、制作、发布广告,应当委托于有合法经营资格的广告经营者和广告发布者。对此,《广告法》第三十二条有明确的规定:"广告主委托设计、制作、发布广告,应当委托具有合法经营资格的广告经营者、广告发布者。"广告主除了可以利用自媒体进行宣传外,常常需要借助广告经营者和广告发布者的广告设计、制作、发布服务来宣传自己的商品及服务。当广告主委托他人设计、制作、发布广告时,必须履行法律规定的义务,即委托具有合法经营资质的广告经营者和广告发布者。广告面向社会大众发布,影响范围广。一些无合法经营资质的"广告经营者"和"广告发布者"更容易无视法律法规的约束,设计、制作、发布格调庸俗、内容虚假违法的广告。

第三,广告主在委托事务开展后,应当将真实、合法、有效的证明文件提供给广告经营者和广告发布者。《广告法》第三十四条第二款规定:"广告经营者、广告发布者依据法律、行政法规查验有关证明文件,核对广告内容。对内容不符或者证明文件不全的广告,广告经营者不得提供设计、制作、代理服务,广告发布者不得发布。"该条款是对广告经营者、广告发布者建立健全广告业务日常管理制度和履行自律审查义务的规定。广告经营者和广告发布者对承接的广告业务进行审核要以广告主的配合为前提,作为广告主应该配合广告经营者和广告发布者,积极主动提供真实、合法、有效的各类相关证明文件,保障广告业务的健康有序运行。

第四,广告主与广告经营者及广告发布者开展业务时,必须依法签订书面合同,以明确双方的责任。《广告法》第三十条规定:"广告主、广告经营者、广告发布者之间在广告活动中应当依法订立书面合同。"该条款是关于民事法律关系主体在广告活动中依法订立书面合同的规定。广告业务在运行过程中需要广告主、广告经营者、广告发布者的多方参与,要经过前期调研、广告设计制作、代理、发布等诸多环节。签订广告合同是明确双方权利和义务的法律手段。广告主作为广告服务的需求者和发起者,与广告经营者及广告发布者开展业务时,应积极依法签订书面合同,以明确双方的责任和义务。

第五,广告主利用广告进行商品服务宣传时,必须秉持诚实、信用、公平竞争的原则,不能借助广告诋毁竞争者的产品或服务。商业活动中与诚实守信、公平交易的商业道德背道而驰的各种行为统称为不正当竞争,广告主利用虚假违法广告欺骗和误导消费者,以不正当手段获得市场份额就是典型的不正当竞争行为,不仅损害了竞争对手的合法利益,也损害了消费者的合法权益。

第六，广告主要对广告内容的真实性负责。《广告法》第四条规定："广告不得含有虚假或者引人误解的内容，不得欺骗、误导消费者。广告主应当对广告内容的真实性负责。"这意味着，广告主是广告内容真实性的第一负责人，《广告法》对广告主、广告经营者、广告发布者和广告代言人的法律责任和义务都作了相应规定，如果因内容虚假而构成违法广告造成损害，广告主应当首先承担法律责任，其他广告活动主体承担连带责任。另外，随同"第一责任人"而来的便是广告主要对广告内容的真实性负有举证责任。广告主是广告活动的发起者，是证实广告内容真实性材料的所有人和提供者，因此广告主对广告内容真实性的举证义务具有不可推卸的责任，并承担对广告内容真实性举证不能而带来的不利后果。

三、广告经营者

（一）广告经营者的法律概念

《广告法》第二条第三款规定："本法所称广告经营者，是指接受委托提供广告设计、制作、代理服务的自然人、法人或者其他组织。"根据这一规定，广告经营者的法律特征如下。

第一，广告经营者的业务范围包括广告设计、制作及广告业务全方位代理。根据《广告法》第二条第三款的规定，广告经营者本身并不推销商品及服务，而是在接受委托的情况下从事设计、制作、代理服务。广告设计是指依据广告主的要求进行的广告创意、构思、编排等活动；广告制作是指根据广告设计创意的要求，制作可供刊播、设置、张贴广告作品的活动。广告代理是指广告经营者接受广告主或广告发布者委托从事的广告战略策划、广告媒介安排等活动。根据不同的业务范围，也在实际的运营中产生了不同类型的广告公司，有广告创意公司、广告制作公司、广告代理公司。

第二，广告经营者可以是企业、事业单位、社会团体等法人，也可以是不具法人资格的其他经济组织和自然人。此处的"自然人"应理解为主要是从事广告经营的"个体工商户"，包括从事非经常性小额零星广告业务的自然人。根据《中华人民共和国市场主体登记管理条例》第三条规定，未经登记，不得以市场主体名义从事经营活动。自然人不以市场主体名义，只从事非特许经营的非经常性的零星经营行为，并不违反该项规定，如果"广告经营者"意味着经营主体是以"广告经营"为业，是经常性地从事该项经营，则根据规定应当登记为"个体工商户"。

（二）广告经营者的类型

目前，我国的广告经营者从所有制形式来看有国有、集体、个体私营、外商投资、联营、股份制企业等。从规模来看，有注册资金几百万元、广告年营业额几千万元甚至数亿元的综合性广告公司，也有规模不大，年营业额徘徊于几百万元甚至几十万元的中小广告公司。按照组织形式和业务性质划分，有以下几种，也是我们日常所说的一些类型。

1. 综合型广告公司

这类广告公司业务能力全面，还具有为广告主提供市场调查、广告策划、广告效果测定，以及设计、制作、代理等全面服务的能力。

2. 广告设计、制作公司

这类广告公司的业务较单一，还专门从事影视、广播、霓虹灯、灯箱、路牌、印刷品、礼品等广告的设计制作的公司。

3.兼营广告业务的企业、事业单位

这类企业或事业单位是指其主营业务并不是广告,但由于有相应的资源和资质并依法登记核准获得《广告经营许可证》,从事广告设计、制作和发布业务。

4.外资广告企业

它是指中外双方投资者共同组建的中外合资、中外合作或者由外国投资者独资的广告公司。

5.个体广告经营户

这类经营者是指在法律允许的范围内,依法进行核准登记,从事广告业务的自然人或家庭,有固定的经营场所,还要具备健全的会计核算制度。

6.自然人

和"个体广告经营户"相比,"自然人"是相对比较特殊的广告经营主体。个体广告经营户是经依法登记,从事广告经营的自然人或家庭,是一个经营单位,是一种市场主体。而自然人并不是经过依法登记的经营单位,自然人从事广告经营具有偶发性,但其在从事广告经营过程中同样要承担法律规定的责任,履行法律规定的义务。

(三)广告经营者的义务

广告经营者是广告活动中设计、制作、代理等主要环节的具体操作者和实施者,其经营行为合法与否,直接关系到广告市场的秩序状况。根据《广告法》等法律法规的规定,广告经营者的基本义务如下。

(1)办理广告经营登记的义务。从事广告经营活动,应当在具备相应资质的前提下,依法办理公司或广告经营登记。这是从事广告经营活动的前提。

(2)依法订立书面合同。在广告经营活动正式开展前,广告经营者必须与广告主、广告发布者或其他广告活动主体依法订立书面合同,明确双方的责权利。

(3)依法查验广告证明文件、核对广告内容。根据《广告法》第三十四条的规定,广告经营者必须依据法律、行政法规查验有关证明文件,核对广告内容。对内容不符或者证明文件不全的广告,广告经营者不得提供设计、制作、代理服务。查验广告证明文件,要求广告经营者对广告内容指向证明材料的种类、数量、有效期限、出处,及其真实性、有效性与合法性进行核对。

(4)广告经营者还应按照国家有关规定,建立健全广告业务的承接登记、审核、档案管理制度。建立、健全广告业务的承接登记、审核、档案管理制度,有利于广告经营者通过制度建设自觉履行广告审查的义务,从而避免虚假违法广告发布行为,为广告内容的真实、合法设置一道屏障。承接登记是指广告经营者与广告主在接洽业务时,广告经营者应当了解、记录广告主的基本情况,确认广告主的合法资质;审核是指对承接的广告业务进行审查核对;档案管理是指将广告活动中涉及的各个环节和流程的材料进行归纳整理存档,包括各类证明材料的复印件、广告书面合同、广告内容修改记录,广告主对广告发布样稿的确认记录等。《中华人民共和国行政处罚法》(以下简称《行政处罚法》)第三十六条规定,行政处罚的时效为两年,因此出于监管的考虑,广告档案保存年限一般在两年以上。

(5)广告经营者应当公布收费标准和收费办法。广告服务价格实行的是市场调节价,由广告经营单位根据经营成本、经营质量、市场供需状况自主制定价格。但广告经营者公布收费标准和收费办法,能更好地维护广告行业的价格秩序,提高广告服务价格的透明度。2005年国家发改委、国家工商行政管理总局(2018年改为国家市场监督管理总局,下同)发布了《广告服务明码标价规定》的通知,其中规定了:①标价基本要求:标价内容真实明确,字迹清晰规范,标示醒目,以文字(含图标)标价的,一律以阿拉伯数字标明人民币金额;②标价基本内容:广告经营单位名称、服务项目、服务内容、收费标准、计费方式等;③标价方式:广告经营单位明码标价可采取媒体通告、公示栏、公示牌、价目表、收费手册、互联网查询、多媒体终端查询、语音播报,以及公众认可的其他方式进行事先公示。并应当公布相应的查询方式或客户服务电话;④标价场所:广告经营单位应当在营业场所或业务代办场所的显著位置实行明码标价公示。

第六,不得在广告活动中擅自使用他人名义或形象。《广告法》第三十三条规定:"广告主或者广告经营者在广告中使用他人名义或者形象的,应当事先取得其书面同意;使用无民事行为能力人、限制民事行为能力人的名义或者形象的,应当事先取得其监护人的书面同意。"公民享有姓名权、肖像权,公民有权决定、使用自己的姓名和肖像,有权禁止他人干涉、盗用、假冒。在广告活动中,广告经营者以他人名义、形象进行创意设计制作,就涉及使用他人的姓名权或者名称权、肖像权,需要取得他人的同意或授权。此处的"同意",法规中明确强调的是"书面同意",即意味着他人同意广告经营者使用其名义或者形象,必须出具同意的书面凭证,防止不必要的纠纷,保障广告活动的顺利进行。

四、广告发布者

(一)广告发布者的法律概念

根据《广告法》第二条第四款规定:"广告发布者是指为广告主或者广告主委托的广告经营者发布广告的自然人、法人或者其他组织。"在我国,广告发布者可以是企业、事业单位、社会团体等法人,也可以是不具法人资格的其他经济组织,还可以是自然人。

(二)广告发布者的类型

在我国,广告发布者主要有两种类型。一是新闻媒介单位,利用广播、电视、杂志、报纸、期刊等新闻媒介发布广告。另一类是具有广告发布媒介的企事业单位或其他经济组织,例如利用自有或自制的音像制品、图书、橱窗、灯箱、场地等发布广告的出版社、商店、宾馆、体育馆、展览馆、影剧院、车站、码头等。

除了前述的两种主要类型外,值得一提的是修订后的《广告法》将"自然人"也列入广告发布者范畴。随着互联网经济的发展,互联网成为重要的广告媒介,我国允许自然人开设互联网站或者在互联网平台上注册个人账号经营自媒体,自然人在其个人网站上或个人的自媒体平台上开展合法的广告活动是目前的一种新就业形态,并不违反广告法。

还有一种特殊的自然人发布广告情形值得深思。在修订后《广告法》颁布实施后,有媒体报道在浙江杭州地铁和西湖景区有年轻女性将后背裸露承接广告。针对这一现象,民众发出了不同声音,赞成的民众认为,这一行为没有违反《广告法》中对"广告发布者"的规定,自然人将身体作为广告载体是合法的创新之举,而更多的民众认为,年轻女性着装暴露行走于人流量密集的景区和地铁中的行为有伤风化。这种行为是否合法,还得从法律中寻找依据,虽然修订后《广告法》将自然人也纳入了广告发布者行列,但其第三条有规定,"以健康的表现形式表达广告内容",《中华人民共和国民法典》(以下简称《民法典》)第八条也有规定"民事主体从事民事活动,不得违背法律,不得违背公序良俗"。广告从业人员必须认识到任何违背公序良俗的广告表现形式都是不健康的,也是违法的。而"公序良俗"是在长期社会生活历史中形成的、为公众内心所确信的,凝结着社会大众的普遍性的价值判断准则,是对现行法律法规的重要补充。

不仅民众对于人体是否属于广告媒介存疑,一些法学专业人士也提出了自己的见解。中央财经大学的刘双舟教授就认为人体不属于广告媒介,他认为在法律上,人是法律关系的主体,人格和人身不得用作客体,传播学理论上也认为媒介是物质。广告实践中确实存在一种人体流动广告,但是这里的"人体"不是指人的身体或皮肤而言的,而是指穿戴在人身上的衣服等延伸意义上的人体。刘双舟教授还以2003年文化部、公安部、国家工商行政管理总局联合下发的《关于制止在公众聚集场所进行裸体的人体彩绘表演活动的通知》作为依据,通知明确规定"严禁任何单位和个人以裸体、半裸体、三点着装等形式的人体为媒介发布广告"。其本意是否定了将人体作为广告媒介。

(三)广告发布者的基本义务

根据相关法律法规规定,广告发布者必须履行以下义务。

(1)广播电台、电视台、报刊出版单位的广告业务应当由其专门的广告业务机构办理,非广告业务的部门不得经营或代理广告业务。广播电台、电视台、报刊等新闻媒介是宣传党的路线、方针和政策,传播社会主义核心价值观的重要渠道。强化对广播电台、电视台、报刊出版单位广告发布活动的监管,是保障上述媒介公信力的重要措施。广告发布是广播电台、电视台、报刊出版单位的重要业务,是媒介单位的重要收入来源,从事广告发布的上述媒介单位要设立专门的机构,配备必要的人员、场所与设备,这是考虑到有专门机构和专业人才,有利于提高广告业务的专业化水平,再加之广告媒介有审查广告的义务,也需要配备专职人员。此外,禁止非广告业务部门从事广告业务,是为了更好地区分广告信息和非广告信息,避免出现"新闻报道形式的广告",从而影响媒体公信力。

(2)广告发布者应当向广告主和广告经营者如实提供媒介覆盖率、收视率、发行量、点击率等资料。覆盖率是广告发布者的媒介在某一范围内覆盖的比率,反映媒介传播的地域范围和空间范围;收视率是指电视媒介的某个栏目、节目或者广告播出后,收视人数占电视观众的比率;发行量是指报刊媒介的发行数量;点击率是指网页上广告被点击的次数与被显示次数的比率,点击率反映了网页广告内容被关注的程度,被用来衡量网络广告的投放效果。广告媒介的覆盖率、收视率、发行量、点击率等信息在很大程度上决定了广告的受众面积和广告效果,同时也是广告费的定价依据。随着新媒体的发展,体现广告传播范围、传播效果的指标数据将会越来越精准,种类也会越来越丰富,比如广告的点击购买率,广告发布者在提供这些资料时,也应当真实,否则,广告主和广告经营者有权要求其赔偿经济损失。

(3)广告发布者同样应按照国家有关规定,建立健全广告业务的承接登记、审核、档案管理制度。

(4)广告发布者应当依法查验有关证明文件并核实广告内容,对证明文件不全或广告内容违法的不得发布。2012年国家工商行政管理总局、中宣部、广电总局等12部委联合发布了《大众传播媒介广告发布程序审查规定》,对广告审查程序作了明确要求,包括:查验各类广告证明文件的真实性、合法性、有效性,对证明文件不全的,要求补充证明文件;审核广告内容是否真实、合法,是否符合社会主义精神文明建设的要求;检查广告表现形式和使用的语言文字是否符合有关规定;审查广告整体效果,确认其不致引起消费者的误解;提出对该广告同意、不同意或者要求修改的书面意见。

(5)自觉履行对于广告(包括公益广告)播出时长的规定。2012年1月1日正式施行的《广播电视广告播出管理办法》对广播电视广告的播出时长作出了明确的规定,播出机构每套节目每小时商业广告播出时长不得超过12分钟。其中,广播电台在11:00—13:00、电视台在19:00—21:00,商业广告播出总时长不得超过18分钟。播出机构每套节目每日公益广告播出时长不得少于商业广告时长的3%。其中,广播电台在11:00—13:00、电视台在19:00—21:00,公益广告播出数量不得少于4条(次)。播出电视剧时,不得在每集(以45分钟计)中间以任何形式插播广告,播出电影参照执行。

五、广告代言人

(一)广告代言人的定义

根据《广告法》第二条,广告代言人"是指广告主以外的,在广告中以自己的名义或者形象对商品、服务作推荐、证明的自然人、法人或者其他组织"。广告代言活动是指广告代言人受广告主(商品经营者或者服务提供者)委托,在广告中以自己的名义或者形象对广告主的商品或者服务进行推荐、证明的一种商业广告活动。定义中的"推荐"和"证明"一是要看对广告所推销的商品或者服务是否有肯定的意思表达,二要看是否对所推销的商品或者服务的性能、效用等方面进行了佐证。

对于广告法中所规定的"以自己的名义或者形象对商品、服务作推荐、证明",要做全面理解。

(1)广告主及其员工对自己所推销的商品或者服务进行推荐、证明,一般不认为是广告代言人。此外,广告中没有标明身份,公众也难以辨别其身份的,则不是以自己的独立人格进行商品或服务推荐,此种情形可以认为属于广告表演,而不是广告代言。

(2)在广告中将身份信息予以明确标示,对消费者表达自己对产品的推荐、证明,影响消费者选择购买的,属于以自己的名义,利用自己的独立人格进行广告代言。

(3)对于知名度较高的主体,例如演艺明星、知名体育运动员、专家学者、"网络红人"、社会名流等,即使广告中没有表明身份,但公众通过形象即可辨识身份的,不影响其"广告代言人"身份的认定;如果以上诸类主体在广告中以"××体验官"等身份进行推荐证明,也不能改变广告代言人的身份。

(4)网络直播活动过程中,内容构成商业广告的,参与直播的主体以自己的名义或者形象对商品、服务作推荐、证明,也应履行广告代言人的法律责任和义务。

(5)含有商业植入的综艺节目,参与的演艺人员、社会名人等,以自己的名义为植入商品或服务作推荐和证明的,应履行广告代言人的法律责任和义务。

(6)除自然人外,科研单位、学术机构、技术推广机构、行业协会等法人或者其他组织在广告中以组织名义对商品、服务作推荐和证明的,也属于广告代言人范畴。

要注意的是广告中出现的演示人员和广告代言人是有本质区别的,不能将广告中出现的一切人物形象都视同为广告代言人,广告中出现的演示人员在广告中扮演特定角色,其在广告中的言行是由广告脚本的角色设定决定的,不代表扮演者独立的推荐意图,从广告受众的角度来看,广告受众无法在广告中识别出其广告角色之外的独立身份信息,因此广告中的演示人员并不是代言人。

（二）广告代言人及代言活动的负面清单

2022年,上海市市场监督管理局发布了名为《商业广告代言活动合规指引》的地方政府规章,其中列出了广告代言人及代言活动的负面清单,该负面清单将当前我国各项规范性法律文件中有关"代言人"及"代言"的法律规定作了归总。

1.禁止商业代言的自然人、法人或其他组织

（1）国家机关及其工作人员。

（2）未满十周岁的儿童。

（3）在虚假广告中作推荐、证明受到行政处罚未满三年的自然人、法人或者其他组织。

（4）违法失德人员,包括政治立场不正确、与党和国家离心离德的人员,违反法律法规、冲击社会公平正义底线的人员,违背公序良俗、言行失德失范人员。

（5）因自身条件所限,无法实质使用商品或接受服务的人员。

（6）法律、行政法规禁止的其他群体。

2.禁止使用广告代言人的商品或服务的广告

（1）药品广告不得使用广告代言人。

（2）医疗广告不得使用广告代言人。

（3）医疗器械广告不得使用广告代言人。

（4）特殊医学用途配方食品广告不得使用广告代言人。

（5）保健食品广告不得使用广告代言人。

3.不得利用特殊群体进行商业代言的广告

（1）教育、培训广告不得利用科研单位、学术机构、教育机构、行业协会、专业人士、受益者的名义或者形象作推荐、证明。

（2）招商等有投资回报预期的商品或者服务不得利用学术机构、行业协会、专业人士、受益者的名义或者形象作推荐、证明。

（3）农药、兽药、饲料和饲料添加剂,农作物种子、林木种子、草种子、种畜禽、水产苗种和种养殖广告不得利用科研单位、学术机构、技术推广机构、行业协会或者专业人士、用户的名义或者形象作推荐、证明。

（4）普通食品广告不得利用食品检验机构、食品行业协会向消费者推荐。

（5）消费者组织不得以收取费用或者其他牟取不正当利益的方式在商业广告中向消费者推荐商品和服务。

（三）广告代言人的义务

1.做好事前把关

代言人在开展广告代言活动前,应对被代言企业及代言商品或者服务的品类和广告内容进行充分了解。广告代言人及所属其经纪公司要全面了解并确认广告主已经取得合法的经营资格,代言的商品或者服务不属于法律、行政法规规定禁止生产、销售的产品,或者提供的服务不属于法律、行政法规规定禁止发布广告或者禁止广告代言的商品或者服务。

此外,代言人及所属经纪公司还应查阅被代言企业的信用记录、代言商品的商品说明书(服务流程)及涉及消费者权利义务的合同条款,审看相关广告脚本;同时妥善记录对被代言企业的信息了解情况、对商品的体验和使用情况,保管代言合同及代言商品消费票据等资料。

2. 使用商品或接受服务

2021年2月,知名脱口秀演员李某在其个人微博发布一则推广某品牌女性内衣的广告视频,所配文案为:"我的职场救生衣,一个让女性轻松躺赢职场的装备,我说没有我带不了的货,你就说信不信吧。"2021年8月,北京市海淀区市场监督管理局将李某发布上述广告案作为违法广告典型案例予以通报。通报中指出,女性立足职场,靠的是能力和努力,上述广告将"职场"与"内衣"挂上关系,可以"躺赢职场","是对女性在职场努力工作的一种歧视,是对女性的不尊重行为,文案内容低俗,有辱女性尊严。经调查,当事人发布上述广告没有收取单独的广告发布费。另,当事人作为公众人物在广告中利用自身的知名度为品牌女性内衣作推荐,属于广告代言行为,且并未使用过该商品。"《广告法》第三十八条规定:"广告代言人在广告中对商品、服务作推荐、证明,应当依据事实,符合本法和有关法律、行政法规规定,并不得为其未使用过的商品或者未接受过的服务作推荐、证明。"关于广告代言人使用商品或接受服务的义务,2022年10月,国家市场监督管理总局会同中央网信办、文化和旅游部、广电总局、银保监会、证监会、国家电影局等七部门联合印发《关于进一步规范明星广告代言活动的指导意见》中有比较明确的规定。指导意见指出,广告代言人在推荐、证明之前,应当充分使用代言商品,保证在使用时间或者数量上足以产生日常消费体验,象征性购买或者使用代言商品不应认定为广告代言人已经依法履行使用商品的义务。明星为婴幼儿专用或者异性用商品代言的,应当由明星近亲属充分、合理使用该商品。明星在广告代言期内,应当以合理的频率、频次持续使用代言商品。使用商品或者接受服务时,广告代言人要确认所使用的商品或所接受的服务与广告相一致,并建议保存使用商品或者接受服务的书面记录,作为以后确认履行相关法律义务的证明。广告代言人使用商品或者接受服务,应当采用一般消费者认同的习惯和方式。在使用商品或者接受服务过程中,广告代言人如果发现或者怀疑商品、服务涉嫌假冒伪劣的,要及时了解有关情况,必要时可拒绝代言,并报告有关部门。

3. 评估广告主信用和广告代言风险

广告代言人及其经纪公司要充分了解广告主的信用状况,防范涉及严重失信企业的代言活动风险。对事关人民群众生命健康和财产安全的商品和服务(如食品、化妆品、美容服务、金融保险、证券期货、债券基金、投资理财、招商加盟等)的广告代言,应进行风险评估、谨慎代言。

4. 配合执法部门调查并妥善处置

在代言过程中,发现广告主存在严重违法问题被立案调查,或者实施了损害国家的尊严或者利益、危害国家安全的行为,以及代言商品或者服务存在严重质量安全问题等,继续代言可能产生不良社会影响或造成严重后果的,可采取必要的措施停止代言,消减代言的影响,并积极配合执法部门调查和处置。

5. 依法维护合法权益

认真审查并履行合同相关内容,发现广告主、广告发布者未经授权或者超出授权范围使用代言人名义、形象或者做虚假推荐、证明的,可采取必要的措施予以制止,依法追究侵权责任,并向有关部门举报。

(四)关于"广告代言人"认定的补充

新《广告法》实施后,部分商家、媒体和明星都在寻找规避《广告法》的方法,意图打《广告法》的擦边球,一些企业与明星签订正式的劳动合同,聘任明星担任产品经理、产品体验官、首席推荐官等。在这种情况下,如果这些特殊的企业员工以形象代言人的身份推销产品,其"代言"行为还需要承担修订后的《广告法》规定的代言责任吗? 还有的影视明星最深入人心的角色是某位皇帝,在某广告片中,他身着观众熟悉的皇帝戏服,以皇帝的名义,通过与"太监"对话的形式,推荐某款产品。事后他说,根据修订后的《广告法》的规定,广告代言人是"以自己的名义或者形象对商品、服务作推荐、证明的自然人、法人或者其他组织",并以此否认他是广告代言人,也不承担法律责任。这种说法有道理吗? 再如修订后的《广告法》之所以要广告代言人承担法律责任,主要是根据"权利责任一致"的法律原则,明星们不能只赚取高额代言费却不承担任何法律责任。但是如果现在有明星说"我是代言了,但我是免费代言的,没有享有权利,当然不应承担责任",这种理由应当获得支持吗?

明星穿上了各种"马甲",确实给公众及执法部门带来不少困惑,对有些情形的责任问题,学界和业界还存在较大争议。尽管如此,原则问题不容侵犯,在"广告代言人"的认定上,中央财经大学的刘双舟教授强调了三个基本原则:第一,是不是广告代言人,应当站在广告受众的角度来判断,而不是站在广告主或媒介的角度判断。第二,是不是广告代言人,要看其给广告受众造成的具体影响。第三,是不是广告代言人,要更多地从《广告法》的立法目的来分析。《关于进一步规范明星广告代言活动的指导意见》中明确了明星以扮演的影视剧角色在广告中对商品进行推介的,应当认定明星本人进行了广告代言。此外,指导意见还指明了明星为推荐、证明商品,在参加娱乐节目、访谈节目、网络直播过程中对商品进行介绍,构成广告代言行为。

(五)关于虚拟代言人是否适用《广告法》的问题

2022年5月,中国工商出版社组织召开了"新媒体营销广告代言人的认定及规范"线上研讨会,就直播、社交、自媒体等新媒体营销场景中的广告代言人认定等问题进行了研讨。不少参会者对虚拟偶像是否构成广告代言人也展开了深入探讨。

《广告法》对于代言人的限定是自然人、法人、其他组织,虚拟偶像虽然有自己的名义和形象,但不具有"自然人、法人,或其他组织"的民事主体身份,不能基于自己独立的意志,实质性对商品和服务作推荐,因此,传统上学界、业界普遍认为虚拟偶像不能构成代言人。然而,虚拟偶像营销发展至今,其对商品和服务的推介所产生的效果并不亚于自然人、法人或者其他组织形式的代言效果。不同于真人代言,虚拟偶像无法使用相关产品或接受服务,无法提供真实的消费体验,因而对其代言或直播推荐的产品和服务真实性及质量优劣,无法进行有效的保障,一旦涉及产品的虚假宣传,由谁负责呢? 有论者主张"真人明星转化型"的虚拟代言人,因其是真人明星的"虚拟身份"具有高度身份识别性,虚拟代言人背后的真人明星要承担代言人的法律责任。也有论者跳脱广告代言人的法律框架,认为基于广告主要对广告内容真实性负责的原则,一旦虚拟代言人广告涉及虚假宣传,广告主要承担相应责任。还有论者认为虚拟代言人制作方根据广告主的要求设计、制作虚拟偶像代言广告,属于广告经营行为,构成广告经营者身份,根据《广告法》规定,涉嫌虚假广告宣传的,广告经营者在明知或应知广告虚假仍提供设计制作代理的,应当与广告主承担连带责任。不论何种观点,有一个共同的立场是明确的,无论真人还是虚拟偶像,一旦涉及违法广告宣传,相应责任方必然要承担法律责任。

六、广告认证机构

在广告业务运作过程中,不乏一些认证机构的身影,它们的主要职能是对商品、服务、管理体系符合相关技术规范、相关技术规范的强制性要求或者标准进行合格评定。认证机构的合格认证结果是对商品和服务品质的有力说明,因此在广告中成为重点传播的信息。对于认证行为,我国有《中华人民共和国认证认可条例》(以下简称《认证认可条例》)进行规制。

(一)认证机构的资质

《认证认可条例》第九条规定:"取得认证机构资质,应当经国务院认证认可监督管理部门批准,并在批准范围内从事认证活动。未经批准,任何单位和个人不得从事认证活动。"

根据该条例的第十条,取得认证资质,要符合以下条件:取得法人资格;有固定的场所和必要的设施;有符合认证认可要求的管理制度;注册资本不得少于人民币300万元;有10名以上相应领域的专职认证人员。从事产品认证活动的认证机构,还应当具备与从事相关产品认证活动相适应的检测、检查等技术能力。

(二)认证过程的规范

(1)认证机构不得以委托人未参加认证咨询或者认证培训等为理由,拒绝提供本认证机构业务范围内的认证服务,也不得向委托人提出与认证活动无关的要求或者限制条件。

(2)认证机构应当公开认证基本规范、认证规则、收费标准等信息。

(3)认证机构,以及与认证有关的检查机构、实验室从事认证及与认证有关的检查、检测活动,应当完成认证基本规范、认证规则规定的程序,确保认证、检查、检测的完整、客观、真实,不得增加、减少、遗漏程序。认证机构,与认证有关的检查、检测机构,实验室应当对认证、检查、检测过程作出完整记录,归档留存。

(4)认证机构及其认证人员应当及时作出认证结论,并保证认证结论的客观、真实。认证结论经认证人员签字后,由认证机构负责人签署。认证机构及其认证人员对认证结果负责。

(5)认证结论为产品、服务、管理体系符合认证要求的,认证机构应当及时向委托人出具认证证书。

(6)认证机构可以自行制定认证标志。认证机构自行制定的认证标志的式样、文字和名称,不得违反法律、行政法规的规定,不得与国家推行的认证标志相同或者近似,不得妨碍社会管理,不得有损社会道德风尚。

(三)认证结果的使用规范

(1)获得认证证书的,应当在认证范围内使用认证证书和认证标志,不得利用产品、服务认证证书、认证标志和相关文字、符号,误导公众认为其管理体系已通过认证,也不得利用管理体系认证证书、认证标志和相关文字、符号,误导公众认为其产品、服务已通过认证。

(2)为了保护国家安全、防止欺诈行为、保护人体健康或者安全、保护动植物生命或者健康、保护环境,国家规定相关产品必须经过认证的,应当经过认证并标注认证标志后,方可出厂、销售、进口或者在其他经营活动中使用。

(3)国家对必须经过认证的产品,统一产品目录,列入目录的产品,必须经国务院认证认可监督管理部门指定的认证机构进行认证。列入目录产品的生产者或者销售者、进口商,均可自行委托指定的认证机构进行认证。指定的认证机构、实验室应当在指定业务范围内,为委托人提供方便、及时的认证、检查、检测服务,不得拖延,不得歧视、刁难委托人,不得牟取不当利益。指定的认证机构不得向其他机构转让指定的认证业务。

此外,根据《广告法》第十一条规定"广告使用数据、统计资料、调查结果、文摘、引用语等引证内容的,应当真实、准确,并表明出处",据此,广告中引用出证内容要标明出证机构名称。

七、公共场所管理者

(一)公共场所的范畴

公共场所是指供公众从事社会生活的各种场所的总称。根据《公共场所卫生管理条例》的规定,公共场所包括宾馆、饭馆、旅店、招待所,公共浴室、理发店、美容店,影剧院、录像(厅)室、游艺厅(室)、舞厅、音乐厅,体育场(馆)、游泳场(馆)、公园,展览馆、博物馆、美术馆、图书馆,商场(店)、书店,候诊室、候车(机、船)室、公共交通工具。

(二)公共场所管理者的义务

现实生活中有不少广告出现在公共场所,如果公共场所的管理者没有接受广告主或广告经营者的委托从事广告发布活动,则应被视为仅为他人的广告发布活动提供了一个信息传输的场所。公共场所管理者对其场所既有管理的职权也有管理的义务,对于利用其场所发送、发布违法广告的,根据情节严重程度,应当及时采取制止发布、责令离场、覆盖清除等措施。《广告法》第四十五条规定,公共场所的管理者对其明知或者应知的利用其场所或者信息传输、发布平台发送、发布违法广告的,应当予以制止。在实践中,经广告监督管理部门告知其场所内广告违法的、公共场所相关部门对其场所内的广告经过处理的、接到消费者和相关社团投诉的且有充分证据的、场所内广告内容及表现形式明显违反法律法规的,均应当被视为公共场所的管理者明知或应知其场所内广告违法。

第三节 广告行政监管机关及其职能

一、广告行政监管机关及其职能

(一)广告行政监管机关

2018年我国行政机构改革之前,是由工商行政管理部门主管广告监督管理工作。2018年,中共中央《深化党和国家机构改革方案》提出整合国家工商行政管理总局、国家质量监督检验检疫总局、国家食品药品监督管理总局,以及国家发改委、商务部的反垄断职责,组建国家市场监督管理总局,广告监督管理工作便由市场监督管理部门接手。根据修订的《广告法》第六条规定:"国务院市场监督管理部门主管全国的广告监督管理工作,国务院有关部门在各自的职责范围内负责广告管理相关工作。县级以上地方市场监督管理部门主管本行政区域的广告监督管理工作,县级以上地方人民政府有关部门在各自的职责范围内负责广告管理相关工作。"广告活动是一种市场行为,广告活动主体包括广告主、广告经营者和广告发布者等市场主体,对这些广告活动主体参与的广告活动的监督管理,在中央层面,根据国务院有关部门的职责划分,属于国务院市场监督管理部门的职责。在地方层面,属于县级以上地方市场监督管理部门的职责。因此,本法规定国务院市场监督管理部门主管全国的广告监督管理工作,县级以上地方市场监督管理部门主管本行政区域的广告监督管理工作。由于广告业服务于各行各业、涉及众多领域的特殊性,除了各级市场监督管理部门外,其他有关部门在各自职责范围内负责广告管理工作,例如广播电视广告的播出管理和指导工作由广电部门负责。但鉴于在广告行政管理实践中,主要由市场监督管理部门负责监督和管理事务,因此多数情况下各级市场监督管理部门会被默认为是广告监督管理机关,《广告法》中也专门对市场监督管理机关的职权进行了规定。

(二)市场监督管理机关在广告监管事务中的职能

根据《广告法》和国务院的有关授权,市场监督管理机关在广告管理中主要行使以下职能。

1. 立法和法规解释

国家市场监督管理总局受全国人民代表大会及其常务委员会和国务院的委托起草法律、法规,单独或会同有关部门制定广告管理的行政规章,解释广告管理法规、规章,制定各类广告发布标准,并对地方市场监督管理部门的广告监管进行业务指导;地方市场监督管理部门受地方立法机关和地方政府的委托,起草地方性的广告管理法规。例如,国家市场监督管理总局受全国人大常委会法制工作委员会的委托,设有专门的工作班子对《广告法》提出修改意见和建议。此外,国家市场监督管理总局还陆续编写了许多有关广告执法的案例评析的书籍,目的就是帮助全国的广告监管机关和广告从业人员正确理解法律法规。

2. 广告经营登记

广告经营登记指广告监管机关在专业广告公司和兼营广告业务的企事业单位的登记注册过程中对其从业资格进行审查批准,并核定广告经营范围。对从事广告发布活动的媒介,如广播、电视、报刊单位等进行监督。对各类临时性或特殊形式的广告活动进行资格审查。

3. 日常监督管理

日常监督管理的内容很庞杂,包括对广告主、广告经营者、广告发布者进行政策、法规的宣传和指导,对各类广告活动的监督检查(比如对药品广告的专项治理),对广告样板、样刊、样带的备案审查等;组织监测各类媒介广告发布情况,对广告经营单位及发布单位定期进行的全面检查,包括广告经营行为的检查、广告经营状况的检查、内部管理制度建设的检查;最重要也是最频繁的日常监督管理就是对涉嫌违法广告行为的查处,具体内容如下。

(1)对涉嫌从事违法广告活动的场所实施现场检查,即现场检查权。市场监督管理部门在进行广告监管时,可以在法定权限内按照法定程序对涉嫌违法从事广告活动的场所实施现场检查,现场实施检查的执法人员不少于两人;不得滥用检查权,不得对与涉嫌违法广告活动无关的场所实施现场检查。实施检查的工作人员不得隐瞒事实，虚构记录，不得在执法过程中收受好处，检查结果需要行政处罚的，应按法定程序执行。

（2）询问涉嫌违法当事人或者其法定代表人、主要负责人和其他有关人员，对有关单位或者个人进行调查，即询问调查权。询问调查是收集广告监管所需证据和材料的重要手段。市场监督管理部门可以在当事人的住所、工作场所、生产经营场所进行询问，也可以责令有关当事人到指定场所接受询问，还可以要求当事人用书面形式将其了解的情况提交给市场监督管理部门。市场监督管理部门在询问调查当事人时，必须文明、规范，不得限制或者变相限制当事人的人身自由。

（3）要求涉嫌违法当事人限期提供有关证明文件。在广告监管执法过程中，为查明案情，执法机关有权要求当事人提供涉及的广告内容、广告活动的证明文件，如广告审查批件、《营业执照》、与广告宣传内容相关的其他证明文件等。涉嫌违法当事人应当在市场监督管理部门要求的期限内提供上述证明文件。

（4）查阅、复制与涉嫌违法广告有关的合同、票据、账簿、广告作品和其他有关资料，即查阅复制权。广告合同、票据、账簿、广告作品及其他有关资料，反映了广告活动主体开展生产经营活动的具体状况，是记录其经济活动的主要凭据。市场监督管理部门通过查阅上述资料能够了解当事人是否存在违法行为，借此判定违法行为的性质和情节，进而作出相应的处罚决定。查阅、复制上述资料是市场监督管理部门提取证据的重要渠道，工作人员在执行过程中应收集调取与广告行为有关的原始凭证为书证，提取原始凭证有困难的可以复制，要注意的是复印件应标明"经确认与原件一致"的字样，并有出具该资料的当事人的签名或盖章。

（5）查封、扣押与涉嫌违法广告直接相关的广告场所、广告物品、经营工具、设备等财物，即查封扣押权。查封与扣押是行政执法的强制措施。查封扣押的标的物必须是与涉嫌违法广告行为直接相关的广告物品、经营工具、设备等财物。市场监督管理机关在实施查封、扣押时，不得查封、扣押与涉嫌违法广告行为无关的场所、设施或者财物，以及涉及公民个人及其所抚养家属的生活必需品。除非法律、行政法规另有规定，查封、扣押期限不得超过30日；情况复杂的，经批准可延长，但延长期限不得超过30日。出现法定解除情形时，市场监督管理机关应当及时作出解除查封、扣押的决定，立即退还财物。

4.受理投诉、查处和复议广告违法案件

受理并解决消费者对广告的投诉，这可能是市场监督管理部门最繁杂的日常事务之一。此外还要对广告违法案件进行立案调查并依法作出行政处罚；对情节严重、构成犯罪的要移送司法机关；若是被处罚者对监督管理机关作出的行政处罚不服的，上一级的市场监督管理部门还要依法进行行政复议，并根据案件的事实及法规作出维持、变更或者撤销原处罚决定的复议决定。

5.规划、指导广告业健康发展

国家市场监督管理总局根据国民经济和社会发展的总要求，为推动广告业健康全面、协调和可持续发展，需要制定广告业在一定时期内的发展目标、发展战略、发展重点、行业结构及相应的政策措施，使广告业与国民经济和社会发展相适应。国家工商行政管理总局于2012年、2016年制定发布了《广告产业发展"十二五"规划》和《广告产业发展"十三五"规划》，推动了广告产业专业化、集约化发展。为进一步促进我国广告产业向着更高质量发

展的目标迈进,国家市场监督管理总局组织编制了建立在科学性、前瞻性和可操作性基础上的《"十四五"广告产业发展规划》。该规划立足新发展阶段,充分考虑广告产业的属性和特征,分析当前广告产业的发展水平、发展机遇和面临挑战,着眼于广告产业服务于"国内国际双循环"的经济新发展格局,引导广告产业更好发挥经济发展助推器的功能。该规划确立了"十四五"时期广告产业"发展环境进一步优化,发展质量效益明显提升,规模增速适应经济社会发展需求,产业结构更加科学合理,各类市场主体活力进一步激发"的发展方向和"促进消费、提升商品和服务附加值、传播社会文明、吸纳就业"的重点任务。该规划还对广告监管设定了发展目标——"广告法制体系进一步完善,广告监管智慧化水平有效提升,广告市场秩序持续向好"。在广告创作的领域,该规划也指明了方向——"广告作品质量进一步提升,彰显文化自信和社会主义核心价值观的广告主流文化全面建立"。

(三)有关部门在各自的职责范围内负责广告管理相关工作

广告活动涉及各行各业,广告管理涉及方方面面,除了涉及市场监督管理部门外,也涉及其他有关主管部门。为明确广告监督管理体制,2015年《广告法》第一次修订时在总则部分增加规定,明确有关部门在各自职责范围内负责广告管理相关工作。例如医疗机构如有发布虚假广告或未经审查发布广告的违法行为,且情节严重的,市场监督管理部门除依照《广告法》处罚外,卫生行政部门可以吊销诊疗科目或者吊销《医疗机构执业许可证》。再如广播电台、电视台、报刊音像出版单位发布违法广告,或者以新闻报道形式变相发布广告,或者以介绍健康、养生知识等形式变相发布医疗、药品、医疗器械、保健食品广告,市场监督管理部门依照本法给予处罚的,应当通报新闻出版、广播电视主管部门及其他有关部门。新闻出版、广播电视主管部门及其他有关部门应当依法对负有责任的主管人员和直接责任人员给予处分;情节严重的,并可以暂停媒体的广告发布业务。

二、广告行政审查机关及其职能

(一)广告审查机关

广告审查机关是指由《广告法》等国家法律法规规定的,对某些特殊的商品和服务广告在发布前对其内容合法性进行审查的行政主管部门。《广告法》第四十六条规定:"发布医疗、药品、医疗器械、农药、兽药和保健食品广告,以及法律、行政法规规定应当进行审查的其他广告,应当在发布前由有关部门(以下称广告审查机关)对广告内容进行审查;未经审查,不得发布。"此外,还有特殊医学用途配方食品广告、农业转基因生物广告等也都必须在发布前到相应的行政主管部门进行广告审查;未经审查,同样不得发布。目前,广告审查机关主要有卫生部门、中医药管理部门、药品监督管理部门、农业行政管理部门、畜牧业行政管理部门等。

(二)广告审查机关的职能

1. 依法审查广告内容

根据相关法规规定,广告审查机关应当自受理广告内容审查之日起在规定的工作日内,对申请人提交的证明文件的真实性、合法性、有效性进行审查。为保障广告审查制度的有效运行,国家市场监督管理部门会同有关部门就一些特殊商品及服务的审查程序、审查标准制定了行政规章,例如《药品、医疗器械、保健食品、特殊医学用途配方食品广告审查管理暂行办法》《农药广告审查发布规定》《兽药广告发布规定》等,广告审查机关依据上述具体的行政规章对广告内容进行审查,对审查合格的广告,核发广告批准文号;对审查不合格的广告,应当做出不予核发广告批准文号的决定,书面通知申请人并说明理由,同时告知申请人享有依法申请行政复议或者提起行政诉讼的权利。

2.及时向社会公布审查批准的广告

除了依法审查广告内容之外,广告审查机关还应及时向社会公布批准的广告。依据政务公开的原则,广告审查批准的广告,是必须公布的内容,另外发布的内容应与批准的广告内容一致,因此及时向社会公布批准的广告也是社会监督的重要依据。按照便民、高效的要求,审查批准的广告应便于人民群众、广告媒介查询、检索。目前在相关政府网站中公布广告批准的决定,是常见的方式。

3.事后检查

广告内容审查完毕后,并不意味着广告审查机关职责的完结。根据相关法规的规定,在审查机关发给广告批准文号后,还必须对其批准的广告进行检查,如果行为人篡改经批准的广告内容进行虚假宣传,广告审查机关应责令立即停止发布,并撤销原广告批准文号。此外,广告审查机关还应对其辖区内相关广告的内容进行检查,一旦发现有不法情形的,应采取强制措施,暂停该产品或服务在辖区内的销售。

4.完善监管制度的建设

事前审查和事后检查是广告审查机关职能的重要内容,但是要使得审查效果能够做到事半功倍,辅以必要的制度建设是非常重要的。例如2007年,为了规范药品、医疗器械和保健食品广告的发布秩序,促进药品、医疗器械、保健食品生产经营企业信用体系建设,国家食品药品监督管理总局制定了《药品、医疗器械、保健食品广告发布企业信用管理办法》,此办法的核心是建设药品、医疗器械和保健食品广告发布企业的诚信管理制度。药品、医疗器械、保健食品广告发布企业信用管理,是指食品药品监督管理部门在依法履行广告审查职责的同时,通过对药品、医疗器械、保健食品广告的监测,对药品、医疗器械、保健食品生产经营企业发布广告行为进行信用等级认定,并根据信用等级开展针对性的监督管理工作。这样的制度建设必然使相关领域企业在进行广告活动时慎之又慎,否则一旦被标上信用低下的等级标识并且向全社会通告,该企业的发展将受到无法想象的冲击。这样的制度一旦能够完整地建立起来并且严格执行,必然会对药品、医疗器械和保健食品这三大违法广告重灾区的治理起到非常大的促进作用。

三、广告行政监管的趋势

随着大数据、云计算、人工智能等现代信息技术在广告领域的广泛运用,广告服务数字化、智能化、精准化日益普及。2020年,互联网广告发布业务收入占全国事业单位和规模以上企业广告发布业务收入的66.65%,其中移动互联网广告占到51.96%,广告产业已然成为我国数字经济的重要推手。随着广告新业态、新模式不断涌现,必然要求创新监管手段、丰富监管工具,科技将成为广告市场监管事业的战略支撑。2022年3月19日,国家市场监督管理总局印发了《"十四五"市场监管科技化发展规划》(以下简称《规划》),强调要全面深入推进市场监管科技发展,《规划》指出以科技赋能市场监管现代化为主线,着力提升创新基础能力、科研攻关能力与科技服务能力,营造良好科技创新生态,加快构建市场监管科技创新体系。在广告监管领域,《规划》指出,"十四五"时期,要研究短视频、直播等新业态广告智能监测和证据可追溯,融媒体广告大数据采集、智能分析和融合,虚假违法广告智能识别与取证固证等关键技术,实现广告全方位数字化智能化监测。除了加强科技力量,还要畅通社会监督渠道,将群众信访、投诉、举报、舆情作为监管的风向标,融入广告监管大数据,使社会监督成为广告监管的重要力量。

第四节　广告行政监管的法律依据

对广告的行政监管过程也是广告监管的法律实施过程,而且随着广告监督管理实践的不断完善和发展,广告行政监管的法律法规也得以不断丰富和完善。

一、我国广告法制建设

(一)我国广告法制建设取得的成就

改革开放以后,随着我国广告业的复苏,广告法制建设也随即展开。1982 年 2 月 6 日,国务院发布《广告管理暂行条例》,这是中华人民共和国成立以来第一个全国性的综合性广告管理法规。1982 年 6 月 5 日,国家工商行政管理局发布《广告管理暂行条例实施细则(内部试行)》,作为《广告管理暂行条例》的配套法规。1987 年 10 月 26 日,在修改、补充和完善《广告管理暂行条例》的基础上,国务院发布《广告管理条例》,同时废止了《广告管理暂行条例》。1988 年 1 月 9 日,国家工商行政管理局发布《广告管理条例施行细则》,同时宣布于 1987 年 12 月 1 日废止《广告管理暂行条例实施细则(内部试行)》。2004 年 11 月 30 日,国家工商行政管理总局对《广告管理条例施行细则》进行了修订发布。1994 年 10 月 27 日全国人大常委会通过了《中华人民共和国广告法》,此后经过 2015 年 4 月十二届全国人大常委会第十四次会议修订、2018 年 10 月 26 日十三届全国人大常委会第六次会议修正、2021 年 4 月 29 日十三届全国人大常委会第二十八次会议修正,经过多年的建设,我国多层次的广告法律体系基本形成。

(二)存在的不足

随着我国社会主义市场经济的发展,广告市场有了长足的发展。但制定于市场经济发展初期的广告法律法规的不足也日益突出,如存在一定的法律真空地带、法律漏洞较为明显、法律规定跟不上经济发展新形势等,这也是广告违法行为屡禁不绝的原因之一。

1. *广告法律漏洞仍然存在*

法律漏洞是指由于各种主客观的原因使法律规定在内容上出现欠缺或不周密,从而与立法的目的相违背,造成法律适用困难。法律漏洞包括概念型漏洞、规范型漏洞和空白型漏洞。

概念型漏洞是指概念术语对事件和行为的定性不明确,以致模糊不清、抽象笼统,产生歧义,缺乏可操作性。由于法律规范缺乏应有的确定性和可操作性,因此,将其列入法条往往导致有法难依,甚至有法不依。譬如《广告法》第六十五条:"违反本法规定,伪造、变造或者转让广告审查批准文件的,由市场监督管理部门没收违法所得,并处一万元以上十万元以下的罚款。"其中的"违法所得"的范围没有明确界定,容易产生歧义,而成为概念型漏洞。

规范型漏洞是指法律规则的逻辑结构不完备,只有假定和行为模式,缺乏法律后果。不论是缺少权利性规范,还是缺少义务性规范,这样的法律皆不具有可操作性。一种情形是只规定权利,没有为其提供相应的补救,使其成为"白条"。另一种情形是只规定义务,没有相应的法律责任或操作程序。这些条文虽然是采用了"应当""必须""不得"等强制性规范的用语,但是缺乏违反这些"应当"和"必须"的法律后果规定。例如《广告法》第三十条规定:"广告主、广告经营者、广告发布者之间在广告活动中应当依法订立书面合同。"但是,《广告法》对广告主、广告经营者、广告发布者违反这一假定行为模式的法律责任没有规定,使这一规定成为规范型漏洞。

空白型漏洞包括授权型漏洞和规定型漏洞,这是指虽有法律规范存在,然而并不存在授权制定下位法的规范,或因规范自身高度抽象,其内涵任凭解释者进行补充,从而形成了与执法者立法无异的状况。这不仅导致无法可依,而且为下位法越权提供了可乘之机。《广告法》第四十一条规定:"县级以上地方人民政府应当组织有关部门加强对利用户外场所、空间、设施等发布户外广告的监督管理,制定户外广告设置规划和安全要求。户外广告的管理办法,由地方性法规、地方政府规章规定。"如果这些授权法规均已经出台,也不至于出现法律真空。然而,上述大多数规定实际上并没有出台。授权型漏洞、规定型漏洞的存在导致法律自身空壳化、空洞化。既然法律自身空洞化,就不得不依靠实施细则或司法解释来增强其可操作性,《广告法》实施细则的缺失,使得这一问题处于无解状态。

2. 法律规定滞后于经济发展

以《广告法》为例,很多规定已经远远落后经济发展的新情况、新形势。例如《广告法》第十四条第一款规定:"广告应当具有可识别性,能够使消费者辨明其为广告。"近几年来"植入式广告"作为有效的广告方式被各大广告主所采用,然而"植入式广告"的最大特点就在于其广告形式的模糊性,因而可以潜移默化地影响消费者,所以从法律的角度来定性,目前普遍内置于各类影视剧、综艺节目的"植入式广告"违反了《广告法》的规定,然而广大广告主、广告经营者,甚至一些消费者认为只要植入恰当,且不影响观众对植入载体的观看效果,作为一种新的广告方式并非不可接受。所以这一条款的内容是否需要修改,或者增加有关"植入式广告"规定的法条,这就需要广大立法工作者深入研讨了。

二、我国广告法律体系的构成

(一)从法律效力看我国广告法律体系的构成

目前我国已形成以《广告法》为核心和主干、以《广告管理条例》为必要补充、以国家市场监督管理总局单独或会同有关部门制定的行政规章和规定为具体操作依据、以地方行政规定为实际针对性措施的多层次的法制体系。

1.《广告法》

1994 年 10 月 27 日,八届全国人大常委会第十次会议通过《广告法》,并于 1995 年 2 月 1 日施行。该法施行 20 多年来,对规范广告活动、促进广告行业健康发展、维护消费者合法权益、促进社会主义市场经济健康发展,发挥了重要作用。《广告法》是我国历史上第一部较全面地规范广告内容和广告活动的法律,是体现国家对广告的社会管理职能的行政法。随着我国广告业的迅速发展,广告媒介和形式发生了较大变化,1995 年的《广告法》对于一些新问题、新情况缺乏规范,不能完全适应广告行业发展的客观需要。2014 年 8 月十二届全国人大常委会第十次会议对国务院提请的《〈中华人民共和国广告法〉修订草案》进行了初次审议,2015 年 4 月十二届全国人大常委会第十四次会议通过了修订后的《广告法》,2018 年 10 月十三届全国人大常委会第六次会议对 2015 年修订的《广告法》进行了第一次修正,2021 年 4 月十三届全国人大常委会第二十八次会议对之进行了第二次修正。

(1)《广告法》的内容框架。

修订后的《广告法》共六章七十四条。

第一章"总则"共七条,规定了《广告法》的立法宗旨、适用范围、商业广告活动和广告活动主体(包括广告主、广告经营者、广告发布者、广告代言人的概念),广告活动应遵循的基本原则,规定了广告行政监督管理机关和广告行业组织的功能及职责。

第二章"广告内容准则"共二十一条,规定了广告发布的基本标准,同时还对一些特殊商品,如药品、医疗、医疗器械、保健食品、农药、兽药、饲料、饲料添加剂、烟草、酒类、教育培训、房地产、农作物种子、林木种子、草种子、种畜禽、水产苗种、招商等有投资回报预期的商品及服务等广告内容作了特殊的规定。

第三章"广告行为规范"共十七条,从三个方面对广告活动予以规范:第一,各类广告活动主体开展广告业务时必须履行的义务;第二,广告代言人的代言规则及广告代言人的选定标准;第三,对未成年人的广告活动禁区;第四,特殊形式广告——户外广告的基本规定;第五,对互联网广告活动的基本规定。

第四章"监督管理"共九条,对广告活动过程中的行政监管和社会监督进行了规定。第一,规定了广告行政审查的对象、审查程序和广告审查批准文件的使用规则;第二,规定了广告监督管理机关的职责和职权范围;第三,规定了社会监督的受理投诉方式和社会组织的社会监督权力。

第五章"法律责任"共十八条,规定了各种广告违法行为及责任主体应当承担的法律责任。

第六章"附则"仅两条,附则是附在法律、法规后面的规则,是在法的整体中作为总则和分则辅助性内容而存在的一个组成部分。《广告法》的第七十三条强调了我国在公益广告宣传上的积极立场——国家鼓励、支持开展公益广告宣传活动,传播社会主义核心价值观,倡导文明风尚。规定了大众传播媒介刊播公益广告的责任和义务。《广告法》第七十四条规定了《广告法》的施行日期。

(2)《广告法》的立法宗旨。

其一,规范广告活动。作为推销商品或者服务的重要手段,广告活动在实践中容易出现一些不规范现象,有的广告内容虚假、欺骗、误导消费者,有的广告有悖于社会良好风尚,造成不良社会影响,有的广告成为不正当竞争行为的推手,影响了行业的健康发展。这些问题的存在不仅损害消费者的合法权益、妨碍广告业的健康发展,还严重干扰了社会主义市场经济秩序。为了规范广告活动,一些国家和地区适用消费者权益保护法和竞争法,对广告活动进行规范,同时通过一些专项法律,对涉及一些特殊商品和服务的广告活动进行规范,如美国、英国、法国等;还有一些国家和地区则制定了专门的广告法,集中对广告活动进行规范,如西班牙、俄罗斯等。我国则是兼而有之,作为广告活动领域法律规制体系中效力最高的《广告法》肩负起了规范广告活动,促进广告市场有序运行的重任。

其二,保护消费者合法权益。广告活动其实质是沟通商品生产者、服务提供者与消费者的桥梁,根本目的在于促进市场交易。在市场交易过程中,消费者与广告主存在着交易信息的高度不对称,通过立法保护消费者的合法权益势在必行。通过规范广告活动来预防和惩治违法广告侵害消费者知情权、公平交易权的行为是《广告法》的重要立法目的。

其三,促进广告业健康发展。广告业是现代服务业的重要组成部分,在服务生产、促进消费、推动经济发展等方面发挥了重要作用。《广告法》通过规范广告活动,明确了广告活动主体的权利、义务和相关部门的监管职责,保障了广告业的健康发展。

第四,维护社会经济秩序。广告是商品生产者和服务提供者进行市场竞争的重要手段,规范广告活动、保证广告市场的健康运行是促进广告主所在行业公平、有序竞争的重要基础。广告行业市场秩序是国家社会经济秩序的重要组成部分,维护社会经济秩序是国家经济立法的重要目的,也是国家经济管理职能的体现,通过本法监管广告活动,也是为了维护社会经济秩序。

2.《广告管理条例》

《广告管理条例》于1987年10月26日发布,1987年2月9日起施行,是一部行政法规。所谓行政法规是指国务院为领导和管理国家各项行政工作,根据《中华人民共和国宪法》(以下简称《宪法》)和法律,按照行政法规规定的程序制定的政治、经济、教育、科技、文化、外事等各类法规的总称。由于法律关于行政权力的规定常常比较原则、抽象,因而还需要由行政机关进一步具体化,行政法规就是对法律内容具体化的一种主要形式。从实施时间来看,《广告管理条例》要早于《广告法》,在《广告法》缺位的时段中,《广告管理条例》在规范广告行业方面发挥了重要作用。《广告法》实施以后,《广告管理条例》在弥补《广告法》不足方面有一定的作用。《广告法》调整的范围仅限于商业广告,而将公益广告、社会类广告、公共类广告排除在调整范围外,《广告管理条例》的规范对象并未限定为商业广告,所以社会类、公益类、公共类广告都可以纳入《广告管理条例》的管辖范围,是对《广告法》适用范围的有力补充。

3.地方性广告法规

地方性广告法规是省、自治区、直辖市,以及省级人民政府所在地的市和国务院批准的较大的市的人民代表大会及其常务委员会,根据《宪法》、法律和行政法规,结合本地区广告行业的实际情况制定的,并不得与《宪法》、法律和行政法规相抵触的规范性文件,并报全国人大常委会备案,如《浙江省广告管理条例》《辽宁省广告监督管理条例》等。

4.广告行政规章

广告行政规章指国务院各部委,各省、自治区、直辖市的人民政府和省、自治区的人民政府所在地的市及国务院批准的较大市的人民政府根据《宪法》、法律和行政法规等制定和发布的有关广告管理的规范性文件。国务院各部委制定的称为部门行政规章,如《广告管理条例施行细则》《药品广告审查办法》《药品广告审查发布标准》《化妆品广告管理办法》《食品广告发布暂行规定》等,其余的称为地方行政规章。《广告法》中规定户外广告的管理办法由地方性法规、地方政府规章规定。从各地立法实践来看,我国大多数地方的户外广告管理办法都是以地方行政规章的效力级别出现的,如《北京市户外广告设置管理办法》《上海市户外广告设施管理办法》《西安市户外广告设置管理条例》《杭州市户外广告管理办法》等。

（二）从法律规范的内容看我国广告法律体系的构成

从法律规范的内容看，已基本构建成了广而全的法制体系。总体上，形成了以商业广告活动为主体（《广告法》），兼容社会类、公益类、公共类广告（《广告管理条例》）的多方位的调整对象。具体内容涵盖广泛，已陆续出台了《医疗广告管理办法》《广告显示屏管理办法》《房地产广告发布规定》《药品、医疗器械、保健食品、特殊医学用途配方食品广告审查办法》《农药广告审查发布规定》《开展互联网金融广告及以投资理财名义从事金融活动风险专项整治工作实施方案》等单项规章及规范性文件，从广告内容规定、广告发布程序、广告事后监管等多方面对广告活动进行了规范。

（三）从法律性质看我国广告法律体系的构成

从法律性质看，已基本形成包含程序性规定、限制性规定、资质条件规定、政策性规定等多角度的法制体系。程序性规定主要有《药品、医疗器械、保健食品、特殊医学用途配方食品广告审查办法》《农药广告审查发布规定》《兽药广告审查发布规定》《临时性广告经营管理办法》等。限制性规定主要有《医疗广告管理办法》《房地产广告发布规定》《互联网广告管理办法》《公益广告促进和管理暂行办法》等。资质条件规定主要有《广告经营许可证管理办法》《关于广告审查员管理工作若干问题的指导意见》等。政策性规定主要有《关于加快广告业发展的规划纲要》《"十四五"广告产业发展规划》等。

▶ 思 考 题

1. 我国广告行政监管的对象有哪些？

2. 我国广告行政监管机构有哪两类？其职能分别是什么？

3. 什么是商业广告活动？商业广告活动与商业宣传有什么区别？

4. 广告代言人的概念是什么？广告代言人的义务有哪些？

5. 参看《"十四五"广告产业发展规划》，谈一谈"十四五"时期我国广告产业的发展方向和重点任务是什么。

6. 论述我国当前的广告法制体系建设的基本情况。

第三章 广告伦理道德规范及行业自律

第一节 广告伦理道德规范概述

一、广告伦理道德规范的概念

广告伦理道德规范是伦理道德规范在广告活动领域里的具体体现。广义的广告伦理道德规范是指广告主、广告经营者和广告发布者在从事广告活动过程中应当遵循的基本的社会公德和职业道德。狭义的广告伦理道德规范是一种职业规范,指的是在广告创意、制作过程中遵循的社会道德规范,包括诚信、内容健康、形式优美、尊重社会的风俗习惯。

广告伦理道德规范是在具体的广告活动中自然衍生而成的,与法律法规不同,并不需要通过严格的程序来认定。

二、广告伦理道德规范的功能

(一)对广告活动的调节、指引和评价作用

商业广告作为促进产品和服务销售及推广的有效手段,历来为广告主所重视,为了达到预期的效果,广告主要求广告做到"语不惊人死不休",尽其所能吸引受众。在这样的外部思维模式要求下,广告人日益注重创意的天马行空、不落俗套来吸引眼球,逐渐忽视广告的社会效益,将道德规范的制约抛诸脑后。重新强调广告道德规范,不仅是为了扭转广告日益偏离道德规范轨道的趋势,同时也是强调广告道德规范是广告活动的调节器,能够平衡经济效益和社会效益,维护行业的健康有序的运转。广告伦理道德规范通过原则性和专业性的规则制定,对广告活动起到了调节、指引和评价的作用。例如,网络直播营销作为当前商业广告活动的一种特殊形式火爆于各个电子商务平台,但关于网络直播营销的法律规制还在建设中,实践执法过程中可能会出现一些遭遇执法依据空白的问题,中国广告协会及时发布了《网络直播营销行为规范》和《网络直播营销选品规范》,起到了网络直播营销法律法规完善前的规范行业的作用,同时也为有关部门今后出台互联网广告合规指引提供了参考和借鉴。

（二）对广告执法的参照作用

广告监督管理部门的执法依据是相关的法律法规，但是在具体的执法过程中，现行的广告法律法规尚存一些没有明确规定的方面，这时广告道德规范就有一定的参照作用。例如《广告法》第九条的第八项规定，广告不得"含有淫秽、色情、赌博、迷信、恐怖、暴力的内容"。这项规定很难制定一个严格的执行标准，例如淫秽的界定标准、色情的界定标准、恐怖的界定标准、暴力的界定标准等，在实际的操作中，广告行政执法机关只能根据社会对某一广告实例的反映情况，也就是社会公众的集体道德评判来判别广告是否违反了法律规定。

（三）对社会道德的影响作用

广告是大众文化非常重要的组成部分，人们不仅从广告中获取商品和服务的消费信息，同时也潜移默化地受到广告中一些价值观的影响，所以必须对广告的表现方式和内容确立一定的道德标准，使其在整个社会道德体系中发挥重要的功效。广告兼具经济和文化双重属性，以其特有的创意感和表现力、广泛的亲和力和感召力，成为引导社会思潮、传承历史文化、传播国家精神、增强民族凝聚力和创造力的有效手段。2016年2月19日，习近平总书记在党的新闻舆论工作座谈会上强调"广告宣传也要讲导向"[①]，充分说明了广告对促进社会主义核心价值体系建设的重要性。广告活动不仅追求经济利益，更要重视社会效益，切实发挥好导向作用。

三、我国广告伦理道德规范的建设

由于历史的原因，我国现代广告业起步较晚，广告伦理道德规范的发展和建设也相对比较滞后。正是认识到广告伦理道德规范的重要作用，所以，1997年12月26日，国家工商行政管理局印发了《广告活动道德规范》，在规范中对广告主、广告经营者、广告发布者和各类市场中介机构参与广告活动的道德规范进行了具体的界定；另外，中国广告协会制定了《广告宣传精神文明自律规则》，并在广告行业中开展了"争创广告行业精神文明先进单位"活动。2008年，为更好地促进全国广告行业的自我约束、自我完善，维护广告市场秩序，树立良好的行业风气，更好地发挥行业组织规范行为的作用，中国广告协会又制定了《中国广告协会自律规则》。广告主和广告行业面对公众的质疑，从行业长期的生存和发展着眼，也对广告的道德规范给予了关注，例如，全国主要的保健品生产企业曾联合向社会发布诚信宣言。2002年在大连举行的第九届中国广告节上，18家国内著名广告公司发出了"共肩道义，诚信立业"的宣言和倡议。2007年6月，我国互联网广告界签署了《中国互动网络广告行业自律守则》。2016年中国广告协会发布了《坚持正确宣传导向、抵制不良广告行为倡议书》。2023年，国家市场监督管理总局发布了《广告绝对化用语执法指南》。

四、广告活动主体应遵守的广告伦理道德规范内容

广告伦理道德规范的内容比较庞杂，无论是广告经营者、广告发布者还是经济领域中的各个行业，都可以就广告活动制定相应道德规范，其中具有代表性同时内容也涵盖了对

---

① 习近平.深入实施新时代人才强国战略 加快建设世界重要人才中心和创新高地[N].人民日报，2021-09-29(01).

各广告活动主体的道德规范的概括,当属国家工商行政管理局颁布的《广告活动道德规范》,其中对各类广告活动主体应当遵守的广告道德规范分别进行了归纳。

(一)广告主的广告活动道德规范

(1)广告主应当自觉维护消费者的合法权益,本着诚实信用的原则,真实科学地介绍自己的产品和服务。

(2)广告主应当自觉遵守国家广告管理法律、法规和其他有关规定,与其他广告主进行公平、正当的竞争,不得以不正当的方式和途径干扰、损害他人合法的广告活动。

(3)广告主发布商业广告,应当自觉遵守和维护社会公共秩序和社会良好风尚,不应以哗众取宠、故弄玄虚、低级趣味等方式,片面追求广告的感官刺激和轰动效应,对社会造成不良影响。

(4)广告主应当按照国家有关规定,积极参加各类公益事业,响应政府主管部门的号召,参与公益广告活动,树立良好的企业形象。

(5)广告主应当在国家法律、法规的规范内,按照市场经济规律,根据服务质量,选择广告经营者的服务,自觉抵制各种损害企业利益的人情、关系广告业务。

(6)广告主实行广告服务招标,应当尊重投标者的劳动成果,自觉履行招标承诺,自觉抵制和纠正以虚假招标形式引诱投标者投标,以及窃用投标者的广告策划和创意的不公平交易行为。

(7)广告主应当自觉抵制纠正下列不正当的广告宣传:依据科学上没有定论的结论来否定他人的产品和服务,借以突出自己的产品和服务;片面宣传或夸大同类产品或服务的某种缺陷,以对比、联想等方式影射他人;未经有关部门认定假冒商标的情况下,在各种声明、启事中涉及他人的商标;擅自使用他人知名商品和服务标志作为陪衬宣传自己的产品和服务,不正当地利用和享用他人的商品声誉和商业信誉;使用不规范的行业用语或消费者无法熟知的专业术语表示商品的质量、制作成分、性能、用途、产地,以及采用的技术、设备等;使用含糊不明,易使消费者产生歧义的承诺;使用不合法、不科学、不公正的评比结果和奖项;采用隐去主要事实、断章取义、偷换概念的手法使用有关数据、统计资料、调查结果、文摘和引用语,误导消费者。

(二)广告经营者的广告活动道德规范

(1)广告经营者在广告创意、设计、制作中应当依照有关广告管理法律、法规的要求,运用恰当的艺术表现形式表达广告内容,避免怪诞、离奇等不符合社会主义精神文明要求的广告创意。

(2)广告经营者在广告创意中使用妇女和儿童形象应当正确恰当,有利于树立健康文明的女性形象,有利于维护未成年人的身心健康和培养儿童良好的思想品德。

(3)广告经营者在广告创作中应当坚持创新与借鉴相结合,传承中华优秀传统文化,汲取其他国家和地区广告创作经验,自觉抵制和反对抄袭他人作品的行为。

(4)广告经营者为同类产品广告主同时或先后提供广告代理服务,应当保守各广告主的商业秘密,不得为自身业务发展的需要泄露广告主的商业秘密。

(5)广告经营者应当注重发挥广告在社会主义精神文明建设中的作用,坚持商业广告创意设计中的社会主义思想文化导向,积极参与公益广告活动,倡导正确的道德观念和社会风尚。

（6）广告经营者应当注重提高经营管理水平和服务质量,依靠不断提高服务质量和商业信誉与广告主建立稳定的业务关系,自觉抵制和纠正下列不正当竞争行为:利用物质引诱或胁迫等不正当手段获取其他广告经营者的商业秘密;采用给予广告主经办人好处或竞相压价等手段争夺广告客户;采用暗中给予媒介经办人财物等不正当手段争取有利或紧俏的时间和版面。

（三）广告发布者的广告活动道德规范

（1）广告发布者发布商业广告应当考虑民族传统、群众消费习惯及广告受众的区别等社会因素,合理安排发布时段、版面,依照各类广告的发布标准和社会主义精神文明建设的要求,认真履行广告审查义务。

（2）广告发布者应当严格遵守国家关于禁止有偿新闻的有关规定,坚持正确的经营观念,杜绝新闻形式的广告。

（3）广告发布者应当严格执行国家有关广告服务价格的管理规定,根据媒介的发行量、收视率等科学依据制订合理的收费方法和收费标准。广告经营者采用招标等特殊方式确定广告价格的,招标方案和办法应当合法、公正,不得利用不正当手段哄抬广告服务价格。

（4）广告发布者应当自觉执行国家关于公益广告宣传的有关规定,发挥公益广告在宣传社会主义精神文明中的积极作用,促进社会主义精神文明建设,树立良好的社会道德风尚。

（5）广告发布者在经营活动中应当自觉抵制和纠正下列行为:以不正当理由拒绝广告经营者正常客户代理业务,并强制该广告经营者必须通过与其有特殊利益关系的代理公司进行代理;违背广告主、广告经营者的意愿搭售时间、版面或附加其他不合理的交易条件;对不同客户实行不同的收费标准,强制要求客户预付广告费,不按规定的标准返还代理费。

（四）各类市场中介机构参与广告活动的道德规范

（1）从事各类广告出证活动的社会团体和商业调查、技术检测、标志认证等市场中介机构,必须具备合法资格,其广告出证行为必须遵循诚实信用原则,出证内容必须真实、合法,不得助长不正当竞争和不公平交易行为。

（2）各类市场中介机构以广告形式公布其推荐、介绍、调查、检测、认证结果的,应将其从事该项活动的依据,采用的方法、方式等向社会公布,自觉接受社会监督。

（3）各类市场中介机构应当保证广告出证行为的客观、公正性,自觉抵制和纠正以牟利为主要目的的广告出证活动,杜绝以收费多少排名、排序,并用于广告误导消费者的现象。

第二节　广告行业自律

随着社会主义市场经济的发展,我国广告业也处在快速发展阶段,广告管理法规正在进一步完善和健全之中。在这种状况下,广告行业自律的作用显得尤为重要。实行行业管理,加强广告法规的研究和确定行业自律准则,是我国社会主义市场经济发展的需要。

一、广告行业自律的定义、特点和作用

(一)广告行业自律的定义

广告行业自律又叫广告行业自我管理,是指广告活动主体以行业组织依程序制定的广告活动规则或行业普遍认可的行为规范为标准,进行自我约束和自我管理,使其行为符合国家法律法规、职业道德和社会公德的要求。广告行业自律是在各类广告行业组织的筹划和协调下展开的,其中,中国广告协会作为全国性的广告行业自律组织,加强与地方各级广告协会和相关社会团体的合作,组织广告自律规则的制定和督促实施,并接受国家市场监督管理总局的领导,其发挥的作用较为明显。广告自律规则的制定是在从实际出发,深入调查,通过书面征询、座谈会、专家论证会等方式广泛听取政府广告监督管理部门、相关广告活动主体等意见的基础上制定而成的。

(二)广告行业自律的特点

1. 自愿性

广告行业自律的自愿性表现在:广告行业组织不是政府的行政命令和强制行为的结果,而是由广告主、广告经营者和广告发布者自愿成立的;广告行业组织用以进行自我管理的组织章程、行动规则、行为准则等自律性规则,都是由广告主、广告经营者、广告发布者和广告行业组织共同商议、自行制定并自觉遵守的,体现出广告行业的共同愿望。这是一种完全自愿的行为,并不带有强制性。

2. 灵活性

广告行业自律的灵活性,是指广告主、广告经营者、广告发布者和广告行业自律组织在制定广告行业自律章程、公约和会员守则等自律规则时,具有较大的灵活性。只要参与制定该自律规则的各方同意,就可以随时制定自律规则,而且还可以根据客观情况的变化和现实需要,随时对自律规则进行修改和补充。

3. 道德约束性

这是就广告行业自律的运作方式而言的。广告行业自律作用的发挥,一方面来自广告主、广告经营者、广告发布者自身的职业道德、社会公德等内在修养与信念,即他们不仅主动提出了广告行业自律规则,而且还要自觉遵守。另一方面则来自一些具有职业道德、社会公德等规范作用的广告自律章程、公约、会员守则等对广告主、广告经营者和广告发布者的规范与约束。它主要借助职业道德、社会公德的力量和社会舆论、广告行业同仁舆论的力量来发挥其规范与约束作用。即使广告主、广告经营者和广告发布者有违反广告自律规则的行为,也只在广告行业内部,通过舆论谴责和批评教育等方式,对其行为加以规范与约束。

(三)广告行业自律的作用

广告行业自律在促进全国广告行业的自我约束、自我完善,维护广告市场秩序,树立良好行业风气方面发挥了重要的作用。

1. 广告行业自律是避免广告纠纷的有效途径

广告行业自律通过促使广告经营者加强自律,正确、科学地运用广告,恰当地进行广告操作,杜绝广告中的不当竞争。广告行业自律促使广告主正确使用广告这一商品和服务促销的手段来获取利润,避免不正当竞争行为的出现。

2.广告行业自律是广告行政监管的重要补充

国家广告监督管理部门对广告的监管主要依据是现行的法律法规,更多的是一种事后的监管,而广告行业自律作为行业内部的一种自我约束,对广告行政监管是一个非常重要的补充。它们之间的关系表现如下。

首先,行业自律必须在法律、法规允许的范围内进行,违反法律的,将要被取消。政府管理是行政执法行为,行业自律不能与政府管理相抵触。

其次,行业自律与政府管理的基本目的是一致的,都是为了广告行业的健康发展,但是层次又有所不同,行业自律的直接目的是维护广告行业在社会经济生活中的地位,维护同业者的合法权益。而政府对广告业的管理的直接作用是建立与整个社会经济生活相协调的秩序,它更侧重于广告业对社会秩序所产生的影响。

再次,行业自律的形式和途径是建立自律规则和行业规范,调整的范围只限于自愿加入行业组织的企业或缔约者;而政府的管理是通过立法和执法来实现的,调整的范围是社会的全体公民或组织。

最后,行业自律的组织者是民间行业组织,它可以利用行规和舆论来制裁违约者,使违约者失去良好的信誉,但它没有行政和司法权;而国家行政管理则是以强制力为保证的,违法者要承担法律责任。

3.广告行业自律是广告业健康发展的保障

目前,我国经济正处于高速发展时期,因此促进广告业发展的外部环境是非常有利的,然而从广告行业内部来看,广告经营者和广告从业人员资质良莠不齐,再加上市场逐利的冲动控制了一些广告从业人员的行为方式,导致我国虚假违法广告泛滥、屡禁不止,严重损害了广告行业的整体声誉。通过行业自律消除不良行为,达到广告行业自身净化的目的,这不仅是广告行业组织的责任,也是广告业健康发展的要求。

二、广告行业自律与广告行政监管的关系

广告行业自律和行政机构对广告行业的管理都是对广告业实施调整,二者之间既有密切联系,又有根本的不同。

首先,广告管理的依据是广告法规,它主要从外在方面对广告管理者的职责与行为进行规定,具有强制力;广告自律是在广告行业内部建立起的一种道德伦理规范,它主要从内在方面划定出广告行业的职业道德规范,是一种自我约束,也是广告行政监管的重要补充。

其次,行业自律与政府管理的基本目的是一致的,都是为了广告行业的健康发展,但是层次又有所不同,行业自律的直接作用和目的是维护广告行业在社会经济生活中的地位,维护同业者的合法权益。而政府对广告业的管理的直接作用是建立与整个社会经济生活相协调的秩序,它更侧重于广告业对社会秩序所产生的影响,在监管实践中表现为对广告活动的规范、对公平竞争市场秩序和消费者合法权益的维护。

最后,广告行业自律必须在法律、法规允许的范围内进行,违反法律的,将要被取消。政府管理是行政执法行为,行业自律不能与政府管理相抵触。目前来看,广告行业自律在广告管理体制中只是广告行政监管的重要补充,但是这并不意味着广告行业自律对于广告行政监管的从属地位会永久不变,近些年来,政府转型已经成为政府改革实践和学术理论界的主流话语,并成为当前创新政府治理体制的核心战略目标,"小政府、大市场"就是这一核心战略目

标的简要概括,随着我国经济日益向纵深发展,对政府的职能也提出了新的要求,从过去的"全能型政府"逐渐蜕变成"服务型政府",如果这一改革思路被坚定贯彻,我们可以设想广告行业自律在广告监管体制中将愈益发挥重要职责,逐渐摆脱对行政的从属地位。

三、我国主要的广告行业组织

1. 中国商务广告协会

中国商务广告协会原为中国对外经济贸易广告协会,成立于 1981 年,是我国最早成立的全国性广告行业组织。2005 年 9 月,经商务部和民政部批准,中国对外经济贸易广告协会正式更名为中国商务广告协会。更名后的中国商务广告协会职能任务为围绕商务部的工作,团结引导全国商务广告界,在提高素质、加强自律的基础上,不断提升商务广告对我国内外经济贸易的服务功能,为促进我国经济社会的健康发展发挥应有的作用。加强对创意产业的研究,促进自主品牌建设,以及加强对会员单位的服务,是中国商务广告协会工作的三条主线。自成立以来,中国商务广告协会切切实实做了大量工作,2005 年 12 月,由商务部支持、中国商务广告协会主导,在业界有影响力的人士的积极努力下,由"一流服务、一流创新、一流实力、一流诚信"的合资、独资及中国本土综合性广告公司为主的企业成立了行业高端组织——中国商务广告协会综合代理专业委员会(简称中国·4A)。中国·4A是中国商务广告协会首个分支机构,其宗旨是提升整体中国广告行业的地位和社会形象,为中国广告业培养人才,并树立专业作业规范和行业自律,促进中国经济的发展;中国商务广告协会凭借自身比较熟悉国际市场的优势,率先引进国外广告作品展,邀请相关专家前来举办讲座,开展交流,并成功地在北京举办了规模空前的第三世界广告大会;还先后引进"广告饕餮之夜""美国莫比广告奖"在全国巡展;此外,还坚持编辑出版了《国际广告》和《IAI 中国广告作品年鉴》;在保护非物质文化遗产、传承中国传统文化、弘扬民族精神方面,协会也做了很多工作,2022 年年初,中国商务广告协会正式成立了非遗推动委员会,积极响应国家对树立文化自信的号召,用专业所长为非遗与老字号在今日语境下的传播赋能。

2. 中国广告协会

中国广告协会创立于 1983 年 12 月 27 日,是经民政部登记注册的非营利性社团组织,2018 年以前是国家工商行政管理总局的直属事业单位,2018 年 2 月,根据《中共中央办公厅、国务院办公厅关于印发〈行业协会商会与行政机关脱钩总体方案〉的通知》,中国广告协会按照经国家工商行政管理总局等上级主管部门批准的脱钩方案完成脱钩改革。中国广告协会是由中国境内的广告主、广告经营者、广告发布者、广告代言人(经纪公司)、广告(市场)调查机构、广告设备器材供应机构等行业相关的企事业单位、地方性广告行业的社会组织、广告教学及研究机构等自愿结成的全国性、行业性社会团体,是非营利性社会组织。

中国广告协会的宗旨:紧密围绕"提供服务、反映诉求、规范行为"的基本职能开展业务工作,并加强与其他广告及相关行业组织的交流与合作;按照《广告法》的规定,制定行业规范,加强行业自律,促进行业发展,引导会员依法从事广告活动,推动广告行业诚信建设;树立广告业良好社会形象,为我国经济转型升级、优秀文化传播、社会和谐进步贡献力量。

中国广告协会的业务范围:①学习、宣传、贯彻《广告法》和有关广告管理的法规、规章,协助政府做好行业管理,同时向政府有关部门反映行业的意见和建议,充分发挥行业组织的桥梁、纽带作用。②根据《广告法》对广告行业组织职责的要求,组织开展对广告法律、法规、规章及行业发展状况的研究工作,制定行业自律规范。③开展广告业发展状况的调查研究,积极参与广告行业相关的法律法规、产业政策和发展规划的研究、制定。④开展行业信用评价工作,推动广告行业诚信建设,完善行业信用体系,提高行业信用水平;经政府有关部门授权或委托,建立健全广告企业信用档案,加强信用信息共享和应用;依托社会及行业媒体,积极宣传推广信用评价结果,提高广告行业诚信经营单位在政府、市场与社会中的接受度和知名度。⑤建立、完善行业自律约束机制,健全行业自律规则和职业道德准则;建立广告监测、劝诫机制和广告投诉处理机制,杜绝虚假违法广告,净化广告市场环境,规范市场秩序。⑥开展标准化工作;接受政府有关部门授权或委托,开展广告国家标准、行业标准的研究起草、组织实施等有关工作;组织制定团体标准,充分发挥行业组织的自律、服务、协调作用。⑦开展广告发布前的咨询服务工作,为广告相关法律、法规、规章和其他规范性文件的解释和适用提供意见和建议,帮助企业降低违法风险,提高广告发布质量。⑧提供行业信息服务;建立包括广告人才、广告企业竞争力与诚信度、广告企业经营情况等信息在内的广告业数据库及广告业信息发布制度;形成科学、全面、统一的信息共享平台,为企业发展、行业交流和政府有关部门制定政策,提供信息支持;依照有关规定,出版行业图书、杂志、内部刊物等,充分发挥互联网等新媒体的作用,做好行业信息服务建设。⑨有效开展行业维权工作;提供行业法律事务咨询服务,调解行业内、外部纠纷,协助处理侵权事项;针对事关行业发展的重大问题进行深入调研,积极反映行业诉求,维护行业合法权益。⑩加强广告理论学术研究,推动我国广告理论的自主创新发展,构建与我国社会主义市场经济文化特征相适应的广告理论体系,不断推出高质量的广告理论研究成果。⑪广泛开展学术论坛、经验交流等活动,加强对广告从业人员的职业技能、法律法规等多层次、全方位的培训工作,努力提高从业人员的专业水平、法律素质、职业道德。⑫受政府委托或根据市场和行业发展需要,举办行业会展活动,推广先进的广告制作技术、设备、材料、工艺,推动广告企业加强广告科技研发和技术创新;经政府有关部门批准,举办中国国际广告节、中国广告论坛、中国大学生广告艺术节,促进广告创意、设计、制作、发布水平提高。⑬开展国际交流与合作;积极与国际广告组织及各国、各地区广告组织建立联系,深化国际交流合作,代表和组织中国广告业界参加国际广告交流活动;扩大我国广告企业与广告服务在国际上的影响力;积极支持广告企业走向国际市场,在企业参与国际竞争等方面发挥作用。⑭根据《中华人民共和国商标法》(以下简称《商标法》)等法律、法规,开展本会“CNAAⅠ”“CNAAⅡ”“CNAAⅢ”证明商标使用管理工作,通过制定服务标准改善企业服务质量,促进广告企业提升专业服务水平、核心竞争力和品牌价值,增强社会责任感和诚信意识。⑮经政府有关部门授权或委托,建立广告人才数据库,加强广告人才队伍建设,提高广告从业人员专业水平。⑯承办政府有关部门授权或委托的有关事项。

2011年开始,当时的人力资源和社会保障部、国家工商行政管理总局确立了国家对广告专业技术人员实行职业水平评价制度,并将该制度纳入全国专业技术人员职业资格证书制度统一规划。中国广告协会自此增加了负责广告专业技术人员职业水平考试的组织管理任务,具体包括成立广告专业技术人员职业水平评价专家委员会,拟定考试题目、考试大纲,组织命题,研究建立考试试题库,提出考试合格标准建议等。

3. 中国广告主协会

中国广告主协会成立于 2005 年 11 月 27 日。中国广告主协会隶属于国资委,是由中国企业联合会等企业组织和几十家行业龙头企业共同发起成立的非营利性社会组织,是我国唯一代表广告主利益的社会组织。

中国广告主协会成立后积极发挥桥梁和纽带的作用,推动建立有利于广告投资、营销传播和品牌建设的国内外环境,推动广告业信用体系建设;并代表会员同媒体、广告商及其代表组织进行协作、沟通、磋商,维护会员合法权益,逐步建立起广告主、媒体、广告商各方既合作又制约的机制;协调会员在市场竞争中产生的相关问题,力求避免过度竞争,促进企业间的沟通与合作。中国广告主协会还积极推动反对各种不正当竞争行为和恶性竞争行为,反对侵害国家和他人利益的行为,倡导善意、诚实、信用的商业原则,并引导会员在营销传播活动中遵从有关的规范和行业公约,加强自律,维护会员和行业公平竞争,倡导尊重消费者的合法权益。协调会员之间、会员与非会员之间、会员与消费者之间涉及经营活动的争议;积极组织会员学习相关法律、法规和国家政策,推动相关的学术研究、经验交流、专业论坛、培训等活动,努力培养广告主的广告意识、商标意识、形象意识、品牌意识、公共关系意识等现代传播意识,为广告主的各类营销传播活动提供切实可行的操作标准和操作方法。除此之外,中国广告主协会还致力于各行业广告标准和规范的制定,参与制定有关行业标准,建立规范行业和会员行为的机制;充分利用中国在世界广告主联合会中的唯一的国家级会员的身份和交流平台,与世界广告主联合会各成员及跨国公司建立广泛联系,加强国际交往和经济合作,组织会员赴境外考察,开展国际市场研究、境外维权等活动,推进营销传播事业与国际对接,为会员走向国际市场提供服务。

四、广告行业自律的具体规定

1994 年以来,中国广告协会颁布了一系列自律性文件,为维护广告行业秩序和促进广告业健康发展起到了积极作用,但是随着我国广告市场的日益活跃,原有的一些规范性文件已不适应新形势的要求。2008 年,中国广告协会第五次会员代表大会审议通过了《中国广告协会自律规则》,从广告内容、广告行为、自律措施、规则体系构建等方面进行了具体的规定。

(一)广告内容

(1)广告应当符合《广告法》及其他法律法规的有关规定。

(2)广告应当符合社会主义精神文明建设的需要,有利于维护社会公共秩序和树立良好社会风尚。

(3)禁止虚假和误导广告,也不应对商品或服务的属性作片面的宣传;不应将科学上尚未定论的观点、现象当作产品或服务的特点用于广告;以明显的艺术夸张手法作为表现形式、不足以造成公众误解的除外。

(4)法律法规禁止生产、销售的商品或提供的服务,以及禁止发布广告的商品或服务,不得进行广告。

(5)广告诉求和信息传递,应当充分尊重消费者的知情权和受众的认知能力,不得利用信息的不对称作引人误解的宣传。

(6)广告对商品或者服务的功效、性质和条件等内容有表示的,应当准确、客观,且能够被科学的方法所证实,不得有任何夸大;涉及商品的成分、含量及其他数据、统计资料的,应当提供有效的证明文件。

(7)广告应当尊重他人的知识产权,不抄袭他人的作品。在广告活动中使用他人作品的,应当依法获得权利人的许可,并支付相应的报酬。

(8)广告应当尊重妇女和有利于儿童身心健康,并正确引导大众消费。不适合未成年人的商品和服务,不应使用未成年人的形象和名义制作广告。

(9)广告应当尊重良好道德传统,弘扬健康民族文化,不应表现低俗、迷信和其他不良行为。

(二)广告行为

(1)广告活动主体之间应通过公平的方式开展竞争,认真履行签订的广告合同中的各项条款,不得以商业贿赂、诋毁他人声誉和其他不正当手段达成交易,不得利用广告进行不正当的市场营销,或干扰、损害他人合法的广告活动。

(2)广告主应当向广告经营者提供真实、可靠的商品或服务信息和齐备的证明材料,不得怂恿广告经营者设计、制作不实广告。

(3)广告主应当尊重广告公司及其他广告服务机构的合法权益,支付相应的代理费或服务费,不得无偿占有其劳动成果。采用比稿形式选择广告公司时,应向所有提供策划、创意等方案的公司支付相应的费用。

(4)广告主和广告经营者不得以不正当的广告投放为手段干扰媒体节目、栏目等内容的安排。

(5)广告经营者应通过提高服务质量争取客户,不得恶意竞争、扰乱市场秩序,代理费的收取不得低于服务的成本费用。

(6)广告经营者和广告发布者应当认真履行广告的审查义务。对于各类广告证明,应查看原件,必要时还应与出证机构核实,切实把好广告制作、刊播的关口。

(7)广告发布者不得强制搭售广告时间、版面或附加其他不合理的交易条件。

(8)广告发布者公布的广告刊播价格和折扣条件应当统一、透明,在执行中一视同仁。

(9)广告代言人从事广告活动,应当自尊、自重,并事先对代言内容的真实性、合法性做必要的了解,切实对消费者负责。

(10)广告社会团体组织开展的各项活动,应当注重社会效果,积极、有益、公平、公正,不应以营利为目的。

(三)自律措施

(1)对于涉嫌违反法律、法规和行业自律规则的广告内容和行为,任何单位和个人都可以向中国广告协会及地方各级广告协会投诉和举报。

(2)对于违反自律规则的相关责任者,经查证后,分别采取如下自律措施:自律劝诫;通报批评;取消协会颁发的荣誉称号;取消会员资格;降低或取消协会认定的中国广告业企业资质等级;报请政府有关部门处理(以上处理措施,可以单独适用,也可以合并适用)。

(3)对于作出的自律处置有异议的,相关当事人可以向中国广告协会常务理事会提起申诉,由常务理事会作出最终自律处理决定。

(4)任何单位和个人均有权对协会实施行业自律的情况进行监督,对于违规行为有权向协会的上级主管部门举报。

(四)规则体系

广告自律规则体系包括广告行业自律规则、专项广告自律规则、地方广告自律规则,以及为实施自律规则而制定的相关办法。而《广告行业自律规则》是制定其他广告自律规则的主要依据。具体的思路如下。

(1)广告自律规则的制定,应当从实际出发,深入调查研究,广泛听取政府广告监督管理部门、相关广告活动主体和其他有关方面的意见。听取意见可采取书面征询、座谈会、专家论证会等多种形式。

(2)中国广告协会根据社会反映和市场规则的变革,针对不同商品和服务的广告,或者不同内容和形式的广告,可以制定相应的专项广告自律规则。

(3)中国广告协会各分会可以根据本专业的实际情况,依据本规则制定相关的广告自律规则和实施办法,并报中国广告协会批准后实施。

(4)地方各级广告协会可参照该规则的规定,制定适合本地区实际情况的广告自律规则,并报中国广告协会备案。

五、广告行业自律劝诫办法

为加强广告行业的自我约束,构建广告业的诚信体系,促进行业的健康发展,中国广告协会依据《中国广告协会章程》《中国广告协会自律规则》的相关规定,制定了《自律劝诫办法》,对违背《中国广告协会自律规则》的中国广告协会会员的管理制定了详细的劝诫办法。

(一)劝诫程序

中国广告协会对违背《中国广告协会自律规则》要求、造成负面社会影响的不良广告责任者,按照"第一次劝诫—第二次劝诫—第三次通报批评(其中涉嫌违法的广告报请国家市场监督管理总局甄别)"的程序,实施自律劝诫。违法违规情节严重的,可不经劝诫,直接进行通报批评或报请广告监管部门处置。

(二)劝诫过程

1.发出劝诫文书

对于违背《中国广告协会自律规则》的广告,中国广告协会以函电或者(电子)邮件等形式向有关广告主、广告经营者和广告发布者(以下简称被劝诫单位)发出"广告自律劝诫通知书"及"广告涉嫌违法违规情况表",进行第一次劝诫。

2.回复劝诫文书

被劝诫单位自应收到"广告自律劝诫通知书"之日起3天内(指工作日,下同)向中国广告协会作出回复;5天内(特殊情况不得超过10天)进行修改;持有异议的,7天内向中国广告协会提出理由和证据,作出说明。

3.审查回复文书

中国广告协会对被劝诫单位所作的修改或说明进行审查,对于修改合格或申述理由、证据成立的,中国广告协会予以采纳并答复被劝诫单位,劝诫程序终止;修改或说明不被认可的,被劝诫单位应继续修改或补充证据,并在被告知的3天内将修改或补充的情况提交中广协进行复核。

4.劝诫处理

对于逾期不作回应或未按要求进行修改者,如再次被监测到同一违规广告继续刊播的,中国广告协会发出"第二次自律劝诫通知书",并将有关劝诫情况抄送被劝诫单位所在省(市)广告监督管理部门、广播电视或新闻出版行政管理部门及广告协会;被劝诫单位应在1天内向中国广告协会作出说明。经两次劝诫仍未作出修改、说明的,中国广告协会将进行通报批评。

六、广告行业的其他自律文件及内容

(一)《广告主自律宣言》

为了维护我国广告市场秩序,进一步增强行业自律意识,贯彻落实《广告法》及《广告产业发展"十三五"规划》中关于加强行业自律的要求,中国广告协会和中国广告主协会依据《广告法》及相关法律法规,结合我国广告行业的实际情况,参考国外广告行业有关自律公约共同制定了《广告主自律宣言》。自律宣言从广告内容和广告活动的基本原则出发,指出广告是企业与消费者进行沟通的重要渠道,是企业信用建设和社会责任建设的重要领域。

1.广告内容

《广告主自律宣言》号召各广告活动主体在中华人民共和国境内从事商业广告活动,应当自觉遵守《广告法》等有关法律法规的规定;强调广告应当真实、合法,以健康的表现形式表达广告内容,符合社会主义精神文明建设和弘扬中华优秀传统文化的要求,不做虚假或者引人误解的广告,不欺骗、误导消费者;广告要积极倡导健康生活方式,体现"绿色、健康、低碳、可持续"的理念;不妨碍环境和自然资源保护。不做含有民族、种族、宗教、性别歧视内容的广告。

2.广告活动

《广告主自律宣言》呼吁广告活动遵循公平竞争原则,尊重他人的名称、商标等知识产权及商誉;广告活动中收集、使用消费者个人信息,遵循合法、正当、必要的原则;尊重和保护个人隐私;广告活动恪守对未成年人的保护职责,不利用未成年人缺乏成熟的辨识能力的弱点,设计、制作、发布损害其身心健康的广告。

(二)《广告行业抵制庸俗低俗、奢靡之风广告自律公约》

为强调广告行业抵制庸俗低俗、奢靡之风,坚持正确导向、传播先进文化、弘扬新风正气的社会责任,中国广告协会根据《广告法》等法律法规及相关政策规定,制定了《广告行业抵制庸俗低俗、奢靡之风广告自律公约》。公约围绕"抵制庸俗低俗、奢靡之风"对广告内容进行了比较详细的规定。

(1)广告应当真实、合法,以健康的表现形式表达广告内容。广告的内容应倡导富强、民主、文明、和谐,倡导自由、平等、公正、法治,倡导爱国、敬业、诚信、友善,符合社会主义核心价值观的要求。

(2)坚决抵制广告中对产品或服务进行不真实宣传,对商品或服务的性能、功效、质量等作虚假表述,使用不真实不准确的数据、资料。

(3)坚决抵制盲目追捧、夸大其词,假借消费者名义进行虚假宣传,误导社会消费的代言广告。

(4)坚决抵制内容平庸、粗俗且令大众强烈反感的恶俗广告。

(5)坚决抵制违背公序良俗、隐含性暗示、庸俗低级、给大众带来不愉快体验,造成大众审美被庸俗低俗化、违反文化和伦理道德标准的情色广告。

(6)坚决抵制对某一群体或某类属成员含有偏见或贬低的歧视性广告,包括种族歧视、性别歧视、宗教歧视、文化歧视和社会地位歧视等。

(7)坚决抵制过分宣传享乐主义、炫耀攀比、无节制消费、贵族化生活、脱离百姓日常生活实际的炫富广告。

(8)坚决抵制宣扬奢靡文化及畸形的送礼文化、集团消费文化,违背崇尚节俭、厉行节约等中华传统美德的礼品消费广告。

三、《坚持正确宣传导向、抵制不良广告行为倡议书》

鉴于一段时期内,广告行业出现了一些违背社会良好风尚和导向不正确的广告,对促进社会安定、加强民族团结、维护公共利益、树立文明风尚和维护国家形象等极为不利。为此,中国广告协会向广大会员单位和全国广告行业发出《坚持正确宣传导向、抵制不良广告行为倡议书》,倡议书强调如下内容。

1. 广告要坚持正确的政治导向

广告要真实合法,维护国家尊严和利益,维护社会稳定;广告要传达正确的立场、观点、态度,引导人们分清对错、好坏、善恶、美丑;广告要慎重利用敏感人物、敏感事件,以免引发不良政治影响。

2. 广告要坚持健康的思想导向

广告应符合社会主义核心价值观的要求,积极倡导富强、民主、文明、和谐,倡导自由、平等、公正、法治,倡导爱国、敬业、诚信、友善;要坚决抵制含有妨碍社会安定,损害社会公共利益,含有民族、种族、宗教、性别歧视,以及含有淫秽、色情、迷信等内容的广告。

3. 广告要坚持高尚的道德导向

高尚的道德导向可以引导人们规范自己的行为,完善自我人格。要坚决抵制平庸、粗陋和采用令大众厌烦方式宣传的恶俗广告,抵制违背公序良俗、隐含性暗示、庸俗低级、给大众带来不愉快体验及造成大众审美庸俗低俗化的广告,以及违反伦理道德标准的情色广告。

4. 广告要坚持丰富的文化导向

广告应传承中华民族传统文化的精髓,带给人们美好的精神享受。要坚决抵制过分宣传享乐主义、炫耀攀比、无节制消费、贵族化生活、脱离百姓日常生活实际的炫富广告,以及宣扬奢靡文化及畸形的送礼文化、集团消费文化,违背崇尚节俭、厉行节约等中华传统美德的礼品消费广告。

(四)《尊重原创保护知识产权自律公约》

创意是广告的灵魂,是赋予广告精神和生命的活动,然而广告活动过程中经常会发生创意被剽窃的现象。根据《中华人民共和国著作权法》(以下简称《著作权法》)的规定,"创意"并不在《著作权法》的保护范围里,《著作权法》保护的是作品,指涉范围包括:文字作品,口述作品,音乐、戏剧、曲艺、舞蹈、杂技艺术作品,美术、建筑作品,摄影作品,视听作品,工程设计图、产品设计图、地图、示意图等图形作品和模型作品,计算机软件,符合作品特征的其他智力成果。总而言之,保护的是思想的表达形式,而不是思想本身,广告创意属于思想的范畴,因此不在保护范围内。在实践中,广告主借广告业务招标之名窃取广告公司创意、广告经营者剽窃同行广告创意的事件屡屡发生,在当前的法律框架下,受害者很难维护自身的合法权益。鉴于此,2022年8月3日,在哈尔滨召开的第十八届中国广告论坛上,中国广告协会牵头发起了《尊重原创保护知识产权自律公约》,同时成立了"保护知识产权平台",旨在引导广告行业从业主体自主创新、尊重原创,增强知识产权保护意识,共同维护良好的广告行业生态秩序。该条约分别从广告主、广告经营者、广告发布者、广告代言人四个主体出发,发出自律倡议,倡导广告从业者自觉遵守知识产权法等相关法律法规规定,加强行业自律;尊重原创成果、保护知识产权;共同担负起社会责任,维护广告行业良好有序的发展环境。

1.倡议广告主

(1)自觉遵守知识产权法(《著作权法》《商标法》《中华人民共和国专利法》)和《广告法》等相关法律法规规定,加强行业自律。

(2)在广告活动中,尊重原创,尊重他人的知识产权,维护良好的行业秩序。

(3)广告主选用原创或经授权的作品,合规合法地发挥广告的积极作用。

(4)提高对广告创意价值的认识,让好的创意值好的价钱,同时,在比稿中对被采纳的创意予以尊重和应有的回馈,推动广告市场的良性发展。

2.倡议广告经营者

(1)根据知识产权法等相关法律法规,依法进行广告活动,拒绝制作侵犯知识产权的广告。

(2)自主创意或依法获取创意授权,不剽窃他人的广告创意及作品成果,使用他人作品应当同著作权人订立合同或者取得许可。

(3)保持广告创作初心,坚持原创的同时保证广告制作质量。

3.倡议广告发布者

(1)认真遵守知识产权法等相关法律法规的规定,严格落实广告审核制度,作为广告发布的把关人,应对广告内容进行严格审查。

(2)坚持发布底线,拒绝发布侵犯他人知识产权的广告作品。

(3)及时制止侵犯知识产权的行为,倡导尊重原创的自律行为,鼓励并宣传优秀的广告作品。

4.倡议广告代言人

(1)自觉学习知识产权法及《广告法》等相关法律法规,依法从事代言活动。

(2)提前检查代言广告内容,不做虚假代言,不为侵权广告代言。

> **思 考 题**

1.广告伦理道德规范有哪些功能?

2.各类广告活动主体要遵循的伦理道德规范有哪些?

3.什么是广告行业自律? 广告行业自律体系的架构是怎样的?

4.广告行业自律与广告行政监管的关系是怎样的?

第四章　公益广告及公益广告规范

第一节　公益广告概述

公益广告在宣扬、树立良好的社会风尚,引导正确的价值观等方面发挥着重要的作用,可以说是社会主义精神文明建设和社会公益事业的重要组成部分。近年来我国公益广告事业有了长足的发展,国家有关部门积极制定各项措施,进一步完善了公益广告可持续发展机制,使得公益广告在传播社会主义先进文化、倡导良好道德风尚、促进公民文明素质和社会文明程度提高等方面发挥了积极作用。公益广告与商业广告在运作程序和方法上有很大的不同,加强对公益广告的扶持力度,促进公益广告的发展壮大,对于树立广告业的道德规范意识,提高广告业的社会责任感,有着十分重要的意义。

一、公益广告的概念和特点

(一)公益广告的概念

《中国广告词典》(四川大学出版社 1996 年版)对公益广告的定义为:"为社会公众制作发布的,不以营利为目的,它通过某种观念的传达,呼吁关注社会性问题,以合乎社会公益的准则去规范自己的行为,支持或倡导某种社会事业和社会风尚。"该定义比较笼统,没有明确界定公益广告的性质,也没有明确指出公益广告的传播内容和传播目的。

2016 年,国家工商行政管理总局、国家互联网信息办公室、工业和信息化部、住房和城乡建设部、交通运输部和国家新闻出版广电总局联合颁布实施《公益广告促进和管理暂行办法》,该部门规章规定,公益广告是指传播社会主义核心价值观,倡导良好道德风尚,促进公民文明素质和社会文明程度提高,维护国家和社会公共利益的非营利性广告,政务信息、服务信息等各类公共信息及专题宣传片等不属于公益广告。《公益广告促进和管理暂行办法》中的公益广告定义确定了公益广告的性质——公益广告是非营利性广告;点明了公益广告的传播内容——传播社会主义核心价值观,倡导良好道德风尚;明确了公益广告的传播目的——促进公民文明素质和社会文明程度提高,维护国家和社会公共利益。

(二)公益广告的特点

作为社会公益事业的重要组成部分,公益广告在广告的内容和形式上有明显的特征。

1. 公益性

与商业广告不同的是，公益广告追求的是社会利益而非经济利益。商业广告虽然也要符合社会主义精神文明建设和弘扬中华优秀传统文化的要求，但商业广告始终是商品经营者或服务提供者介绍自己所推销商品和服务的手段，其商业性质是不言而喻的。无论从传播内容还是传播目的来看，在某种程度上，公益广告与商业广告构成了互补关系。《公益广告促进和管理暂行办法》对公益广告的定义明确了公益广告的传播内容是"社会主义核心价值观"和"良好道德风尚"。从具体公益广告所宣传的观念即可窥得一斑，如爱国、敬业爱岗、保护环境、食品安全、预防艾滋病、节约用水、尊老爱幼、禁毒、防治污染、爱惜粮食等，无不明显地体现了公益广告的公益性。公益广告通过提醒、规劝等向公众传播有益的社会文明和进步的思想观念、行为方式和道德准则，从而促进社会健康风尚的形成和传播。

2. 非营利性

非营利性是公益广告的一个重要特征，它之所以和商业广告区别开来，重要原因正在于此，无论是哪个团体、组织或部门发布的公益广告，其目的都是非营利的。北京广播学院广告学系路盛章教授曾说过，商业广告的目的是获得经济利益，为了赚钱，花钱做广告的人要得到直接的经济效益；公益广告则是花钱做广告，为大众传递信息，只为引发大众对某些社会热点、公益事件的关注，服务于社会，它是一种对社会奉献精神的体现，不以营利为目的。正如路盛章教授所言，公益广告不是为了某个企业或组织而做的企业形象广告，也不是为宣传介绍某种商品或服务而做的，因而其目的不是赚钱，即非营利性是它的一个重要特点。例如中央电视台一直不间断地播放公益广告片，不仅要花掉大量的电视版面时段，而且还要花费巨大的人力、财力制作公益广告片，但中央电视台并不从公益广告的播出中获得任何实际的收益。

3. 社会性

公益广告所关注的不是个人或少部分人的问题，而是全社会普遍关心的社会性问题，因而具有社会性的特征。这一特征集中体现在公益广告所宣传的主题中，诸如环境保护、创建文明城市、重视失学儿童、禁毒戒毒、反腐倡廉等，无一不具有社会性的普遍意义。公益广告正是靠社会性重大主题作为宣传内容，才能引起公众的强烈共鸣，才能为社会公众所普遍重视，因而才能起到为公众的利益而倡导一种新风尚，或宣传一种新观念，或激发公众的爱国热情，或发挥规劝警示公众等作用。

4. 时代性

不同历史时期社会发展的时代需求有所不同，由于人们关心的社会问题具有鲜明的时代性，因此公益广告的社会性往往表现为时代特色，它取材于当代社会，针对特定时代的热点和难点问题展开公益宣传。近年来，随着我国年龄结构老龄化问题日益突出，深入开展人口老龄化国情教育，倡导积极老龄观、健康老龄化理念成为当务之急。2022 年 7 月 15 日，国家卫生健康委办公厅、国家广播电视总局办公厅、中国老龄协会综合部联合下发了《关于开展 2022 年全国敬老养老助老公益广告作品征集暨展播活动的通知》，通过优秀的公益广告作品来有效开展和推动人口老龄化国情教育。

5. 通俗性

公益广告的通俗性是由它的受众是社会公众这一特点所决定的。其他商业广告面对的是某一特定的目标受众，所以其广告的表现形式和内容都要符合目标受众的特点，而公益广告的受众为广大公众,受众的文化程度不一,理解能力不一,因此公益广告必须通俗易懂,不仅要求广告的传播内容要具有普遍意义,而且形式上要通俗、简洁,语言要平易近人、通俗易懂,也只有这样,公益广告才可能真正达到服务公众的目的。

二、对公益广告性质的正确理解

2007年春节前夕,山东某消防器材公司印制了一批宣传海报,并将其贴在一些住宅小区。宣传画上印有一个红色的灭火器,灭火器旁边有"节日防火,人人有责"8个字,还标注了该公司的地址、电话号码、产品种类等,同时,宣传画上印有"某某灭火器,价格低效果好,家庭安全最需要"的字样。后有人将此行为举报到胶南市工商局,指出该公司乱贴广告。经执法人员初步调查,认定该宣传画属于商业性广告,违反了《广告法》的有关规定,便责令该公司立即清理所张贴的广告,并接受进一步调查处理。该公司拒绝接受查处,认为该宣传画从设计到理念都是提醒每个家庭注意防火,不是商业性的广告,而是公益性广告。另外,他们只是在一些住宅小区进行了张贴,并未通过电视、广播、报纸等媒介进行广泛宣传,因此他们认为清理宣传画,是对公益行为的蔑视,对公司也不公平。

双方在这一则广告性质的判断上存在很大争议。在讨论该案例时,胶南市工商局也出现了3种不同意见。一种认为,该宣传画上,带有"节日防火,人人有责"的宣传语,是一种提醒,应属公益广告,不应该认定为商业性广告;第二种认为,该宣传画既有公益性广告的性质,又有商业性广告的形式,属于规避《广告法》的行为;第三种认为,该宣传画虽然印有"节日防火,人人有责"的宣传语,但同时将公司的有关经营信息印制在宣传画上,还有推销商品的广告语,由此可见,该宣传画的根本目的是推销灭火器,因此,该宣传画应属于商业性广告,应该按照《广告法》的有关规定进行调查处理。随着《公益广告促进和管理暂行办法》的实施,以后类似问题将迎刃而解。该办法的第六条规定,公益广告内容应当与商业广告内容相区别,商业广告中涉及社会责任内容的,不属于公益广告。此外,办法的第七条规定,如果是企业出资设计、制作、发布或者冠名的公益广告,可以标注企业名称和商标标识,但不得标注商品或者服务的名称及其他与宣传、推销商品或者服务有关的内容,包括单位地址、网址、电话号码、其他联系方式等。根据以上两条规定综合判断,该消防器材公司印制的宣传海报属于"带有社会责任内容的商业广告",因为海报上出现了公益广告中禁止出现的公司地址、联系方式、产品种类等内容。

上述案例的争论恰恰反映了当我国公益广告运行的一个特点,即越来越多的企业通过冠名的方式参与公益广告的运作,使得我国公益广告呈现出明显的商业特征。正因如此,一些学者指出,我国多数的公益广告严格来说是公共关系广告。公共关系广告通过宣传企业的社会责任、价值观念、经营理念、企业宗旨等来塑造企业在社会上的良好形象,沟通企业与公众的关系,从而扩大企业的知名度,提高企业的美誉度。我国的公益广告大多数署有企业名称,不是国际统称的公益广告,而是具有中国特色的公益广告。企业通过赞助公益广告来塑造自身形象,使公益广告具有公关功能,这可称之为"市场化公益""企业署名公益"。因此,我国由企业冠名的公益广告可理解为一种特殊的公关广告。

第二节　我国公益广告的发展历史

一、公益性宣传促进公益广告的产生

普遍认为现代意义上的公益广告诞生于二战时期的美国,主要服务于战时美国政治、经济、军事的需要,例如利用公益广告鼓励美国民众积极参军、倡导美国妇女投身工厂填补劳动力不足、呼吁美国民众购买战争债券等。我国公益广告起步也不晚,1949 年前就有通过报纸、广播、横幅及海报等媒介发布的有关保家卫国、支援前线的公益广告。新中国成立后,国家鼓励对新社会进行宣传,因此也催生了大量公益广告,各大报刊上也刊有大量反映当时国情民生的公益广告,主要涉及争取和平、推动农业生产、支持国家建设、扫除文盲等主题。

二、公益栏目促进公益广告的发展

1978 年,中央电视台开始以文字或画面的形式播出类似今天公益广告的节目。1979 年 1 月 14 日,丁允朋在《文汇报》上发表《为广告正名》一文,提出"应该运用广告给人们以知识和方便,沟通和密切群众与产销部门之间的关系"。这篇文章吹响了中国广告业复苏的号角,随着我国广告业的复苏,公益广告也顺势而起,尽管这一时期电视媒体所进行的公益性宣传还不是严格意义上的电视公益广告,但它确实已经具备了电视公益广告的某些特征,因此,可以把这段时期看作是中国电视公益广告的孕育期。1986 年,贵阳市节水办公室和贵阳电视台联合发布《节约用水》公益广告。这是中国第一条经过专业化创作的电视公益广告,标志着中国现代意义上的公益广告的诞生。1987 年 10 月 26 日,中央电视台在黄金时段首次推出一档特殊的电视专题栏目——《广而告之》。这是中国第一个真正意义上的电视公益广告栏目,在中国公益广告发展史上具有里程碑式的意义,它开创了在国家级电视台黄金时段播出非营利性广告栏目的先河。《广而告之》的问世还引起了外媒的广泛关注,当时苏联国家电视台评论说,这标志着中国政府开始重视公益事业宣传。正是基于"重视公益事业"这样一个宗旨,《广而告之》栏目播出了大量契合社会现实、主题多样、传播效果较好的电视公益广告。据统计,1987—1995 年,《广而告之》栏目播出的电视公益广告达到 844 条,在全社会产生了广泛的影响力,取得了良好的社会效应,它的收视率曾高居中央电视台各栏目收视率第三位,两次获得中央电视台优秀栏目一等奖。

三、主管部门统筹促进公益广告的兴起

20 世纪 90 年代中期以后,随着多元主体的积极推动,我国公益广告得以快速成长起来。1996 年 9 月 1 日至 10 月 1 日,国家工商行政管理局组织在全国范围内开展"中华好风尚"主题公益广告月活动,由政府部门组织开展全国性的公益广告活动,这在中国公益广告史上还是第一次,这标志着政府主导下的全国性公益广告活动的全面展开,同时也标志着中国公益广告向有计划、有组织的方向发展。1997 年,中央精神文明建设指导委员会成立后,协同国家工商行政管理局共同组织开展了主题公益宣传活动。1996 年以后,全国性的

公益广告活动紧扣社会热点和难点,每年都有一个或一个以上的重大主题,使得全国性的公益广告活动有的放矢,引起了社会的广泛关注,产生了良好的社会效果。

四、多元主体推进公益广告的繁荣

我国公益广告早期发展过程中遇到的最大问题是资金问题,在各类媒介的公益广告运作中,电视公益广告的资金问题尤为突出,早期在政府部门的主导下,强调做公益广告是广告主、广告经营者、广告发布者应尽的义务,是广告界为精神文明建设做贡献的重要表现形式,一些全国性的公益广告活动对参与主体的工作任务进行了量化指标设置,并且要求各地主管部门对当地广告主、广告经营者、广告发布者参加公益广告活动的情况进行监督考核。以费用最大的电视公益广告为例,公益广告发展初期,制作播出公益广告所需费用基本上由媒体自行承担,但制作、播出费用越来越高,加之媒体之间竞争加剧,面临很大的经营压力。据调查,除了中央电视台因拥有较强的经济实力可以达到甚至超额完成任务之外,其他的地方电视台基本上都没办法完成,有的电视台甚至达到1%都很困难。进入21世纪后,投入公益广告运作的主体更为多元化,除了政府和媒介部门外,企业、广告公司、各类公益组织,甚至是个人也积极参与公益广告活动,从选题、制作到刊播每一个环节都有多重身影。多元主体的参与,不仅解决了我国公益广告发展过程中的资金问题,也拓宽了公益广告的创作视野,提升了我国公益广告的整体质量。在《"十四五"广告产业发展规划》中,也提到鼓励、支持、引导社会各界以提供资金、技术、劳动力、智力成果、媒介资源等方式积极参与公益广告的设计、制作、发布。

第三节　公益广告的法律规制

一、我国公益广告的法规建设

我国对公益广告的监督管理总体处于初级阶段。在 20 世纪 90 年代,我国对公益广告的管理主要通过部门工作文件的形式下发到各地相关部门来实施。我国最早有关公益广告的部门工作文件是 1996 年 6 月 18 日国家工商行政管理局下发的《关于开展"中华好风尚"主题公益广告月活动的通知》;此后 1997 年,国家工商行政管理局又下发了《关于开展公益广告活动的通知》。从这两份部门文件内容来看,国家工商行政管理局在主题公益广告月活动中制定了一系列配套措施,包括要求各级工商部门落实机构、人员,精心组织,制定具体实施方案;充分发挥新闻舆论的作用,积极宣传开展公益广告活动的意义;要求地方部门建立对当地广告主、广告经营者、广告发布者参加公益广告活动的监督考核机制;制定了各方主体工作任务的量化指标。这两份文件不仅是我国最早的公益广告监管尝试,也是后续我国在公益广告监管方面开展立法工作的基础。

2007 年,全国人大代表、浙江富润集团董事长赵林中等 30 名代表向十届全国人大五次会议提交议案,要求制定《公益广告法》。赵林中代表接受记者采访时说,公益广告是传播先进文化、塑造高尚精神、引领文明风尚的有效方式,但目前公益广告仍处于无法可依的状态,这制约着公益广告的进一步发展,因此迫切需要制定一部可操作性强的《公益广告法》。2015 年以前只有 1997 年中宣部、中央文明办、国家工商行政管理局、广播电影电视部、新闻出版署联合发出的《关于做好公益广告宣传的通知》和 2003 年中宣部、中央文明办、国家工商行政管理总局、国家广播电影电视总局、新闻出版总署联合发出的《关于进一步做好公益广告宣传的通知》,除此之外,没有一部明确的法律法规对公益广告进行规范。2015 年,《广告法》修订,在新修订的《广告法》中增加了一条关于公益广告原则性规定的法条。总的来说,2015 年以前我国公益广告实质上处于无法可依的状态。通过立法形式来保障公益广告发展,体现了依法治国的理念,也是公益广告发展的客观需要。此后的全国两会上,都有代表、委员提出制定公益广告法的议案和建议。公益广告立法,根本上需要在《广告法》修订中有所体现,考虑到法律修改的工作程序严格,需要较长时间,制定公益广告规章成为当务之急。此前,对公益广告的规范规定主要有三个方面:一是有关部委专门就公益广告制定的规范性文件,如国家工商行政管理总局《关于进一步做好公益广告宣传的通知》、中央文明办等单位《关于深入开展"讲文明树新风"公益广告宣传的意见》等;二是部分地方政府制定的政府规章;三是部分部门规章、地方性法规中公益广告规范的条款。为适应公益广告发展的新变化,将以上内容有机整合,制定促进和规范公益广告的部门规章,很有必要。鉴于此,为促进公益广告事业发展,规范公益广告管理,发挥公益广告在社会主义经济建设、政治建设、文化建设、社会建设、生态文明建设中的积极作用,《公益广告促进和管理暂行办法》于 2016 年 3 月 1 日实施,该办法的实施改变了我国公益广告无法可依的现状,在推动我国公益广告事业的发展过程中发挥了重要作用。

二、《广告法》中关于公益广告的原则性规定

修订后的《广告法》在附则第七十三条规定:"国家鼓励、支持开展公益广告宣传活动,传播社会主义核心价值观,倡导文明风尚。大众传播媒介有义务发布公益广告。广播电台、电视台、报刊出版单位应当按照规定的版面、时段、时长发布公益广告。公益广告的管理办法,由国务院市场监督管理部门会同有关部门制定。"《广告法》的适用范围是商业广告活动,但考虑到公益广告在社会教育、文化传播、舆论导向等社会主义精神文明建设等方面的重要作用,因此《广告法》在附则中对公益广告作了原则性的规定。

(一)国家鼓励、支持开展公益广告宣传活动,传播社会主义核心价值观,倡导文明风尚

为了发挥公益广告在社会主义精神文明建设中的积极作用,《广告法》规定国家鼓励、支持开展公益广告宣传活动,传播社会主义核心价值观,倡导文明风尚。

(二)大众传播媒介有义务发布公益广告。广播电台、电视台、报刊出版单位应当按照规定的版面、时段、时长发布公益广告

在国家鼓励、支持开展公益广告宣传活动的同时,《广告法》对大众传播媒介发布公益广告的义务作了原则性规定,并且要求广播电台、电视台、报刊出版单位按照规定的版面、时段、时长发布公益广告。广播电台、电视台、报纸、期刊的媒介性质不同、受众不同、播出方式不同,因此对其发布公益广告的具体要求也不尽相同,难以在《广告法》中作出细致规定,仅作原则性规定,各类媒介应当按照具体规定自行履行刊播公益广告的义务。

(三)公益广告的管理办法由国务院市场监督管理部门会同有关部门制定

《广告法》的规范和调整对象是商业广告活动,公益广告与商业广告活动的性质、特点、作用、传播特征不同,因此应该针对公益广告制定专门的管理办法。《广告法》授权国务院市场监督管理部门会同有关部门制定公益广告的管理办法。

三、《公益广告促进和管理暂行办法》的主要内容

(一)明确了相关部门在促进和管理公益广告工作中的职能

《公益广告促进和管理暂行办法》第四条明确了各类公益广告的监管责任主体:工商行政管理部门(2018年3月国务院机构改革后,原国家工商行政管理总局职责并入新组建的国家市场监督管理总局)履行广告监管和指导广告业发展职责,负责公益广告工作的规划和有关管理工作;新闻出版广电部门负责新闻出版和广播电视媒介公益广告制作、刊播活动的指导和管理;通信主管部门负责电信业务经营者公益广告制作、刊播活动的指导和管理;网信部门负责互联网企业公益广告制作、刊播活动的指导和管理;铁路、公路、水路、民航等交通运输管理部门负责公共交通运载工具及相关场站公益广告刊播活动的指导和管理;住房和城乡建设部门(2018年国务院机构改革后,住房和城乡建设部的自然保护区、风景名胜区、自然遗产地质公园等管理职责并入新组建的自然资源部)负责城市户外广告设施设置、建筑工地围挡、风景名胜区公益广告刊播活动的指导和管理;中央精神文明建设指导委员会其他成员单位应当积极做好公益广告有关工作,涉及本部门职责的,应当予以支持,并做好相关管理工作。

(二)制定了公益广告内容的创作规范

公益广告的内容要与商业广告的内容相区别,商业广告中涉及社会责任内容的,不属于公益广告。此外,公益广告应当保证质量,内容符合下列规定。

(1)公益广告的价值导向要正确,符合国家法律法规和社会主义道德规范要求。

(2)公益广告内容要体现国家和社会公共利益。

(3)公益广告中的语言文字使用要规范。

(4)公益广告的艺术表现形式要得当,体现出良好的文化品位。

(三)规定了广告活动主体发布公益广告的义务

(1)广播电台、电视台按照新闻出版广电部门规定的条(次),在每套节目每日播出公益广告。其中,广播电台在6:00—8:00、11:00—13:00,电视台在19:00—21:00,播出数量不得少于主管部门规定的条(次)。

(2)中央主要报纸平均每日出版16版(含)以上的,平均每月刊登公益广告总量不少于8个整版;平均每日出版少于16版多于8版的,平均每月刊登公益广告总量不少于6个整版;平均每日出版8版(含)以下的,平均每月刊登公益广告总量不少于4个整版。省(自治区、直辖市)及省会、副省级城市党报平均每日出版12版(含)以上的,平均每月刊登公益广告总量不少于6个整版;平均每日出版12版(不含)以下的,平均每月刊登公益广告总量不少于4个整版。其他各级党报、晚报、都市报和行业报,平均每月刊登公益广告总量不少于2个整版。

(3)中央主要时政类期刊,以及各省(自治区、直辖市)和省会、副省级城市时政类期刊平均每期至少刊登公益广告1个页面;其他大众生活、文摘类期刊,平均每2期至少刊登公

益广告1个页面。

(4)政府网站、新闻网站、经营性网站等应当每天在网站、客户端及核心产品的显著位置宣传展示公益广告。其中,刊播时间应当在6:00—24:00,数量不少于主管部门规定的条(次)。鼓励网站结合自身特点发布原创公益广告,充分运用新技术、新手段进行文字、图片、视频、游戏、动漫等多样化展示,论坛、博客、微博客、即时通信工具等多渠道传播,网页、平板电脑、手机等多终端覆盖,长期宣传展示公益广告。

(5)电信业务经营者要运用手机媒体及相关经营业务经常性刊播公益广告。

(6)机场、车站、码头、影剧院、商场、宾馆、商业街区、城市社区、广场、公园、风景名胜区等公共场所的广告设施或者其他适当位置,公交车、地铁、长途客车、火车、飞机等公共交通工具的广告刊播介质或者其他适当位置,适当地段的建筑工地围挡、景观灯杆等构筑物,均有义务刊播公益广告通稿作品或者经主管部门审定的其他公益广告。此类场所公益广告的设置发布应当整齐、安全,与环境相协调,美化周边环境。

(7)支持有关单位和个人在商品包装或者装潢、企业名称、商标标识、建筑设计、家具设计、服装设计等日常生活事物中,合理融入社会主流价值,传播中华文化,弘扬中国精神。

(四)规定了企业出资设计、制作、发布或者冠名的公益广告中的企业信息标注规范

企业出资设计、制作、发布或者冠名的公益广告,可以标注企业名称和商标标识,但应当符合以下要求。

(1)不得标注商品或者服务的名称及其他与宣传、推销商品或者服务有关的内容,包括单位地址、网址、电话号码、其他联系方式等。

(2)平面作品标注企业名称和商标标识的面积不得超过广告面积的1/5。

(3)音频、视频作品显示企业名称和商标标识的时间不得超过5秒或者总时长的1/5,使用标版形式标注企业名称和商标标识的时间不得超过3秒或者总时长的1/5。

(4)公益广告画面中出现的企业名称或者商标标识不得使社会公众在视觉程度上降低对公益广告内容的感受和认知。

(5)不得以公益广告名义变相设计、制作、发布商业广告。

违反上述规定的,视为商业广告。

四、各地的公益广告管理规范

为了进一步规范公益广告,促进公益广告事业健康发展,一些省市的地方性广告法规中对公益广告管理也进行了相应的规定。例如《江苏省广告管理条例》中规定了公益广告的运行机制,要求县级以上地方人民政府建立和完善公益广告发展促进机制,统筹公益广告发布,推进政府购买公益广告服务,鼓励社会组织依法建立公益广告基金,参与公益广告宣传。《浙江省广告管理条例》中强调了公益广告的发布规范,任何单位和个人不得以公益广告名义变相发布商业广告,并对以公益广告名义发布商业广告的具体情形进行了规定。《甘肃省广告条例》鼓励、支持、引导单位和个人以提供资金、技术、劳动力、智力成果、媒介资源等方式参与公益广告宣传,另外对公益广告的内容也进行了相应的规定。有的城市甚至还出台了专门的公益广告管理规定,例如湖南省株洲市2020年实施了《株洲市公益广告促进和管理暂行办法》,该办法强调了公益广告在内容方面应与商业广告相区别,明确了商业广告中涉及社会责任内容的,不属于公益广告;在发布方面,规定株洲市行政区域内的各

级各类媒介均有义务刊播公益广告；此外，该办法进一步明确了株洲市各部门在促进和管理公益广告中的职能，明确了广告发布者的权利义务。再如2022年3月三亚市公布了《关于规范三亚市公益广告发布的指导意见》，该意见对公益广告的内容进行了规范，明确了三亚市公益广告发布的程序和监管部门。

第四节　我国公益广告运作及监管方面存在的问题

和商业广告不同，公益广告的目的是传播社会主义先进文化、倡导良好道德风尚、提升公民文明素质、维护国家和社会公共利益，它产生的效益不是立竿见影，而是一个潜移默化的过程。由此很容易导致人们将公益广告视为是与现实利益脱节的事物，往往习惯以短期效益的视角将公益广告看作高成本、低收益的临时性行为，缺乏长期投入的热情。

一、缺乏专职机构

由于目前我国还没有专门从事公益广告的非营利性民间组织，公益广告主要运作模式是由政府发起，由媒体制作播发；或由媒体制作后进行拍卖，由获署名权的企业出资，挂企业名发布；也可以由企业出资制作，购买媒体时空发布。由企业赞助的广告一般都有企业名称和商标标识的标注，多多少少带有"非公益"性质。参考国外的情况，我们看到，许多国家的公益广告运作是由以促进公益广告实施为目的而设立的非营利性民间组织主导的，这些组织在公益广告活动中起着十分重要的作用。例如美国的广告理事会和日本的公共广告机构每年都对公益广告计划进行讨论、审议。通过调查分析，指定年度公益广告的主题，将有限的精力和资源集中在突出的社会问题上，以低廉的成本制作高质量公益广告，并得到大众媒体的刊播保证，这样的操作节省了成本，加强了宣传效果。近些年，我国各地也进行了一些公益广告管理体制上的创新，比如上海市成立了上海市公益广告协调中心（又名上海东方宣传教育服务中心），其宗旨和业务范围除了承担上海市形势政策宣传和思想道德教育、群众性主题活动和文明实践活动的策划组织以外，还有公益广告刊播任务的协调落实。上海市公益广告协调中心顾名思义是上海市公益广告运作的协调中心，其职责贯穿公益广告主题选定、公益广告设计制作到公益广告刊播的全过程，类似的机构还有广州市公益广告中心。

二、缺乏资金

资金问题是困扰我国公益广告发展的主要问题。我国公益广告的资金是政府拨款、企业捐款和慈善机构捐款相结合。目前，一则电视公益广告的制作费用从几万元到几十万元不等，随着经济的发展，制作播出的费用更是逐年上升，单靠媒介和政府拨款简直是杯水车薪。我国目前的社会公益机构与国外的公益机构存在体制上的不同，在现阶段不可能有足够的资金投向公益广告。而一些急功近利的企业、广告经营者和媒体又不愿意将资金投向不能直接盈利的公益广告，因此资金问题成了制约电视公益广告发展的主要因素，它需要整个社会系统的共同奉献。在"十四五"期间的公益广告振兴行动中，特别提到了要进一步拓宽公益广告资金渠道，鼓励政府购买公益广告服务。有些省市鼓励社会组织依法建立公益广告基金来参与公益广告活动。

三、缺乏严格的播出监控

缺乏严格的播出监控主要体现在播出时间不确定和商业化倾向严重上。我国公益广告的播出时间有明确规定,以电视公益广告为例,电视每套节目每日用于发布公益广告的时长不少于发布商业广告时间的 3%,在 19:00—21:00,公益广告播出的数量不得少于 4 条(次)。但由于缺乏法规的强制性和监督性,在具体操作中并没有太严格的约束力。许多地方电视台的公益广告播出时长远远未达标。

四、缺乏良好的运行机制

缺乏良好的运行机制是影响我国公益广告进一步发展的主要原因之一。我国还没有建立完全捐赠的不带任何营利目的的公益广告运作机制,因此公益广告的策划制作在很大程度上要依靠政府支持,以及广告公司和一些企业的短期投入,而公益广告在媒体的刊发还需依靠行政手段予以规定,在实际的刊播过程中,我们不难发现公益广告还面临商业广告占去了大部分公益广告时段、版面等窘境。和公益广告运作相对比较成熟的国家相比,我国政府介入公益广告运作最多,政府投入也较多,但是,没有建立起市场化运作的良性发展机制,影响了中国公益广告的健康发展。随着公益广告事业的推进,政府部门应当适时地改变调控方式,引导企业成为公益广告的组织主体。在公益广告市场化进程中,吸引企业、广告公司的自主投入,提升企业和广告公司对公益广告制作和传播的能力及热情,必将在一定程度上促进公益广告的有效发展。

第五节　促进公益广告发展的思路

一种成熟的公益广告运行模式通常需要具备以下 4 个基本的要素:一是具有明确的运作主体;二是具有科学合理的运作流程;三是具有稳定的运作资金来源;四是具有配套的监管机制。上海大学的陈辉兴博士曾就电视公益广告的运作模式展开过分析,虽然分析对象仅限于电视公益广告,但是很多观点完全可以为所有类型的公益广告运作提供参考。

一、建立专业化的民间公益广告运作机构

任何一项公益广告活动,都离不开特定的运作主体。因此,构建中国公益广告社会化运行模式,首要的工作就是建立一个专业化的民间公益广告运作机构,并使之成为公益广告活动的运作主体。在中国,公益广告运作机构的建制离不开政府相关主管部门的支持和配合。为了使公益广告运作机构能够顺利地建立起来,应该充分发挥我国政府在协调各方力量和调度相关资源方面所具有的特殊作用。同时,基于长期以来中央宣传部、中央文明办、国家市场监督管理总局、国家广播电视总局、国家新闻出版署等相关政府主管部门在组织开展全国性公益广告活动过程中所形成的特殊地位和号召力,因此,建议由这几个政府主管部门牵头,联合中央和地方各省、自治区、直辖市、计划单列市的媒体单位代表,以及一些热心公益广告事

业的广告公司、企业、社会组织等,组建专业化的公益广告运作机构。另外,这里需要特别说明的是,政府相关主管部门只是参与筹建中国公益广告协会,并不直接介入公益广告活动的具体运作。在中国公益广告协会组建完毕并步入正常的运转轨道之后,政府相关主管部门可以适时地退出,只需从宏观上对其进行有效的监管,以确保中国公益广告协会的独立性和自主性,从而使中国公益广告协会成为真正意义上的民间社会组织。作为一个相对独立的非营利性的民间社会组织,中国公益广告协会以"联合社会各方力量,共同推动中国公益广告事业发展"为宗旨,其基本职能是组织和协调公益广告的运行,主要承担规划公益广告主题、制订公益广告活动计划和方案、组织协调会员单位制作和发布公益广告、筹集公益广告活动经费、组织公益广告赛事测评、开展对外交流和公益广告学术研究、加强行业自律等方面的工作。同时,中国公益广告协会接受广告主管单位——国家市场监督管理总局的监督管理。

在中国公益广告协会建立起来以后,可在全国各省、自治区、直辖市和计划单列市设立分会,形成覆盖全国的组织网络体系。对于中国公益广告协会的具体组织结构,陈辉兴博士也给出了具体的设想。中国公益广告协会的最高权力机构是会员代表大会。在会员代表大会闭会期间,可以由会员代表大会的执行机构——理事会执行大会的决议,行使大会职权,领导协会各机构开展日常工作。理事会设立秘书处,并在秘书长领导下具体处理日常事务。为了保证协会日常工作的正常运转,建议在秘书处下面设置财务部、宣传部、政策法规咨询部、基金管理部、会员管理部、测评部、外联部、公益广告研究中心、公益广告资源管理中心等常设机构,同时,设置非常设的专业委员会,包括由会员广告公司代表组成的创作委员会、由会员媒体代表组成的刊播委员会,以及由广告业界和学界的专家、学者组成的评议委员会。

二、设计科学合理的公益广告运作流程

在建立了中国公益广告协会这一民间公益广告运作机构并把它作为电视公益广告活动的运作主体之后,接下来所要做的就是为中国公益广告协会运作电视公益广告活动设计科学合理的运作流程。对此,可以借鉴美国、日本、韩国等国家的电视公益广告运行模式,并按照"职责清晰、分工明确、协同合作、高效有序"的原则,设计包括主题调查、选定主题并制订活动计划和方案、创意制作、媒体播出、监测评估、评选作品等6个基本的电视公益广告运作环节,具体的运作流程如下。

(一)主题调查

由中国公益广告协会出面委托专业的调研机构负责面向全国开展公益广告主题调查,并根据调查的结果形成相关的调查报告,以便了解公众最为关注的公益主题,从而有针对性地开展电视公益广告活动。

(二)选定主题并制订活动计划和方案

组织召开全国公益广告活动审议会对公益广告主题调查报告进行审议,并选定全国公益广告活动的年度主题。全国公益广告活动审议会的参会人员可以由创作委员会、刊播委员会和评议委员会的代表及各分会的代表所构成。在选定年度主题之后,由全国公益广告活动审议会提出并制订详细的电视公益广告活动计划和实施方案。各分会落实执行电视公益广告活动计划和实施方案。

(三)创意制作

公益广告的创意制作主要由创作委员会具体负责。首先,围绕主题面向全国征集电视

公益广告的创意方案。在征集创意方案的过程中,各分会应予以支持和配合,并层层上报优秀的创意方案;其次,从所征集到的众多创意方案中筛选出最佳的创意方案;最后,由创作委员会中的会员广告公司的代表按照所选定的创意方案进行制作。

(四)媒体播出

主要由刊播委员会具体负责公益广告的播出。在公益广告制作完成之后,一方面,由刊播委员会中的会员媒体单位免费拿出一定的广告时段播出;另一方面,出资购买非会员媒体单位的广告时段进行播出,以扩大公益广告的影响力。无论是免费播出,还是付费播出,都应保证在黄金时段有一定的播出量。同时,在公益广告上都统一署上"中国公益广告协会"。另外,建议政府相关主管部门通过制定相关政策法规以保障中国公益广告协会发布的公益广告在全国各大媒体上具有优先刊播权。

(五)监测评估

监测评估这一环节主要由测评部具体负责。一方面,测评部与专业的统计调研机构合作,对媒体的公益广告播出情况进行监测,以获取相关的统计资料,并形成监播报告;另一方面,对某一阶段的公益广告活动的效果进行调查和评估,形成评估报告,并及时将调查和评估的结果反馈给参与公益广告运作的各专业委员会的负责人。

(六)评选作品

主要由评议委员会具体负责评选作品。一方面,定期对媒体上播出的公益广告进行评比,并从中选送一些优秀的公益广告作品参加国内外各级各类广告大赛;另一方面,围绕相关主题组织开展各种形式的公益广告大赛,并将评选出的优秀公益广告作品免费提供给全国各大媒体播放。

三、建立稳定有效的公益广告筹资机制

无论是机构的日常运转,还是组织开展各项公益广告活动,都需要有一定的资金支持。因此,在明确了公益广告的运作主体并且设计了相应的公益广告运作流程之后,还需要解决公益广告的资金来源问题。这也就给电视公益广告社会化运行模式的构建提出了一个命题,即如何筹集公益广告运行所需的经费?关于公益广告的筹资机制,陈辉兴博士认为应当从两个方面来建设。

(一)设立公益广告发展专项基金

设立公益广告发展专项基金的目的主要是形成一种长效的公益广告社会捐赠机制,从而使电视公益广告筹资行为经常化和规范化。公益广告协会的基金管理部具体负责公益广告发展专项基金的运作,接受社会各界对公益广告活动的捐赠或赞助。基金管理部对公益广告发展专项基金的管理应注重规范、透明,定期公布收支情况,并设立专门的监事对其进行监督,从而保证专款专用,使公益广告发展专项基金连本带利全部用于公益广告事业。同时,公益广告发展专项基金的使用应经过理事会的审核和确定,主要用于维持协会日常工作的正常运转、组织开展各项公益广告活动、支持公益广告的制作和发布、奖励热心公益广告事业的组织单位及个人等。

为了不断扩大公益广告发展专项基金的规模,除了提高筹资能力以保证最大力度筹集资金之外,还应重视通过各种途径实现电视公益广告发展专项基金的有效保值增值。在确

保电视公益广告发展专项基金足以维持公益广告协会的各项开支而且还有大量结余的情况下,同时在规避风险的前提下,从电视公益广告发展专项基金中拿出一部分资金投入一些经营项目,以实现电视公益广告发展专项基金的保值增值。

（二）建立公益广告政府采购制度

陈辉兴博士认为,政府对公益广告活动的资助或拨款行为应形成制度化。由于我国宣传部门、精神文明办、市场监督管理部门、新闻广电部门等政府相关职能部门通常都有一笔用于宣传文化事业的专项资金,因此,建议这些政府相关职能部门从这笔专项资金中每年单列出一定数额的经费用来采购相关主题的公益广告,以资助中国公益广告事业的发展。

四、完善公益广告的法律规制

过去我国公益广告运行面临的困境之一是无法可依,因此,为了使政府对公益广告的监管有法可依,建立完善的公益广告法律法规体系就显得尤为必要。《广告法》可根据现实社会中广告行业的发展进一步加以修订,调整和扩大其适用范围,将公益广告纳入其适用范围,并且明确以下内容:公益广告的主体及其职责、权利、义务;公益广告发布行为(如媒介发布公益广告的数量、时间、频次等方面的规定);公益广告发布内容(如明确规定公益广告中不得出现任何涉及广告主的商品或服务的内容);公益广告法律责任等。2016年,《公益广告促进和管理暂行办法》实施,考虑到法律修改的严格程序,需要较长时间,这部规章成了公益广告监管的主要依据,但从内容来看,这部规章中有关处罚措施的规定稍显不足,只规定"公益广告活动违反本办法规定,有关法律、法规、规章有规定的,由有关部门依法予以处罚;有关法律、法规、规章没有规定的,由有关部门予以批评、劝诫,责令改正",没有具体的相应的惩罚措施,就可能使法规陷于"摆设"的境地。因此,我国公益广告的法律规制仍任重道远,修订完善《公益广告促进和管理暂行办法》也被列为《"十四五"时期广告产业发展规划》的专项工作——公益广告振兴行动的一项重要内容。

> **思考题**

1. 什么是公益广告?
2. 公益广告的特点是什么?
3. 简述我国公益广告的发展历史。
4. 各类媒介的公益广告刊播义务是什么?

第五章　广告活动制度规范

广告活动制度规范是保证广告活动秩序井然、健康运行的一系列关于广告活动主体和客体的行为规范的总和。这些制度规范是广告行政监管机构在监管广告活动的实践过程中逐步产生、完善，并通过法律法规条文的形式固定下来的。广告活动规范制度主要有以下一些内容：广告经营许可制度、广告审查制度、广告证明制度、广告代理制度、广告合同制度、广告业档案制度和违法广告公告制度。

第一节　广告经营许可制度

广告经营许可制度就是广告行业的市场准入制度，也就是常说的广告经营审批制度，包括广告经营者的市场准入门槛和广告发布者的准入门槛。广告业在我国被定义为知识密集型、资金密集型、人才密集型的特殊产业，所以从事广告经营也须具备一定的资质标准，而资质标准不仅是从事广告经营活动的基本资格要求，也是广告监督管理机关对广告经营者、广告发布者进行广告经营审批登记的重要依据，也是广告监督管理机关对广告经营者、广告发布者经营活动进行监督检查的重要内容。《广告法》中对广告经营者资质有一定的要求，第三十二条规定："广告主委托设计、制作、发布广告，应当委托具有合法经营资格的广告经营者、广告发布者。"《广告管理条例》的第六条也对此进行了规定："经营广告业务的单位和个体工商户(以下简称广告经营者)，应当按照本条例和有关法规的规定，向工商行政管理机关申请，分别情况办理审批登记手续：①专营广告业务的企业，发给《企业法人营业执照》；②兼营广告业务的事业单位，发给《广告经营许可证》；③具备经营广告业务能力的个体工商户，发给《营业执照》；④兼营广告业务的企业，应当办理经营范围变更登记。"

一、我国广告经营许可制度的发展变化

(一)2004 年以前我国广告业的市场准入要求

2004 年以前，广告业在我国一直属于前置行政审批项目，也即在办理《营业执照》前需要先进行项目的审批，具体来说就是先取得《广告经营许可证》，才可以办理《营业执照》。1995年，国家工商行政管理局印发的《广告经营者、广告发布者资质标准及广告经营范围核定用语

规范》的通知中,对各类广告经营单位申领《广告经营许可证》规定了相应的资质条件。

1. 各类广告经营者的资质标准

综合型广告企业(包括有限责任公司、股份有限公司、中外合资经营、中外合作经营等经济形式)的资质标准:①有与广告经营范围相适应的经营管理人员、策划设计人员、制作人员、市场调查人员(以上人员均须取得《广告专业技术岗位资格证书》)、财会人员,其中专业人员具有大专以上学历的,不少于从业人数的2/3;②有与广告设计、制作、代理业务相适应的资金、设备和经营场所,注册资本不少于人民币50万元,经营场所不小于100平方米;③有与广告经营范围相适应的经营机构及广告经营管理制度;④有专职广告审查人员。

广告设计、制作企业(兼营广告设计、制作业务的企业比照执行)的资质标准:①有与广告经营范围相适应的经营管理人员、设计人员、制作人员(以上人员均须取得《广告专业技术岗位资格证书》)、财会人员,其中专业人员具有大专以上学历的,不少于从业人员的1/2;②有与广告经营范围相适应的资金、设备、器材和场地,经营场所不小于40平方米,制作场所因广告制作项目而定;③有与广告经营范围相适应的经营机构和广告经营管理制度;④有专职广告审查人员。

个体工商户的资质标准:①户主应当取得《广告专业技术岗位资格证书》,具有与其经营范围相应的学历或从业经历,应当接受过广告法律、法规培训;②有与广告经营范围相适应的资金、设备、器材和场地,经营场所面积不小于20平方米,制作场所因广告制作项目而定。

2. 各类广告发布者的资质标准

新闻媒介单位(利用电视、广播、报纸等新闻媒介发布广告的电视台、广播电台、报社)的资质标准:①有直接发布广告的媒介;②有与广告经营范围相适应的经营管理人员、编审技术人员(以上人员均须取得广告专业技术岗位资格证书)、财会人员和广告经营管理制度;③有专门的广告经营机构和经营场所,经营场所面积不小于20平方米;④有专职广告审查人员;⑤广告费收入单独立账。

具有广告发布媒介的企业、其他法人或经济组织(利用自有或自制音像制品、图书、橱窗、灯箱、场地、霓虹灯等发布广告的出版社、商店、宾馆、体育场、展览馆、影剧院、机场、车站、码头等)的资质标准:①有直接发布广告的媒介;②有与广告经营范围相适应的经营管理人员、专业技术人员(以上人员均须取得《广告专业技术岗位资格证书》)、财会人员和广告经营管理制度;③有专门的广告经营机构和经营场所,经营场所面积不小于20平方米,有相应的广告设计和制作设备;④有专职广告审查人员;⑤广告费收入单独立账。

(二)2004年以后广告业行政审批制度的变化

从以上各类广告经营者和广告发布者的资质要求来看,在2004年以前我国对广告市场的准入设置了较高的门槛。从好的方面来说这样高的门槛对规范广告市场有一定的帮助,毕竟无论是广告经营者还是广告发布者都必须具备相应的资质才可以从事广告业务,无论是经营场地的要求还是工作人员职业资格认定(《广告专业技术岗位资格证书》和《广告审查员证》)都是硬条款。从另一方面来说,较为严格的准入门槛也将一些有志于开展广告业务而自身实力又无法达到要求的经营者拦在广告市场之外,不利于广告业规模的扩大。除了要适应当时因经济快速发展而客观上要求广告行业及时提供配套服务的要求,我国经济的特殊性(中小企业数量多,所需要的广告业务并不都需要大型广告公司来承接)也决定了大量中小广告企业存在的合理性和迫切性。

2004年7月1日《中华人民共和国行政许可法》(以下简称《行政许可法》)实施,该法对之前的行政许可制度做了重大的调整,这次调整成为广告行政审批制度改革的重要契机。2004年《行政许可法》的第十二条规定了行政许可的事项:"①直接涉及国家安全、公共安全、经济宏观调控、生态环境保护以及直接关系人身健康、生命财产安全等特定活动,需要按照法定条件予以批准的事项;②有限自然资源开发利用、公共资源配置以及直接关系公共利益的特定行业的市场准入等,需要赋予特定权利的事项;③提供公众服务并且直接关系公共利益的职业、行业,需要确定具备特殊信誉、特殊条件或者特殊技能等资格、资质的事项;④直接关系公共安全、人身健康、生命财产安全的重要设备、设施、产品、物品,需要按照技术标准、技术规范,通过检验、检测、检疫等方式进行审定的事项;⑤企业或者其他组织的设立等,需要确定主体资格的事项;⑥法律、行政法规规定可以设定行政许可的其他事项。"广告业不属于直接关系到国家安全、公共安全,直接关系人身健康、生命财产安全的行业,此外也不属于有限资源开发、公共资源配置等行业,总之并不属于需要行政许可的事项。另外《行政许可法》的第十三条又指出了能够免于行政许可的事项:"①公民、法人或者其他组织能够自主决定的;②市场竞争机制能够有效调节的;③行业组织或者中介机构能够自律管理的;④行政机关采用事后监督等其他行政管理方式能够解决的。"我国广告业逐步发展成熟,市场竞争调节的作用日益明显,所以根据第十三条第二项规定,广告业可以免于行政许可。

2004年11月30日,国家工商行政管理总局出台《广告经营许可证管理办法》,这部部门规章对《广告经营许可证》的申领对象、申领条件、申请程序等都做了明确的规定,标志着我国广告经营审批制度发生了重大的调整。根据《广告经营许可证管理办法》的规定,申领对象已从过去的广告经营者和广告发布者主要限定为兼营广告业务的广播电台、电视台、报刊出版单位和事业单位,这样一来《广告经营许可证》申领范围缩小了很多,其他的广告经营者只要领取《营业执照》即可开展广告业务,过去严格设定的资质标准也不再是硬性规定了。

2016年11月1日,国家工商行政管理总局发布了《广告发布登记管理规定》,文件中规定,广播电台、电视台、报刊出版单位从事广告发布业务的,应当向所在地县级以上地方工商行政管理部门申请办理广告发布登记。这意味着原先兼营广告业务的"广播电台、电视台、报刊出版单位和事业单位"无须办理《广告经营许可证》,《广告经营许可证》正式退出了历史舞台。根据新规定,广播电台、电视台和报刊出版单位从事广告发布业务要事先向有关部门办理广告发布登记,事业单位也从需要办理广告发布登记的范围中退出了。

2021年4月29日,《全国人民代表大会常务委员会关于修改〈中华人民共和国道路交通安全法〉等八部法律的决定》对《广告法》作出修改,删去了"广播电台、电视台、报刊出版单位从事广告发布业务应当取得广告发布登记许可"的规定。为贯彻落实上述决定,国家市场监督管理总局决定,对2016年11月1日发布的《广告发布登记管理规定》予以废止。2022年5月1日起,广播电台、电视台和报刊出版单位从事广告发布业务不再需要办理广告发布登记。市场监督管理部门对上述单位的广告发布业务从过去的事前审批转化为事中事后监管,督促指导广播电台、电视台、报刊出版单位认真落实主体责任,健全广告发布管理制度,依法依规经营。

二、广告经营许可管理的基本规定

根据《广告法》《广告管理条例》《中华人民共和国市场主体登记管理条例》规定,在中华人民共和国境内以营利为目的从事广告经营活动的自然人、法人及非法人组织[公司、非公司企业法人及其分支机构,个人独资企业、合伙企业及其分支机构,农民专业合作社(联合社)及其分支机构,个体工商户,外国公司分支机构,法律、行政法规规定的其他市场主体]需要办理市场主体登记并取得《营业执照》后方可从事广告经营。

兼营广告业务的以上各类市场主体应当办理经营范围变更登记。

这些年我国广告业规模发展迅速和广告经营许可制度的调整有很大关系。从事广告业务的门槛日益降低,但这不意味着我国对广告行业的监管日益放宽,而是反映了管理思路、管理方式的调整。

第二节　广告审查制度

广告审查制度是指一系列在广告发布前针对广告内容的合法性进行检查的办事规程,包括广告经营者、发布者的事前审查,广告审查机关的事前审查。

一、广告经营者、发布者的事前审查

(一)广告经营者、发布者事前审查的法律规定

1.广告经营者、发布者事前审查的基本规定

《广告法》第三十四条规定:"广告经营者、广告发布者依据法律、行政法规查验有关证明文件,核对广告内容。对内容不符或者证明文件不全的广告,广告经营者不得提供设计、制作、代理服务,广告发布者不得发布。"根据这项规定,广告经营者、广告发布者在广告发布前对内容进行审查,是通过法律的强制性规范、禁止性规范设定的法定义务,也是一项法定制度。审查的范围包括其承办或发布的所有广告,不管是一般性商品和服务还是特殊性商品和服务,均需要事前审查。

2.对大众传播媒介广告审查义务的特别规定

违法广告的泛滥在很多情况下与大众传播媒介(此处所称大众传播媒介是指广播电视播出机构、报纸期刊出版单位及互联网信息服务单位)忽视广告审查义务有很大的关系,为了进一步完善广告审查制度,强化广告审查把关意识,切实落实大众传播媒介广告审查责任,预防和最大限度减少违法广告的发布,整治虚假违法广告专项行动部际联席会议成员单位(国家工商行政管理总局、中宣部、国务院新闻办公室、公安部、监察部、国务院纠风办、工业和信息化部、卫生部、国家广播电影电视总局、新闻出版总署、国家食品药品监督管理局、国家中医药管理局)2012年联合制定了《大众传播媒介广告发布审查规定》。

首先,文件中规定了大众传播媒介的审查程序。由广告审查员负责广告审查的具体工作,广告经营管理部门负责人负责广告复审,分管领导负责广告审核。大众传播媒介的广告经营管理部门负责人、分管领导应当对广告审查员审查通过的广告进行复查、审核。经

复查、审核符合广告法律法规规定的广告,方可发布。

其次,《大众传播媒介广告发布审查规定》对广告审查员的职责和审查程序作了细化的规定。广告审查员的职责包括:①审查本单位发布的广告,提出书面意见;②管理本单位的广告审查档案;③提出改进本单位广告审查工作的意见和建议;④协助处理本单位广告管理的其他有关事宜。广告审查员的审查程序为:①查验各类广告证明文件的真实性、合法性、有效性,对证明文件不全的,要求补充证明文件;②审核广告内容是否真实、合法,是否符合社会主义精神文明建设的要求;③检查广告表现形式和使用的语言文字是否符合有关规定;④审查广告整体效果,确认其不致引起消费者的误解;⑤提出对该广告同意、不同意或者要求修改的书面意见。广告审查员应当主动登录相关政府网站,查询了解相关部门公布的广告批准文件、违法广告公告、广告监测监管等信息。

最后,《大众传播媒介广告发布审查规定》还明确了责任机制。大众传播媒介每年度应当对广告审查员、广告经营管理部门负责人进行广告审查工作绩效考核。对年度内未认真履行广告审查职责,致使违法广告多次发布的,大众传播媒介应当对广告审查员及相关负责人给予批评教育、调离工作岗位等处理。大众传播媒介的行政主管部门应当对不执行广告发布审查规定,导致严重虚假违法广告屡禁不止、广告违法率居高不下、造成恶劣社会影响及后果的大众传播媒介,予以警示告诫、通报批评等处理,依照有关规定追究主管领导和相关责任人的责任。

(二)广告审查员管理制度

1.广告审查员的职责

广告经营者和广告发布者的广告审查主要由广告审查员来执行,国家工商行政管理局在1996年制定了《广告审查员管理办法》。办法中规定,广告经营者、广告发布者设计、制作、代理、发布的广告,应当经过本单位广告审查员书面同意。广告审查员应当履行下列职责:①依照国家法律、法规、行政规章和国家有关规定,审查本单位设计、制作、代理、发布的广告,签署书面意见;②负责管理本单位广告档案;③向本单位的负责人提出改进广告审查工作的意见和建议;④协助本单位负责人处理本单位遵守广告管理法规的相关事宜。广告审查员必须凭证上岗,必须经过培训、测试获得《广告审查员证》后才能上岗。2003年2月,国家工商行政管理总局转变政府职能,改革行政审批制度,改变了82项行政审批项目的管理方式,取消了406项行政审批项目,其中就包括《广告审查员证》和《广告专业技术岗位资格证书》,《广告审查员证书》的取消并不意味着免除了广告经营者和广告发布者的广告审查义务和取消了广告审查员人力配置。针对取消了《广告审查员证》以后,广告经营者和广告发布者如何实施审查的问题,国家工商行政管理总局2004年10月发布了《关于广告审查员管理工作若干问题的指导意见(试行)》,里面有一些具体的指导建议。

2.新形势下的广告审查员制度

《关于广告审查员管理工作若干问题的指导意见(试行)》改变了过去广告审查员管理工作的行政强制性,形成了以指导、引导和倡导方式为特征的新的广告审查员管理工作制度规范。

3.广告审查员的工作内容

意见中提出了广告审查员的工作内容包括以下几个方面:查验各类广告证明文件的真实性、合法性、有效性,对证明文件不全的,提出补充收取证明文件的意见;核实广告内容的真实性、合法性;检查广告形式是否符合有关规定;审查广告整体效果,确认其不致引起消费者的误解;检查广告是否符合社会主义精神文明建设的要求;签署对该广告同意、不同意或者要求修改的书面意见;对于经广告审查机关审查的广告中存在的违反广告管理法规的问题,广告审查员应当签署不同意代理、发布的书面意见,并及时向广告行政管理机关报告,也可以同时向该审查机关提出意见。

4. 广告监督管理机关的指导工作

广告监督管理机关要加强对广告审查员的培训工作。对广告审查员的培训包括定期法规培训、知识更新培训和对违法问题严重的广告经营单位的广告审查员进行集中培训。国家市场监督管理总局负责编写制定全国统一的广告审查员培训教材。各地可将其地方性广告法规作为广告审查员培训、考试的补充内容。培训的方式方法由各地自行决定。对按照统一教材经过定期法规培训或集中培训考试合格者,可以发给《广告审查员培训合格证书》。及时更新培训的内容,包括新颁布的广告法律、法规、规章和有关广告监督管理的规定。市场监督管理机关对于辖区内违法问题严重的广告发布者的广告部门负责人,应当进行广告法规集中培训。

市场监督管理机关对广告审查员的管理包括:①组织广告法规培训;②对广告审查员履行职责的情况,应当及时给予表扬鼓励或者批评教育;③对广告经营单位广告审查员的管理,应当作为广告监管信息化建设的一项基本内容。对辖区内广告审查员的培训、考试、日常审查工作中的违章情况和相关处理记录,应尽可能实行计算机化管理。

二、广告审查机关的事前审查

由于药品、医疗器械、医疗是关乎群众身体健康、生命安危的特殊商品,另外在我国的人口结构中,农业人口占了绝大多数,所以农药和兽药对于这部分人口的生计就有很大的干系,因此,《广告法》第四十六条规定:"发布医疗、药品、医疗器械、农药、兽药和保健食品广告,以及法律、行政法规规定应当进行审查的其他广告,应当在发布前由有关部门(以下称广告审查机关)对广告内容进行审查;未经审查,不得发布。"除了医疗、药品、医疗器械、农药、兽药和保健食品广告之外,其他的法律法规规定应当进行发布前审查的广告还有特殊医学用配方食品广告、农业转基因生物广告等。

广告审查机关的审查任务,是审查发布前广告的合法性,即广告的内容、表现形式、发布程序及媒体是否符合相应的法律要求。具体包括:第一,审查广告主通过广告宣传推销的产品或提供的服务,是否在广告主的经营范围和国家法律许可范围内。广告主自行或者委托他人设计、制作、发布广告,所推销的商品或者提供的服务,必须是以自己有权生产、销售的产品或者有权从事的服务活动为前提。否则,就等于欺骗了广告受众。同时,也是否定了国家对其经营范围的约束力。第二,审查广告的表现形式和内容、发布的媒体是否符合法律规定,主要是指广告的语言、文字、画面等是否符合法律要求,以及广告发布的媒体是否为法律所禁止。第三,审查广告的发布程序是否符合法律规定。这是指应经有关行政主管部门审查批准的广告,在发布前是否办理了审查批准手续。

(一)药品、医疗器械、保健食品、特殊医学用途配方食品广告的审查

有关药品、医疗器械、保健食品、特殊医学用途配方食品广告审查的具体规章是由国家市场监督管理总局于 2019 年 12 月 24 日公布的《药品、医疗器械、保健食品、特殊医学用途

配方食品广告审查管理暂行办法》。

1.药品、医疗器械、保健食品、特殊医学用途配方食品广告的审查机关

国家市场监督管理总局负责组织指导药品、医疗器械、保健食品和特殊医学用途配方食品广告审查工作。各省、自治区、直辖市市场监督管理部门、药品监督管理部门负责药品、医疗器械、保健食品和特殊医学用途配方食品广告审查,依法可以委托其他行政机关具体实施广告审查。

根据规定,药品、医疗器械、保健食品和特殊医学用途配方食品广告中只宣传产品名称(含药品通用名称和药品商品名称)的,不再对其内容进行审查。

2.药品、医疗器械、保健食品、特殊医学用途配方食品广告审查的申请人

根据规定,药品、医疗器械、保健食品和特殊医学用途配方食品注册证明文件或者备案凭证持有人及其授权同意的生产、经营企业为广告申请人(以下简称申请人)。申请人可以委托代理人办理药品、医疗器械、保健食品和特殊医学用途配方食品广告审查申请。申请人可以到广告审查机关受理窗口提出申请,也可以通过信函、传真、电子邮件或者电子政务平台提交药品、医疗器械、保健食品和特殊医学用途配方食品广告申请。

3.药品、医疗器械、保健食品、特殊医学用途配方食品广告审查的申请程序

药品、医疗器械、保健食品、特殊医学用途配方食品广告审查申请应当依法向生产企业或者进口代理人等广告主所在地广告审查机关提出。

申请药品、医疗器械、保健食品、特殊医学用途配方食品广告审查,应当依法提交《广告审查表》、与发布内容一致的广告样件,以及下列合法有效的材料:申请人的主体资格相关材料,或者合法有效的登记文件;产品注册证明文件或者备案凭证,注册或者备案的产品标签、说明书及生产许可文件;广告中涉及的知识产权相关有效证明材料;经授权同意作为申请人的生产、经营企业,还应当提交合法的授权文件;委托代理人进行申请的,还应当提交委托书和代理人的主体资格相关材料;另外,如果待审查的药品广告中出现了互联网平台信息(网站名称或具体网址等),依据《互联网药品信息服务管理办法》相关规定,提供互联网药品信息服务的网站需要取得由省、自治区、直辖市的药品监督管理部门核发的《互联网药品信息服务资格证书》,该证书是网站能否提供药品信息服务的资质证明,因此审查材料中还包括《互联网药品信息服务资格证书》复印件。

4.药品、医疗器械、保健食品、特殊医学用途配方食品广告的审查程序

首先,广告审查机关收到申请人提交的申请后,应当在5个工作日内作出受理或者不予受理决定。申请材料齐全、符合法定形式的,应当予以受理,出具《广告审查受理通知书》。申请材料不齐全、不符合法定形式的,应当一次性告知申请人需要补正的全部内容。

其次,广告审查机关应当对申请人提交的材料进行审查,自受理之日起10个工作日内完成审查工作。经审查,对符合法律、行政法规和本办法规定的广告,应当作出审查批准的决定,编发广告批准文号。对不符合法律、行政法规和本办法规定的广告,应当作出不予批准的决定,送达申请人并说明理由,同时告知其享有依法申请行政复议或者提起行政诉讼的权利。

最后,经审查批准的药品、医疗器械、保健食品和特殊医学用途配方食品广告,广告审查机关应当通过本部门网站及其他方便公众查询的方式,在10个工作日内向社会公开。公开的信息应当包括广告批准文号、申请人名称、广告发布内容、广告批准文号有效期、广

告类别、产品名称、产品注册证明文件或者备案凭证编号等内容。经广告审查机关审查通过并向社会公开的药品广告,可以依法在全国范围内发布。

5. 药品、医疗器械、保健食品和特殊医学用途配方食品广告批准文号的有效期

药品、医疗器械、保健食品和特殊医学用途配方食品广告批准文号的有效期与产品注册证明文件、备案凭证或者生产许可文件最短的有效期一致。

产品注册证明文件、备案凭证或者生产许可文件未规定有效期的,广告批准文号有效期为 2 年。当前我国《药品注册证》《医疗器械注册证》《保健食品注册证》《特殊医学用途配方食品注册证》的有效期都为 5 年,《药品生产许可证》《医疗器械生产许可证》《食品生产许可证》的有效期也是 5 年。这意味着药品、医疗器械、保健食品和特殊医学用途配方食品的广告批准文号最长可有 5 年的有效期。

6. 药品、医疗器械、保健食品和特殊医学用途配方食品广告批准文号的注销

申请人有下列情形的,不得继续发布经审查批准的广告,并应当主动申请注销药品、医疗器械、保健食品和特殊医学用途配方食品广告批准文号:主体资格证照被吊销、撤销、注销的;产品注册证明文件、备案凭证或者生产许可文件被撤销、注销的;法律、行政法规规定应当注销的其他情形。广告审查机关发现申请人有前述情形的,应当依法注销其药品、医疗器械、保健食品和特殊医学用途配方食品的广告批准文号。

另外,广告主、广告经营者、广告发布者应当严格按照审查通过的内容发布药品、医疗器械、保健食品和特殊医学用途配方食品广告,不得进行剪辑、拼接、修改。已经审查通过的广告内容需要改动的,应当重新申请广告审查。

7. 异地发布药品广告的备案规定

根据 2019 年最新修订的《中华人民共和国药品管理法实施条例》第四十八条规定:"在药品生产企业所在地和进口药品代理机构所在地以外的省、自治区、直辖市发布药品广告的,发布广告的企业应当在发布前向发布地省、自治区、直辖市人民政府药品监督管理部门备案。"

8. "三品一械"广告审查程序的"一网通办"

2020 年国务院政府工作报告中提出,推动更多政务服务事项一网通办。"一网通办"是指打通不同政府部门的信息系统,把政务数据归集到一个功能性平台,群众只需操作一个办事系统,从而解决"办不完的手续、盖不完的章、跑不完的路"等问题。目前为止,已经有很多地区实现了"三品一械"广告审查的"一网通办"和"跨省通办"。例如浙江省的"三品一械"广告审查申请人可登录浙江政务服务网(http://www.zjzwfw.gov.cn),搜索"药品广告许可"(或"医疗器械广告许可""保健食品广告审查"),点击"在线办理",或直接登录浙企通平台(http://sbfl.zjamr.zj.gov.cn)办理申请,在线查看审查进度与结果,在线自助打印审查通过批件。省外"三品一械"广告备案申请也可全程网办。企业可登录浙江政务服务网(http://www.zjzwfw.gov.cn),搜索"药品广告备案"(或"医疗器械广告备案""保健食品广告备案"),点击"在线办理",或直接登录浙企通平台(http://sbfl.zjamr.zj.gov.cn)办理申请,在线查看备案进度与结果,在线自助打印备案凭证。上海市自 2020 年 3 月 1 日起,实行"三品一械"广告申请、审查全程网上办理。本市"三品一械"广告申请人可通过上海"一网通办"门户网站(zwdt.sh.gov.cn)提交申请,在线服务平台提供办事指南、进度跟踪、结果反馈等全流程一体化服务,审批决定可在智能终端远程下载,实现办理全程"零跑

动""无纸化"。

（二）农药广告的审查

有关农药广告审查的具体规章是 2015 年 12 月 24 日国家工商行政管理总局令第 81 号发布的《农药广告审查发布标准》。2020 年 10 月 23 日国家市场监督管理总局令第 31 号《国家市场监督管理总局关于修改部分规章的决定》将《农药广告审查发布标准》名称修改为《农药广告审查发布规定》。

1. 农药广告及其审查机关

凡利用各种媒介或形式发布关于防治农、林、牧业病、虫、草、鼠害和其他有害生物（包括病媒害虫），以及调节植物、昆虫生长的农药广告，均应当进行审查。

国务院农业行政主管部门和省、自治区、直辖市行政主管部门在同级广告监督管理机关的指导下，对农药广告进行审查。通过重点媒介发布的农药广告和境外生产的农药的广告，须经国务院农业行政主管部门审查批准，并取得农药广告审查批准文号后，方可发布。其他农药广告，须经广告主所在地省级农业行政主管部门审查批准；异地发布，须向广告发布地省级农业行政主管部门备案后，方可发布。

2. 农药广告审查的申请程序

申请农药广告审查，可以委托农药经销者或者广告经营者办理。

申请审查境内生产的农药的广告，应当填写《农药广告审查表》，并提交下列证明文件：①农药生产者和申请人的《营业执照》副本及其他生产、经营资格的证明文件；②《农药生产许可证》或《农药生产准产证》；③《农药登记证》、产品标准号、农药产品标签；④法律、法规规定的及其他确认广告内容真实性的证明文件。

申请审查境外生产的农药的广告，应当填写《农药广告审查表》，并提交下列证明文件及相应的中文译本：①农药生产者和申请人的《营业执照》副本或其他生产、经营资格的证明文件；②中华人民共和国农业行政主管部门颁发的《农药登记证》、农药产品标签；③法律、法规规定的及其他确认广告内容真实性的证明文件。提供以上规定的证明文件复印件，须由原出证机关签章或者出具所在国（地区）公证机关的证明文件。

3. 农药广告的审查程序

初审，农药广告审查机关对申请人提供的证明文件的真实性、有效性、合法性、完整性和广告制作前文稿的真实性、合法性进行审查。在受理广告申请之日起 7 日内做出初审决定，并发给《农药广告初审决定通知书》。

终审，申请人凭初审合格决定，将制作的广告作品送交原农药广告审查机关进行终审，农药广告审查机关在受理之日起 7 日内做出终审决定。对终审合格者，签发《农药广告审查表》，并发给农药广告审查批准文号。对终审不合格者，应当通知广告申请人，并说明理由。

广告申请人可以直接申请终审。广告审查机关应当在受理申请之日起 10 日内，作出终审决定。

农药广告审查机关应当将通过终审的《农药广告审查表》送同级广告监督管理机关备查。

农药广告审查批准文号的有效期为 1 年。

4.农药广告的复审程序

经审查批准的农药广告,有下列情况之一的,原广告审查机关应当调回复审:①在使用中对人畜、环境有严重危害的;②国家有新的规定的;③国家农药广告审查机关发现省级广告审查机关的审查不妥的;④广告监督管理机关提出复审建议的;⑤广告审查机关认为应当复审的其他情况。

经审查批准的农药广告,有下列情况之一的,应当重新申请审查:①农药广告审查批准文号有效期届满;②农药广告内容更改。

复审期间,广告停止发布。

5.农药广告审查批准文号的作废

经审查批准的农药广告,有下列情况之一的,由原广告审查机关收回《农药广告审查表》,其广告审查批准文号作废:①该农药产品被撤销《农药登记证》《农药生产许可证》或《农药生产准产证》;②发现该农药产品有严重质量问题;③要求重新申请审查而未申请或者重新申请审查不合格;④广告监督管理机关已立案进行查处。

广告审查批准文号作废后,农药广告审查机关应当将有关材料送同级广告监督管理机关备查。

(三)兽药广告的审查

有关兽药广告审查的具体规章是1998年12月修订的《兽药广告审查办法》(1995年4月7日国家工商行政管理局、农业部令第29号公布,1998年12月22日国家工商行政管理局、农业部令第88号修订)。

1.兽药广告及其审查机关

凡利用各种媒介或者形式发布用于预防、治疗、诊断畜禽等动物疾病,有目的地调节其生理机能并规定作用、用途、用法、用量的物质(含饲料药物添加剂)的广告,包括企业产品介绍材料等,均属于需要审查的兽药广告。

国务院农牧行政管理机关和省、自治区、直辖市农牧行政管理机关(以下简称省级农牧行政管理机关),在同级广告监督管理机关的监督指导下,对兽药广告进行审查。利用重点媒介发布的兽药广告,以及保护期内新兽药、境外生产的兽药的广告,须经国务院农牧行政管理机关审查,并取得广告审查批准文号后,方可发布。其他兽药广告须经生产所在地的省级农牧行政管理机关审查,并取得广告审查批准文号后,方可发布。须在异地发布的兽药广告,须持所在地农牧行政管理机关审查的批准文件,经广告发布地的省级农牧行政管理机关换发广告发布地的兽药广告批准文号后,方可发布。

2.兽药广告审查的申请程序

申请兽药广告审查,可以委托中国的兽药经销者或者广告经营者代为办理。

申请审查境内生产的兽药的广告,应当填写《兽药广告审查表》,并提交下列证明文件:①生产者的《营业执照》副本及其他生产、经营资格的证明文件;②农牧行政管理机关核发的兽药产品批准文号文件;③省级兽药监察所近期(3个月内)出具的产品检验报告单;④经农牧行政管理机关批准、发布的兽药质量标准,产品说明书;⑤法律、法规规定的及其他确认广告内容真实性的证明文件。

申请审查境外生产的兽药的广告,应当填写《兽药广告审查表》,并提交以下证明文件及相应的中文译本:①申请人及生产者的《营业执照》副本或者其他生产、经营资格的证明文件;②《进口兽药登记许可证》;③该兽药的产品说明书;④境外兽药生产企业办理的《兽药广告委托书》;⑤中国法律、法规规定的及其他确认广告内容真实性的证明文件。提交以上规定的证明文件的复印件,应当由原出证机关签章或者出具所在国(地区)公证机构的公证文件。

3.兽药广告的审查程序

第一,兽药广告审查机关对申请人提供的证明文件的真实性、有效性、合法性、完整性和广告制作前文稿的真实性、合法性进行审查,并于受理申请之日起10日内做出初审决定,发给《兽药广告初审决定通知书》。

第二,广告申请人凭初审合格决定,将制作的广告作品送交原广告审查机关,广告审查机关在受理之日起10日内做出终审决定。对终审合格者,签发《兽药广告审查表》及广告审查批准号;对终审不合格者,应当通知广告申请人,并说明理由。

第三,广告申请人可以直接申请终审,广告审查机关应当在受理审查之日起15日内做出终审决定。

第四,兽药广告审查机关应当将带有广告审查批准号的《兽药广告审查表》寄送同级广告监督管理机关备查。

兽药广告审查批准号的有效期为1年。

4.兽药广告的复审程序

经审查批准的兽药广告,有下列情况之一的,广告审查机关可以调回复审:①该兽药在使用中发生畜禽死亡并造成一定经济损失的;②兽药广告审查依据发生变化的;③兽药产品标准发生变化的;④国务院农牧行政管理机关认为省级农牧行政管理机关的批准决定不妥的;⑤广告监督管理机关或者发布地省级农牧行政管理机关提出复审建议的;⑥广告审查机关认为应当调回复审的其他情况。复审期间,广告停止发布。

5.兽药广告审查批准文号的作废

经审查批准的兽药广告,有下列情况之一的,原广告审查机关应当收回《兽药广告审查表》,其广告审查批准号作废:①兽药生产、经营者被吊销《兽药生产许可证》或《兽药经营许可证》的;②兽药产品在使用中发生严重问题而被撤销生产批准文号的;③被国家列为淘汰或者禁止生产、使用的兽药产品的;④兽药广告审查批准号有效期内,经国务院农牧行政管理机关统计兽药抽检不合格次数累计达3批次以上的;⑤广告复审不合格的;⑥应当重新申请审查而未申请或者重新审查不合格的。

(四)医疗广告的审查

有关医疗广告审查的具体规定见国家工商行政管理总局、卫生部于2006年发布的《医疗广告管理办法》。

1.医疗广告及其审查机关

医疗广告,是指利用各种媒介或者形式直接或间接介绍医疗机构或医疗服务的广告。医疗机构在其法定控制地带标示仅含有医疗机构名称的户外广告,无须申请医疗广告审查和户外广告登记。

医疗机构发布医疗广告,应当向其所在地省级卫生行政部门申请广告审查,中医、中西医结合、民族医疗机构发布医疗广告,应当向其所在地省级中医药管理部门申请广告审查。

2.医疗广告审查的申请程序

医疗机构发布医疗广告,应当向其所在地省级卫生行政部门申请,中医、中西医结合、民族医疗机构发布医疗广告,应当向其所在地省级中医药管理部门申请并提交以下材料:①《医疗广告审查申请表》;②《医疗机构执业许可证》副本原件和复印件,复印件应当加盖核发《医疗机构执业许可证》的卫生行政部门公章;③医疗广告成品样件。电视、广播广告可以先提交镜头脚本和广播文稿。

医疗广告内容需要改动或者医疗机构的执业情况发生变化,与经审查的医疗广告成品样件内容不符的,医疗机构应当重新提出审查申请。

3.医疗广告的审查程序

首先,省级卫生行政部门、中医药管理部门对材料齐全的申请者应当自受理之日起 20日内对医疗广告成品样件内容进行审查。卫生行政部门、中医药管理部门需要请有关专家进行审查的,可延长 10 日。

其次,对审查合格的医疗广告,省级卫生行政部门、中医药管理部门发给《医疗广告审查证明》,并将通过审查的医疗广告样件和核发的《医疗广告审查证明》予以公示;对审查不合格的医疗广告,应当书面通知医疗机构并告知理由。

《医疗广告审查证明》的有效期为 1 年。到期后仍需继续发布医疗广告的,应重新提出审查申请。

4.医疗广告批准文号的撤销

医疗机构篡改《医疗广告审查证明》内容发布医疗广告的,省级卫生行政部门、中医药管理部门应当撤销《医疗广告审查证明》,并在一年内不受理该医疗机构的广告审查申请。省级卫生行政部门、中医药管理部门撤销《医疗广告审查证明》后,应当自作出行政处理决定之日起 5 个工作日内通知同级广告行政管理机关,广告行政管理机关应当依法予以查处。

(五)农业转基因生物广告的审查

根据《农业转基因生物安全管理条例》第二十九条规定:"农业转基因生物的广告,应当经国务院农业行政主管部门审查批准后,方可刊登、播放、设置和张贴。"

1.农业转基因生物广告中的农业转基因生物的指涉范围

农业转基因生物,是指利用基因工程技术改变基因组构成,用于农业生产或者农产品加工的动植物、微生物及其产品,主要包括转基因动植物(含种子、种畜禽、水产苗种)和微生物;转基因动植物、微生物产品;转基因农产品的直接加工品;含有转基因动植物、微生物或者其产品成分的种子、种畜禽、水产苗种、农药、兽药、肥料和添加剂等产品。

凡是对以上所述产品进行广告宣传,必须经过国务院农业行政主管部门审查批准后才能刊播。

2.农业转基因生物广告的受理条件

首先,广告中的转基因生物已经依法获得批准上市(即取得《农业转基因生物安全证书》),包括已经取得《农药登记证》《肥料登记证》《农作物种子生产经营许可证》《饲料或饲料添加剂登记证》《兽药登记证》《兽药注册证书》《水产苗种生产经营许可证》等。

其次,农业转基因生物广告审查的申请人必须是农业转基因生物批准文件(《农业转基因生物安全证书》)的持有者或者其委托的公民、法人和其他组织。

3.农业转基因生物广告审查流程

(1)申请人填写《农业转基因生物广告审查申请表》。

(2)发布地省级农业农村行政主管部门出具意见。

(3)在农业农村部政务服务大厅相关行业窗口提交申请,形式审查合格的予以受理。

(4)农业农村部相关行业司局进行审批。

三、当前我国广告审查制度存在的问题及建议

广告违法现象并未因广告审查制度的实施而发生本质上的变化,广告误导、虚假乃至欺诈依然大量存在。就广告审查制度本身来看,其中原因是多方面的:有广告审查机构工作人员专业水平不高或工作马虎的原因;有审查人员玩忽职守甚至徇私枉法的原因;还有虽经审查,但并未按"广告审查批准文件"规定的内容执行的原因。然而,更重要的是制度运行过程中存在难以回避的矛盾。

（一）当前我国广告审查制度存在的问题

1."双轨制"审查制度的局限

2020 年 10 月,上海市市场监督管理局发布了一则对国内某知名乳业企业的广告处罚通报。该企业于 2018 年 6 月至 2020 年 4 月之间通过其官网发布了 2020 年公司战略规划宣传视频广告,广告中出现了中国地图,经上海市规划和自然资源局核定,该广告中的中国地图未将我国领土表示完整、准确,违反了《广告法》相关条款。类似这样因在广告中存在地图标识错误而被处罚的例子并不少见,含有"问题地图"的违法广告频繁出现,一方面与一些商家及广告从业人员国家版图意识不强有关,另一方面也与我国当前的广告审查制度有关。我国《广告法》确立了"双轨制"的广告审查制度,即一般商品和服务广告,由广告商、媒体的广告审查员进行自我审查;《广告法》及相关法规列举的特殊商品和服务广告,由主管部门实施行政许可并进行审查监管。作为违法广告的事前防范措施,广告审查制度承载着信息过滤、预防损害、节约社会成本及维护公共利益等制度功能。"双轨制"将绝大多数商品广告和服务广告排除在了行政审查之外,而由行业内部自律来实现内容的合法化。然而通览这几年国家市场监督管理总局发布的各类广告监测报告,违法广告的总体形势并不乐观,这反映了广告审查制度的设计是有缺陷的:一方面行业自律并没有起到遏制作用;另一方面,行政审查又仅限于几类特殊商品和服务的广告。

2.广告经营者、发布者自查的局限性

由于广告审查制度设计中将绝大多数的广告审查寄托于广告经营者和广告发布者的自查,然而追求经济利益至上的部分广告经营者和广告发布者无视法律规定的审查义务,成为违法广告的制造者和发布者。

从世界发达国家的广告管理经验及发展趋势看,随着制度的完善和经营者自身素质的不断提高,广告行为的规范和调控越来越注重行业自律、经营者自律。大部分广告行为在法律规定的范围内,靠行业内部的制约、规范及经营者自身的守法来进行。如日本的广告行业组织,有着很强的凝聚力和很高的威信,它甚至拥有对某些违法和损害其他经营者行为的裁判权和处罚权,成为广告审查监督的重要力量。另外,在西方广告业发达国家,由各类广告主体自行成立组织,如广告主协会、广告商协会、广告媒体协会等,也都行使着广告审查的职责,形成了一套自律化、社会化的审查监督体系,这些都可以为我们所借鉴。

（二）完善广告审查制度的建议

早在 1993 年 7 月，由国家工商行政管理局广告司、国家计划委员会制定的《关于加强广告业发展的规划纲要》中，就已将"改革广告审查制度、完善广告监督体系"作为我国广告业发展的目标和任务之一，要求"到 2000 年，对电视、广播、报刊和户外等媒介发布的广告全部实行发布前审查"。同年，国家工商行政管理局颁布了《关于设立广告审查机构的意见》和《广告审查标准》(试行)，对广告审查机构的设立、构成、运行方式、开办费用来源和各类广告审查标准等方面进行了规定，对我国广告审查制度的建设具有积极的指导意义。但是由于种种原因，这种拟议中的广告审查制度并没有真正建立起来，现行的广告审查制度又存在诸多的缺陷，鉴于此，很多学者针对完善广告审查制度展开了分析研究，提出了一些完善我国广告审查制度的建议。这些建议其实最终都指向一个方向，就是建立一个独立的广告审查机构。在众多研究者中，武汉大学新闻与传播学院的周茂君较为详细地分析了建立独立广告审查制度的重要意义和建构的细节问题。

第一，广告审查机构应该具有独立地位。所谓广告审查机构的独立地位，是指广告审查机构的设置和广告审查工作应该具有相对的独立性，以区别于广告管理机关的行政管理行为。换言之，新建立的广告审查制度与现行的由有关行政主管部门审查药品、医疗器械、农药和兽药等特殊商品广告的做法应该有所区别。这涉及对广告审查机构及其审查工作的定位，其定位不在管理而在服务，即向广告审查对象提供广告审查服务。因此政府职能部门在为广告审查机构及其审查工作定位时，不能将其纳入广告管理机关的行政管辖范围，并在其直接领导下开展工作；而应该给予其相应的独立地位和独立性，并让其在广告管理机关的监督、指导下开展广告审查工作。这样，广告管理机关虽然不直接对广告进行审查，但却可以通过监督、指导广告审查机构的工作，控制广告审查环节，将广告管理工作扩展到广告发布前，从而使广告管理机关对此前广告单一、被动的事后监督变为对其包括事前、事中和事后全过程运行机制的管理。

第二，由政府职能部门赋予广告审查机构权威性。政府职能部门应该赋予广告审查机构审查广告的职能，规定在中华人民共和国境内通过广播、电视、电影、报纸、杂志、户外和网络等媒体刊播的任何广告，都必须由相应的广告审查机构审查；它所出具的证明文件具有法律效力，无论广告主、广告经营者，还是广告媒体，都应无条件地服从。一则广告一旦通过广告审查机构的审查，就可以凭借其出具的广告审查合格证明，在一定时期内在全国相应的媒体上刊播；反之，则任何媒体都不能刊播。同时，广告审查机构也应该本着对社会公众负责的态度，实施广告发布前的审查工作，以客观、公正、高效的服务，树立自己在广告行业的权威性。

第三，广告审查机构的构成应科学、合理。广告审查机构的构成应该坚持科学、合理的原则，应该吸收广告管理机关、广告行业组织、广告经营单位、消费者协会和社会公众的代表，进入广告审查机构，参与广告审查工作，尽量使广告审查结果公正、客观。

第四，制定严密的广告审查标准、规定严格的广告审查程序。广告审查标准是广告审查机构开展广告审查工作的主要依据，因此，国家立法部门和有关职能部门应该根据广告业发展实际，制定严密的广告审查标准。这种广告审查标准既不能超越广告业的发展实际而过分超前，又不能忽视广告业的发展现实而太过滞后，它的好坏或严密与否是广告审查工作能否成功开展的基础。与此同时，国家立法部门和政府有关职能部门还应对广告审程序作出严格的规定,要求广告审查机构的广告审查工作必须按照严格的法律程序,依法进行,这是保证广告审查结果客观、公正的前提。

第五,广告审查机构的经费来源公开。广告审查机构的经费来源公开,是指广告审查机构的开办费和日常审查工作经费主要通过收取广告审查费解决,其来源公开,拒绝接受被审查对象及其相关企业的捐赠,以增加广告审查工作的透明度。这就使广告审查机构在经济利益上同被审查对象脱了钩,能够以一种比较超脱的面目出现,并站在客观、公正的立场上,以对社会公众负责的态度,把好广告审查这一关。

第六,对广告审查责任作出严格规定。任何法律都讲究权利与义务的平衡,广告审查也一样。广告审查机构在享受国家法律赋予的权利的同时,还应承担相应的义务。若它未依法审查广告或审查不严,就出具相应的广告审查合格证明,致使虚假或违法广告得以刊播,对社会造成极坏的影响,对消费者造成伤害,则应分不同情况承担相应的行政、民事或刑事法律责任。

第三节　广告证明制度

《广告法》第三十四条第二款明确规定:"广告经营者、广告发布者依据法律、行政法规查验有关证明文件,核对广告内容。对内容不符或者证明文件不全的广告,广告经营者不得提供设计、制作、代理服务,广告发布者不得发布。"广告证明制度是为保证广告内容真实、合法而确立的一项重要法律制度和管理制度。其基本内容包括广告证明种类,广告证明提交、交验、收取和查验,广告证明出具机关,广告证明有效要件4个方面。

一、广告证明制度概述

(一)广告证明的分类

广告证明分为两类,一类是主体资格证明,一类是广告内容真实合法的证明。

1. 主体资格证明文件

《广告法》规定广告经营者、广告发布者承接广告业务时,要查验相关证明文件,首先要查验的就是各类市场主体证明文件。根据2021年8月24日公布的《中华人民共和国市场主体登记管理条例》的相关规定,各类市场主体委托广告经营者和广告发布者办理广告业务时应当提交的主体资格证明文件有:①以公司、非公司企业法人及其分支机构为市场主体身份的广告主应当交验法人《营业执照》、分支机构《营业执照》。②以个人独资企业、合伙企业及其分支机构为市场主体身份的广告主要交验个人独资企业《营业执照》、个人独资企业分支机构《营业执照》、合伙企业《营业执照》、合伙企业分支机构《营业执照》。③以农民专业合作社(联合社)及其分支机构为市场主体身份的广告主要交验农民专业合作社《营业执照》、农民专业合作社分支机构《营业执照》。④以外国公司分支机构为市场主体身份的广告主要提交外国公司分支机构《营业执照》。⑤以个体工商户为市场主体身份的广告主要交验个体工商户《营业执照》。此外,如果广告主为团体、事业单位、民办非企业单位则需交验《事业单位法人证书》《社会团体法人登记证书》《民办非企业法人登记证书》。

2.广告内容真实合法的证明

《广告法》第四条第二款规定:"广告主应当对广告内容的真实性负责。"这意味着和其他广告活动主体相比,广告主是广告内容真实性的第一负责人,而且广告主对广告内容的真实性负有举证义务,并承担因广告真实性举证不能而带来的后果。

有关广告内容真实的证明主要有以下几类:①标明质量标准的广告,根据《广告管理条例》第十一条规定:"标明质量标准的商品广告,应当提交省辖市以上标准化管理部门或者经计量认证合格的质量检验机构的证明。"②标明专利的广告,根据《广告法》和《广告管理条例》规定,广告中涉及专利产品或者专利方法的,应当提交国家专利管理部门出具的专利证书。③使用他人名义、形象的广告,根据《广告法》第三十三条规定:"使用他人名义或形象,应当事先取得其书面同意;使用无民事行为能力人、限制民事行为能力人的名义、形象的,应当事先取得其监护人的书面同意。"④使用数据、统计资料、调查结果、文摘、引用语的广告,根据《广告法》第十一条规定:"广告使用数据、统计资料、调查结果、文摘、引用语,应当真实、准确,并表明出处。"⑤标明注册商标的广告,根据规定应当提交国家知识产权局商标局颁发的商标注册证。⑥实施生产许可证制度的产品广告,应当提交生产许可证。

(二)广告证明的要件

广告证明必须具备一定的要件才具有法律上的证明力。这些要件是:①证明出具机关合法。只有对广告内容所涉及事项有行政管理权的国家机关或其授权单位出具的证明具有证明力。其他机关出具的广告证明不具有法律上的证明力。②广告证明的内容合法。广告证明的内容必须符合我国法律、法规,否则即使证明的内容是真实的,证明也是无效的。③广告证明与广告内容有直接的联系。如果没有直接关系,广告证明无效。④广告证明的适用范围有效,指广告证明持有者必须具有持有该广告证明的合法身份,广告证明的时间和地域范围与广告证明文件所载时间和地域范围相一致。广告证明如果超出其有效时间和地域范围,证明持有人提交的广告证明是伪造、盗用或通过其他非法手段得到的,广告证明无效。广告经营者在收取和查验广告证明时,必须对广告证明文件的有效性同时进行审查。广告证明无效的,应拒绝承办。否则,要承担相应的法律责任。

二、特殊商品或服务的广告证明

(一)食品广告

广告主发布食品广告,根据《广告法》和《中华人民共和国食品安全法》(以下简称《食品安全法》),应当具有或者提供下列真实、合法、有效的证明文件:①《营业执照》;②《卫生许可证》;③保健食品广告,应当具有或者提供国务院卫生行政部门核发的《保健食品注册证书》《进口保健食品注册证书》;④特殊医学用途配方食品广告,应当具有《特殊医学用途配方食品注册证》;⑤婴幼儿配方乳粉产品广告,应当具备《婴幼儿配方乳粉产品配方注册证》;⑥新资源食品广告应当具有或者提供国务院卫生行政部门的新资源食品试生产卫生审查批准文件或者新资源食品卫生审查批准文件;⑦进口食品广告,应当具有或者提供输出国(地区)批准生产的证明文件,口岸进口食品卫生监督检验机构签发的卫生证书、中文标签;⑧关于广告内容真实性的其他证明文件。

(二)药品广告

广告主发布药品广告,根据《广告法》及相关的法律法规,应当提交以下真实、有效、合法的证明文件:①《营业执照》;②《药品生产许可证》或者《药品经营许可证》;③药品批准证明文件;④《药品广告审批表》。

(三)医疗器械广告

广告主发布医疗器械广告,根据相关法律法规的规定,应当提交下列真实、有效、合法的证明文件:①《营业执照》;②《医疗器械生产企业许可证》或者《医疗器械经营企业许可证》;③《医疗器械产品注册证书》;④《医疗器械广告审查表》。

(四)医疗广告

广告主发布医疗广告,根据相关法律法规的规定,应当提交下列有效、合法、真实的证明文件:《医疗机构执业许可证》和《医疗广告证明》。

(五)化妆品广告

广告主发布化妆品广告,根据《广告法》《化妆品监督管理条例》《化妆品注册备案管理办法》《化妆品生产经营监督管理办法》,应当提交下列证明文件:①广告主的《营业执照》;②《化妆品生产企业卫生许可证》;③《化妆品生产许可证》;④特殊化妆品(用于染发、烫发、祛斑美白、防晒、防脱发的化妆品及宣称新功效的化妆品)需交验特殊化妆品注册证;⑤普通化妆品(特殊化妆品之外的为普通化妆品)需交验非特殊用途化妆品备案凭证;⑥如果广告中的化妆品中含有在我国境内首次使用的具有防腐、防晒、着色、染发、祛斑美白功能的化妆品新原料,须交验化妆品新原料注册证,含有其他化妆品新原料则须交验化妆品新原料备案凭证。

(六)农业转基因生物广告

广告主发布农业转基因生物广告,根据《广告法》《转基因生物安全管理条例》,应当提交以下证明文件:①广告主的《营业执照》;②《农业转基因生物安全证书》;③广告宣传对象是基因植物种子、种畜禽、水产苗种,则应当提交国务院农业行政主管部门颁发的种子、种畜禽、水产苗种《生产许可证》和《经营许可证》;④广告宣传对象是含有转基因动植物、微生物或者其产品成分的农药、兽药、肥料和添加剂等产品,则应提交《农药登记证》《兽药登记证》《肥料登记证》《添加剂登记证》。

(七)房地产广告

广告主发布房地产广告,根据《广告法》和《房地产广告发布暂行规定》,应当提交下列证明文件:①房地产开发企业、房地产权利人、房地产中介服务机构的《营业执照》或者其他主体资格证明;②建设主管部门颁发的房地产开发企业资质证书;③土地主管部门颁发的项目土地使用权证明;④工程竣工验收合格证明;⑤发布房地产项目预售、出售广告,应当具有地方政府建设主管部门颁发的预售、销售许可证明;出租、项目转让广告,应当具有相应的产权证明;⑥中介机构发布所代理的房地产项目广告,应当提供业主委托证明。

(八)报刊、图书出版发行广告

根据《广告法》《广告管理条例》规定,报刊出版发行广告,应当交验省、自治区、直辖市新闻出版机关核发的登记证;图书出版发行广告,应当提交新闻出版机关批准成立出版社的证明。

（九）融资广告

根据《广告法》及国家有关部门下发的各类整治和规范金融市场的规范性文件的规定，发布融资广告应当提交下列证明文件：①发布投资基金证券广告，必须提交中国人民银行出具的批准文件。②发布金融机构债券广告，须提交中国人民银行出具的批准文件；发布国家投资债券、国家投资公司债券广告，须提交国家计划委员会（2003年改组为国家发改委）出具的批准文件；发布中央企业债券广告，须提交中国人民银行和国家计划委员会出具的批准文件；发布地方企业债券广告，须提交中国人民银行省、自治区、地辖市、计划单列市分行会同同级计划主管部门出具的批准文件；发布地方投资公司债券广告，须提交省级或计划单列市人民政府出具的批准文件；发布企业短期融资券广告，须提交省级或计划单列市人民银行出具的批准文件。③发布中央企业发布定向募集法人股广告，须提交国家经济体制改革委员会出具的批准文件；发布地方企业发布定向募集法人股广告，须提交省级或计划单列市经济体制改革委员会出具的批准文件。④为社会公益事业集资所发行的彩票广告，须提交国务院的批准文件。⑤境外企业在中国境内发布融资广告，须提交国务院有关主管部门出具的批准文件。

（十）以演出为媒介的广告宣传（商业广告活动性质的营业性演出）

根据《广告法》和《营业性演出管理条例实施细则》的规定，以演出为媒介的产品和服务的商业广告活动应提交下列证明文件：①依法登记的文艺表演团体申请从事营业性演出活动，应提交申请书、《营业执照》、《营业性演出许可证》、法人代表的有效身份证件、演员的艺术表演能力证明、与业务相适应的演出器材设备书面证明；②依法登记的演出经纪机构申请从事营业性演出经营活动，应提交申请书、《营业执照》、《营业性演出许可证》、法定代表人的有效身份证件、演出经纪人员资格证；③临时搭建舞台、看台的营业性演出还须提交演出场所合格证明。

第四节　广告代理制度

一、广告代理制的概述

（一）广告代理制的概念

广告代理制是指在广告活动过程中，广告主、广告公司、广告发布者之间明确分工的运行机制：广告客户必须委托有相应经营资格的广告公司代理广告业务，不得直接通过报社、广播电台、电视台发布广告（分类广告除外）。兼营广告业务的报社、广播电台、电视台，必须通过有相应经营资格的广告公司代理，方可发布广告（分类广告除外）。广告代理制是市场经济的产物，其实质是一种市场运行机制，而非一种由上至下的行政管理体制。广告代理制的初衷在于促进广告业的专业分工，保证广告市场的高效率运转。

（二）广告代理制的功能

实行广告代理制对广告公司的益处不言而喻，广告公司可以借此获取客户来源和媒体资源,只需专心提升业务能力即可。

实行广告代理制,最大的受益者应当是广告主。广告公司有系统的市场信息收集、传播组织,集中了大批广告业务专家和各类广告专门人才,拥有精良的广告制作设备,以及在长期广告实践中所积累的丰富经验,他们能为企业提供综合性的全面广告代理服务,帮助企业提高广告的水平和质量,提高广告宣传的有效性,甚至可以成为企业的品牌管家。

实行广告代理制,对媒介也是有百利而无一弊。媒介单位通过广告代理公司承揽广告业务,不必直接面对极度分散的广告主,从而极大地减轻了媒介招揽广告业务和应付众多广告业务员的工作强度;也不必再承担广告设计、制作任务,减轻了媒介单位的人力、物力负担;媒介刊播广告的费用,由广告公司负责向媒介支付,媒介不必再对广告主逐个进行信用调查,不必再承担广告主违约的经济损失,减少了信用风险。总之,在广告代理制中,广告代理公司负责向媒介招揽广告业务,有计划地向媒介输送创作成型的广告,既减轻了媒介从事广告业务的工作任务和工作成本,又保证了媒介广告业务的正常开展,使其能集中精力更好地履行更为重大的社会责任。从广告业的发展来看,也有利于广告公司和媒介发挥各自的优势,互相配合,协调发展。

二、广告代理制的历史

(一)广告代理制的发展

1. 媒介代理阶段

早期的广告代理准确来讲是媒体代理。1841年,沃尔尼·B. 帕尔默创办了史上第一家广告公司,为各种报纸统一兜售广告版面给企业,并从中抽取25%的佣金,广告文字及广告设计工作仍由报刊承担。从而开启了广告代理业的先河,进入广告代理业史上单纯的媒介代理阶段。大众化媒介发展最早的是报纸,因此,早期的所谓广告代理业本身从属于报业。其中一部分为报业自身的广告业务员直接面对营销主即广告主销售报纸版面,成为当时报业重要的经济来源;另一部分则为受雇于报业的社会人员,代表报业向营销主推销版面,向其收取广告费,然后按报社所定的佣金作为个人酬劳,其本身并不属于报业编制,报社也不向其支付固定酬金。因此,此时期为广告代理业的"版面销售时代"。此时期的广告代理业并不是独立的,而是紧紧依附于媒介。

随着社会经济的发展,企业广告活动日趋频繁,早期广告代理业的缺点和局限很快暴露出来。于是,一方面,各媒介为拓展广告业务,在其组织内部纷纷正式设置起广告部,集中经营广告业务;另一方面,原先受雇于媒介、专为一家媒体作版面推销的人员,也同时推销起多家媒体的广告版面,并进而脱离媒介的雇佣关系,独立从事起广告版面的贩卖业务,其实质为广告版面的批发商,具体操作为从媒介廉价批发购买版面和时间,然后将其高价零售给广告主,从中赚取买卖差额利润。1865年,乔治·罗威尔在波士顿正式设立广告代理公司,专门从事"报刊广告版面批发代理"的经营业务,进而把业务范围扩大到新英格兰以外。1870年,他又首创编印了《美国报纸名录》,对美国、加拿大的5000多家报纸、刊物的发行量、名称作了简要的介绍,为广告主和媒介的直接沟通扫清了障碍。此后广告代理业逐渐推广开来。这种广告代理,虽具有独立经营性质,但在职能上仍保留有媒介业务代表的性质,仍然是单纯的媒介代理。但对媒介而言,它能以其工作不断开发广告新客户,确保媒介一定的广告数量,并能减轻媒介自身招揽广告客户的风险。

2. 专业分工阶段

随着工业化生产的进一步发展,市场竞争的日益激烈,企业的营销意识不断提升,对广告的内容设计和表现方式提出了更高的要求,过去单纯的媒介代理已经无法满足广告客户的需求。业务能力全面的广告公司应运而生了,这类广告公司既有媒介专业知识又能向客户提供广告策划、创意、设计、制作、市场调查等多方面的服务。广告史上具有现代意义的第一家广告代理公司是 1869 年创建于美国费城的艾耶父子广告公司。该公司不仅从事报纸广告的媒介代理业务,并且向广告客户提供文案撰写、广告的设计与制作、媒介建议和安排等方面的服务,甚至还开展市场调查,为客户提供广告宣传所用的资料。此后,不同规模却同类型的广告代理公司相继涌现。著名的有 1894 年创建于英国的"美瑟广告公司"(克劳瑟广告公司和奥美广告公司的前身);在日本东京,则有建于 1880 年的"空气堂组";创建于 1895 年的"博报堂"(现日本第二大广告公司);创建于 1901 年的"日本广告株式会社"。而作为广告发源地的美国,据 1922 年出版的《美国广告代理年鉴》统计,当时的广告代理公司已达 1200 家。这类专业广告代理公司的涌现,大大加速了广告产业化的历史进程,使广告业发展成为独立的新兴产业,也使广告代理业从此走向专业化、系统化、规范化服务的道路。

3. 正式确立阶段

19 世纪 60 年代随着第一批广告代理公司的建立,现代意义上的广告代理制度得以正式确立。广告代理制度得以确立的另一重要因素,是广告代理佣金制的提出和确认。19 世纪 80 年代初,被称为"现代广告公司的先驱"的美国费城的艾耶父子广告公司的创始人 F. W. 艾耶,率先提出了一项新的收费建议,即如实向广告主收取购买媒介版面的实际费用,另按一定的比例向广告主收取一笔代理佣金。这一新的收费方式,正式建立了广告公司与客户的代理与被代理关系。稍后,美国著名的出版界大亨库蒂斯出版公司也宣布了一条新规定,该公司同意向广告公司支付佣金,条件是广告公司负责替媒介向广告主索取全价媒介刊播费,并不得将从媒介取得的佣金退回给广告主。后来这一规定逐步推广开来,形成制度。不过,当时佣金的比率由各媒介自行规定,最低为 10%,最高达 25%。1917 年,美国广告公司协会成立,呼吁把广告公司的代理佣金固定在 15% 以上,同年,美国报纸出版商协会予以认可采纳。以 15% 为标准的代理佣金制在美国正式确立,标志着广告代理制度的正式确立。

(二)对广告代理制的历史检视

武汉大学的张金海教授及其博士生廖秉宜曾著文分析过广告代理制发展演变的历史轨迹,通过二位学者的分析,我们可以很清晰地看到广告代理制有 3 个特点。

1. 广告代理制是广告市场各方博弈的产物

从广告代理制的产生来看,广告代理制是广告市场三方主体博弈的产物,是一种市场选择。最早在美国确立的广告代理制,有其特定的时代背景和概念内涵。在当时的历史条件下,市场环境和传播环境都比较单纯,广告媒介以平面印刷媒体为主,媒介和广告主都产生对广告公司代理的需要,正是在这样的背景下,媒介协会和广告公司协会达成共识,以媒介代理费的形式确定广告公司的报酬。这一制度的确立确实推动了广告公司的专业化进程,因为有了收入上的保证,广告公司规模化和集团化的发展才得以实现。

2. 广告代理制并非广告代理费制

广告代理制的内涵远大于广告代理费制的内涵,而且广告代理制也不是一成不变的制度,而是随着市场环境和传播环境的改变而不断发展演变的。广告代理制最初表现为广告代理费制,即广告公司为客户代理媒介广告,一般向广告主收取由媒介返还的15%的代理佣金。由于在大多数情况下,广告客户的付费并不会高于媒介广告时间或空间的基本价格,所以广告公司只能转向媒介寻找"折扣",这种折扣即传统的佣金。但值得特别指出的是,广告代理制并不等同于媒介代理制甚至15%的媒介代理费制。随着广告主广告意识的增强,市场环境和传播环境日趋复杂化,广告主自然开始思考广告公司这种收益方式的合理性,原先确立的固定代理佣金付费方式越来越受到广告主的质疑。三方之间的博弈的结果是必须制定新的、科学的收益分配机制,这是广告代理制的发展,而非终结。

3. 广告代理制对广告公司的业务能力提出了更高的要求

广告公司在广告市场三方主体博弈中要取得主动地位,其核心就是要具有不可替代的核心竞争优势,即需要为广告主提供专业的广告代理服务和媒介代理服务,并且是广告主和媒介自身无法做到的,即使能够做到也需要投入比选择专业代理更多的成本。市场环境是在不断变化的,广告公司只有根据不断变化的市场环境和传播环境调整自己的经营战略,才能在市场中有更多的话语权。

三、我国的广告代理制

(一)广告代理制在我国的发展历史

1987年底,我国《广告管理条例》出台,并于1988年1月开始施行《广告管理条例实施细则》。根据第十六条的规定,承办国内广告业务的代理费为广告费的10%。承办外商来华广告付给外商的代理费为广告费的15%,第一次明确提出了广告代理费的概念。也正是在1987年,国内的广告市场逐渐向国外广告公司开放,国外的广告公司在我国执行15%的代理费。

1990年国家工商行政管理局发布了《关于在温州市试行广告代理制的若干规定》,决定在改革开放的桥头堡温州市试行广告代理制,以行政命令的方式要求凡温州市企事业单位、私营企业、个体工商户在国内通过报纸、杂志、广播、电视、路牌等媒介发布广告,必须委托经温州市工商行政管理局核准的有"承揽"或"代理"广告业务经营范围的广告经营单位发布或代理。从规定的具体内容来看,虽然提出了广告代理制,但概念并不清晰,广告活动主体的分工也没有明确规定。

直至1993年,国家工商行政管理局发布《关于在部分城市进行广告代理制和广告发布前审查试点工作的意见》,决定从1993年下半年起在全国开展广告代理制试点。意见中明确了广告代理制的具体内容即广告活动主体的分工,其中最具有标志性的规定是把媒介直接承揽发布广告业务的经营体制,改为媒介通过广告公司承揽广告业务的经营体制,并且规定广告客户必须委托具有相应经营资格的广告公司代理广告业务,不得直接通过报社、广播电台、电视台发布广告。1994年,广告代理制逐步在全国范围内推广,使广告客户、广告媒介与广告公司之间的关系得到调整,并逐步向国际关系靠拢。1997年3月,我国颁布《广告服务收费管理暂行办法》,规定广告代理费为广告费的15%。国际通行的广告代理制以条文形式被正式确立下来。

广告代理制在我国的实行有很强的行政色彩,主要是因为想借外部压力推动我国广告业的发展,尤其是督促广告公司的壮大。从我国当时的广告业状况来看,广告公司处于行业结构中的薄弱环节,在广告运作中还未能充分发挥其应有的作用。所以广告代理制赋予广告公司的更重要的是责任,它迫使广告公司加速经营体制的调整和改革,尽快完善自己的代理能力。

（二）广告代理制发展中存在的问题

我国广告市场在采用代理制的初期,广告主、代理公司、媒介这三大环节之间的互动还较为规范,曾有一段时间经过诸方共同努力,一些媒介认真实行了15％的代理费准则。可是随着市场经济改革的逐渐深入和广告业的继续发展,国内广告业的情况变得混乱而复杂,尤其是在代理制度的执行和效果上,存在着种种混乱和困惑的现象,业务领域一直存在着不规范操作的问题,媒介、广告公司、广告主的关系总是难以理顺。

1. 多种代理模式并存

代理制运行过程不规范,市场秩序不健全,多方阻力不断,多重代理、零代理和低代理并存。

多重代理,即多家代理公司接力完成业务。多重代理不仅增加了业务环节,将广告客户的广告费分割得支离破碎,使客户的广告计划无法整合实施,影响客户的营销和广告计划性,还使有限的广告代理业务被多次分割,使广告代理公司无法赚得合理的代理收入,加剧了不正当竞争。

零代理有两种,一种是媒介和广告主规避代理制的结果,另一种则是广告代理公司恶性竞争的产物。在第一种情况中,广告主和媒介不愿意利润被分割,不承认广告公司的价值。或者直接交易,或者纷纷自行开办广告公司,其中人员全都是广告主或媒介广告部的原班人马,形成"两块牌子,一套班子"的现象,随之而来的是广告代理费在广告主—广告主自办的广告公司或媒介自办的广告公司—媒介的内部流动,形成零代理现象。在第二种情况中,随着广告市场的竞争日趋激烈,为了争夺客户,排挤竞争对手,广告公司之间竞相压价,将媒介支付给自己的代理费优惠给广告主,低代理甚至零代理便不可避免地出现了。

多种代理制并存的现象,究其实质与我国在广告业发展不成熟之际行政化推行广告代理制有关。由于我国的广告业尚未成熟,所以在广告客户、广告公司和媒介三方的博弈中,媒介最为强势,媒介是稀缺资源,只要在媒介上投放广告就会产生效果,广告公司专业服务能力较弱,而且其价值在这个阶段也无法体现出来,正是因为业务能力薄弱所以才导致多代理情况的产生,将一个完整的广告业务流程分由多个广告公司完成。其次是客户强势,客户本来在博弈中处于主导地位,当媒介开始激烈竞争的时候,对客户的争夺便使客户的价值更加突出。广告代理制本应引导建立一种广告公司、客户和媒介三方相对平衡的结构,而广告公司类似一个桥梁的功能,但以目前中国广告业发展实况,很难运作起这样的平衡结构。归结为一句话,广告代理制正常运行所需要的广告市场环境在我国还未实现。

2. 广告代理收费标准混乱

我国所实施的广告代理制模式,其执行的基础是固定佣金制。2005年1月1日起经国家工商行政管理总局局务会议修改的《广告管理条例实施细则》第十四条明确规定,广告代理收费标准为广告费的15％。15％的广告佣金在其产生之初,是根据西方发达国家的成功经验和经济学理论制定的,它能保证广告代理公司的利润水平。尽管相关的法律法规文件中有对广告代理费的具体规定,但15％的广告佣金很难在我国广告市场上被执行。一些跨国广告公司在国外通常是按国际惯例的代理佣金制操作运营,但在我国本土市场,却执行多种代理费收取模式,例如,上海奥美广告公司总经理李家舜曾说:"奥美针对不同的客户有不同的代理方式:媒介代理佣金、每月收取服务费,以及月服务费和媒介佣金相结合的方式。"

回扣与折扣是中国广告市场上屡见不鲜的行业潜规则。媒介内部竞争导致定价随意性比较大、缺乏合理依据、标价与实价悬殊、暗箱操作严重及相互杀价现象严重。回扣作为交易中弱势一方向强势一方进行贿赂的方式,长期以来渗透于中国广告业,成为极具中国特色的一种低级市场操作手段。广告公司能否获得广告主的下一年代理身份,往往和广告公司给广告主代表多少回扣有关。广告主收受回扣现象阻碍了我国广告代理制的正常执行,反之,中国不完善的广告代理制度对广告主收受回扣现象又起到了推波助澜的作用。

3. 行政管理上的不统一

严格来说,广告代理制是市场竞争的产物,国外的发展历史也说明了这一点。然而这一制度在我国更多是由行政命令加以推行的,如果前后的行政规章能够统一地贯彻这一思路,也许广告代理制的现实状况要更为乐观一些。然而审视我国前后制定的一些规章制度,有关广告代理制的条款有许多前后抵牾的地方。比如1993年,国家工商行政管理局、国家计划委员会印发了《关于加快广告业发展的规划纲要》,在规划纲要中明确了广告代理制是我国广告业的发展方向,同时还制定了发展步骤:第一步,统一将代理权归于广告公司,将媒介发布广告、承揽广告、代理同类媒介广告改变为媒介承揽、发布广告,不再承担同类媒介代理业务;同时将媒介直接承揽外商广告权归于具有经营外商广告资格的广告公司。第二步,实行承揽与发布分开,媒介专职发布广告,广告公司承担广告承揽和代理,从而在广告公司与媒介间形成功能分工合理、运行高效畅通的经营机制。而2004年11月30日国家工商行政管理总局出台《广告经营许可证管理办法》中的第五条有关兼营广告业务的用语核定作如下规定:①广播电台:设计、制作广播广告,利用自有广播电台发布国内外广告。②电视台:设计、制作电视广告,利用自有电视台发布国内外广告。③报社:设计、制作印刷品广告,利用自有《××报》发布国内外广告。④期刊杂志社:设计和制作印刷品广告,利用自有《××》杂志发布广告。⑤兼营广告经营的其他单位:利用自有媒介(场地)发布××广告,设计、制作××广告。按照广告代理制的要求,媒介只能专职于广告发布,而此处却将媒介的广告经营范围扩大到了设计制作领域,这与广告代理制要求理顺广告公司和媒介的职能分工、媒介专职发布广告的逻辑是矛盾的。诸如这样的行政管理上的前后矛盾也不利于广告代理制的发展。

第五节　广告合同制度

制定广告合同是广告活动中的一个重要环节,我国《广告法》第三十条明确规定:"广告主、广告经营者、广告发布者之间在广告活动中应当依法订立书面合同。"《广告法》特别强调了广告合同的形式为"书面合同",书面合同是以文字的意思表达方式而订立的合同,书面形式有利于分清是非责任、督促当事人履行合同。

一、广告合同的含义、分类和特征

广告合同是指广告客户、广告经营者、广告发布者之间确立、变更、终止广告承办、代理和发布关系的协议。

根据合同标的的不同,广告合同分为:①广告设计制作合同,是由广告经营者与广告主就广告作品的设计、制作所签订的合同。②广告发布业务合同,是由广告发布者与广告主或广告主委托的广告经营者签订的书面合同。③广告市场调查合同,是由广告经营者与广告主就某一具体市场调查活动所签订的合同,对某一具体商品广告市场或某一具体市场商品广告的信息、效果进行调查,提供数据、资料等。④广告代理合同,是由广告经营者与广告主或广告发布者就某一具体商品或服务广告活动、广告发布业务所签订的代理合同。

广告合同具有下列特征。

(1)合同一方当事人是特定的。广告合同中的一方当事人必须是经过市场监督管理机关核准登记注册的广告经营者。否则,双方签订的合同无效,而且委托非法广告经营者承办或代理广告业务的一方由此而支出的费用,也不准列入成本和营业外开支。

(2)广告合同的标的是特定的。广告合同的标的可以分为 3 类:一类是广告经营者按照广告客户的要求完成的工作成果;一类是广告经营者接受广告客户或其他广告经营者的委托,为其完成广告代理任务的法律行为;还有一类是广告发布者接受广告主或广告经营者的委托,进行广告发布的行为。

(3)根据《广告管理条例》规定,广告经营者承办或代理广告业务,必须与广告客户或被代理人签订书面合同,明确各方的责任。

(4)订立广告合同必须按照《广告管理条例》规定的程序办理。

二、广告合同的主要条款

根据广告业务活动的内容,广告合同应当具备下列主要条款。

(1)标的和数量、质量。标的是指承办或代理的广告项目,数量是指完成广告项目的多少,质量是指广告项目满足规定要求的特性的总和。

(2)广告内容及交验、查验广告证明文件。以此认定广告内容是否经过审查和合同双方当事人是否履行了法规规定的签约程序,如发生违法问题,各自应当承担什么责任。

(3)价款和酬金。是当事人一方取得标的向另一方支付的代价。在广告合同中,价款是广告商品的价格,酬金是付出设计、制作、发布、代理等广告方面的劳务所取得的报酬。与价款和酬金相关联的条款还包括定金支付、结算方式、开户银行及账号等条款。

(4)广告合同的履行期限、地点。履行期限是广告合同当事人实现权利和履行义务的事件界限,是确定广告合同是否按期履行或延期履行的客观标准,也是确定是否应当承担违约责任的依据。地点的规定在发布合同中的重要性尤为突出,以户外广告为例,按照相关的法规规定,城市的特定区域是不允许发布户外广告的,在订立发布的同时,就必须将这些特定区域排除在合同的履行地范畴外。

(5)违约责任。所谓的违约责任,是合同的当事人出现不履行合同或不完全履行合同的行为时,根据合同约定应当承担的责任。广告合同违约责任通常有 3 种方式:支付违约金、支付赔偿金和继续履行,在合同中要明确约定。

三、各类广告合同的法律性质

(一)广告设计制作合同的法律性质

1.广告设计制作合同的合同性质

广告设计制作合同属于承揽合同。承揽合同是承揽人按照定作人的要求完成工作,交付工作成果,定作人给付报酬的合同。广告设计合同的定作人为广告主,承揽人为广告经营者,合同标的为广告设计制作事务。

2.广告设计制作合同的主要内容

广告设计制作合同的主要内容包括:广告设计制作项目的具体内容、数量、质量标准、报酬数额及支付方式、承揽方式、广告设计制作材料的提供、履行期限、验收标准、验收方法、违约责任等。

3.广告设计制作合同框架下合同双方的责任和义务

第一,作为承揽人的广告经营者应当以自己的设备、技术和劳力,完成主要工作(如当事人另有约定除外)。广告经营者将其承揽的主要工作交由第三人完成的,应当就第三人完成的工作成果向广告主(定作人)负责,未经广告主(定作人)同意的,广告主(定作人)可以解除合同。

第二,作为承揽人的广告经营者可以将其承揽的辅助工作交由第三人完成。广告经营者将其承揽的辅助工作交由第三人完成的,应当就该第三人完成的工作成果向广告主(定作人)负责。

第三,广告经营者(承揽人)提供材料的,应当按照约定选用材料,并接受广告主(定作人)检验;广告主(定作人)提供材料的,应当按照约定选用材料,广告经营者(承揽人)对广告主(定作人)提供的材料应当及时检验,发现不符合约定时,应当及时通知对方更换、补齐或者采取其他补救措施。

第四,广告主(定作人)中途变更承揽工作的要求,造成广告经营者(承揽人)损失的,应当赔偿损失。

第五,广告主(定作人)应当按照约定支付报酬,对支付报酬的期限没有约定或者约定不明确,广告主(定作人)应当在广告经营者(承揽人)交付工作成果时支付,工作成果部分交付的,广告主(定作人)应当相应支付;广告主(定作人)未向承揽人支付报酬或者材料费等价款的,广告经营者(承揽人)对完成的工作成果享有留置权(当事人另有约定的除外)。

第六,广告经营者(承揽人)应当按照广告主(定作人)的要求保守秘密,未经广告主(定作人)许可,不得留存复制品或者技术资料。

第七,广告主(定作人)可以随时解除合同,造成广告经营者(承揽人)损失的,应当赔偿损失。

(二)广告发布合同的法律性质

1.广告发布合同的合同性质

广告发布合同属于委托合同。委托合同是委托人和受托人约定,由受托人处理委托人事务的合同。广告发布合同是广告主或广告代理公司和广告发布者约定,由广告发布者处理发布事务的合同,广告主或广告代理公司是委托人,广告发布者是受托人,广告发布是委托事务。

2. 广告发布合同的主要内容

广告发布合同的主要内容包括待发布广告的内容、数量、媒介、期限、发布费用、违约责任等。

3. 广告发布合同框架下合同双方的责任和义务

第一,广告主或广告代理公司(委托人)应该预付处理委托事务的费用,广告发布者(受托人)为处理委托事务垫付的必要费用,广告主或广告代理公司(委托人)应当偿本付息。

第二,广告发布者(受托人)应当按照广告主或广告代理公司(委托人)的指示处理委托事务。需要变更委托人指示的,应当经委托人同意;因情况紧急,难以和委托人取得联系的,受托人应当妥善处理委托事务,但事后应当将该情况及时报告委托人。

第三,广告发布者(受托人)应当亲自处理广告发布事务。经广告主或广告代理公司(委托人)同意,广告发布者(受托人)可以转委托。转委托经同意的,广告主或广告代理公司(委托人)可以就委托事务直接指示转委托的第三人,广告发布者(受托人)仅就第三人的选任及其对第三人的指示承担责任。转委托未经同意的,广告发布者(受托人)应当对转委托的第三人的行为承担责任,但在紧急情况下受托人为维护委托人的利益需要转委托的除外。

第四,广告发布者(受托人)以自己的名义,在广告主或广告代理公司(委托人)的授权范围内与第三人订立的合同,第三人在订立合同时知道受托人与委托人之间的代理关系的,该合同直接约束委托人和第三人,但有确切证据证明该合同只约束受托人和第三人的除外。

第五,广告发布者(受托人)以自己的名义与第三人订立合同时,第三人不知道受托人与委托人之间的代理关系的,广告发布者(受托人)因第三人的原因对广告主或广告代理公司(委托人)不履行义务,广告发布者(受托人)应当向广告主或广告代理公司(委托人)披露第三人,广告主或广告代理公司(委托人)因此可以行使受托人对第三人的权利,但第三人与受托人订立合同时如果知道该委托人就不会订立合同的除外。广告发布者(受托人)因广告主或广告代理公司(委托人)的原因对第三人不履行义务,广告发布者(受托人)应当向第三人披露广告主或广告代理公司(委托人),第三人因此可以选择受托人或者委托人作为相对人主张其权利,但第三人不得变更选定的相对人。

(三)广告代理合同的法律性质

1. 广告代理合同的合同性质

广告代理合同和广告发布合同一样都属于委托合同。广告主是委托人,广告代理公司是受托人。

2. 广告代理合同的主要内容

广告代理合同的主要内容包括广告代理事项、广告代理期限、广告代理费用和违约责任等。

3. 广告代理合同框架下合同双方的责任和义务

首先,广告主(委托人)应该预付广告代理的费用,广告代理公司(受托人)为处理广告代理事务垫付的必要费用,广告主(委托人)应当偿本付息。

第二，广告代理公司(受托人)应当按照广告主(委托人)的指示处理广告代理事务。需要变更指示的，应当经广告主(委托人)同意；因情况紧急，难以和广告主(委托人)取得联系的，广告代理公司(受托人)应当妥善处理委托事务，但事后应当将该情况及时报告广告主(委托人)。

第三，广告代理公司(受托人)应当亲自处理广告代理事务。经广告主(委托人)同意，广告代理公司(受托人)可以转委托。转委托经同意的，广告主(委托人)可以就委托事务直接指示转委托的第三人，广告代理公司(受托人)仅就第三人的选任及其对第三人的指示承担责任。转委托未经同意的，广告代理公司(受托人)应当对转委托的第三人的行为承担责任，但在紧急情况下广告代理公司(受托人)为维护广告主的利益需要转委托的除外。

第四，广告代理公司(受托人)以自己的名义，在广告主(委托人)的授权范围内与第三人订立的合同，第三人在订立合同时知道受托人与委托人之间的代理关系的，该合同直接约束委托人和第三人，但有确切证据证明该合同只约束受托人和第三人的除外。

第五，广告代理公司(受托人)以自己的名义与第三人订立合同时，第三人不知道受托人与委托人之间的代理关系的，广告代理公司(受托人)因第三人的原因对广告主(委托人)不履行义务，广告代理公司(受托人)应当向广告主(委托人)披露第三人，广告主(委托人)因此可以行使受托人对第三人的权利，但第三人与受托人订立合同时如果知道该委托人就不会订立合同的除外。广告代理公司(受托人)因广告主(委托人)的原因对第三人不履行义务，广告代理公司(受托人)应当向第三人披露广告主(委托人)，第三人因此可以选择广告主或者广告代理公司作为相对人主张其权利，但第三人不得变更选定的相对人。

四、广告合同制度

广告合同制度是指广告监督管理机关监督、指导、促进广告合同当事人依法订立、履行各类广告合同，从而规范广告经营行为，保护合同当事人合法权益的制度。实行广告合同制度使得广告活动的参与各方能够在法律的框架下，确定彼此的责权利，从而保证广告活动的合法性和可持续性。

广告合同制度由三个内容组成：①广告业务合同制度。广告业务合同制度是指广告经营者开展广告业务必须与广告客户或者被代理人签订书面合同，以确定双方的责权利。有广告发布业务的单位必须按统一的《广告发布业务合同》文本与广告客户或其代理人签订广告发布合同。②广告合同的鉴证制度。广告合同鉴证制度是指广告合同的管理机关对广告合同的真实性、合法性所作出的证明。广告合同的鉴证并不是强制的，采取自愿的原则。合同的鉴证包括了对合同主体资格、合同内容进行审查，另外对合同的执行情况也要进行监督。③广告合同的公证制度。广告合同的公证制度是指公证机关对广告合同的真实性、合法性所做的公证，广告合同的公证也是采取自愿的原则。广告合同经过公证，有利于约束当事人履行合同；有利于在发生合同纠纷时，广告合同管理机关和司法机关准确及时判明是非，保护当事人的合法权益。

第六节　广告业务档案制度

广告业务档案是指广告经营者和广告发布者在承办广告业务中形成的，供分类保存、备查的各种广告文字、图像、样本、证明、文件、审查记录及其他有关的原始材料。建立广告业务档案是《广告法》规定的广告经营者、广告发布者的法定义务，《广告法》第三十四条规定："广告经营者、广告发布者应当按照国家有关规定，建立、健全广告业务的承接登记、审核、档案管理制度。"

一、广告业务档案制度的内涵

所谓广告业务档案制度，是指广告经营者（包括广告发布者）对广告主所提供的关于主体资格和广告内容的各种证明文件、材料，以及在承办广告业务活动中涉及的承接登记、广告审查、广告设计制作、广告发布等情况的原始记录材料，进行整理、保存，并建立业务档案，以备随时查验的制度。

二、建立广告业务档案制度的重要意义

（一）促使和验证广告经营者、广告发布者是否履行法定的审查义务

广告业务档案是广告经营者和广告发布者对整个广告业务流程的记录，尤其是对各种证明文件的收取和查验证明可以表明广告经营者和广告发布者有无履行《广告法》第三十四条所规定"查验有关证明文件，核对广告内容"的法定义务，这也促使广告经营者和广告发布者履行这一义务。

（二）建立广告业务档案是广告经营者的一项业务建设

广告业务档案材料除了各种证明、审查记录外，还包括广告作品，广告经营者可以通过保存的广告档案材料积累经验，甚至形成内部的培训和参考资料，从而提高广告的策划、创意、制作水平。

（三）广告业务档案可以为广告经营活动的法律纠纷提供证据

广告业务档案中的广告证明和审查记录，可以作为日后广告监督管理机关和司法机关判定广告经营活动中广告经营者、广告发布者是否承担法律责任及如何承担法律责任的依据。

三、广告业务档案制度的要求

广告业务档案应包括以下内容：广告主出具的各种证明文件，广告业务合同书，广告资料、图片和广告样稿等，广告清样等。广告业务档案应当妥善保管，根据《广告管理条例施行细则》第十六条规定，广告业务档案的保管时间不得少于1年。如果没有建立广告业务档案制度，或者广告业务档案保存时间少于1年，而在这1年里发生广告纠纷或者是涉及违法广告的查处，在这种情况下，广告公司或广告发布者难以表明自己履行了证明文件和

广告的审查义务,这样一来,根据国家市场监督管理总局的规定,即视为其没有认真查验广告证明、审查广告内容,应对违法广告承担相应的法律责任。

第七节 违法广告公告制度

所谓公告是行政机关用于向国内外宣布重要事项或者法定事项的一种规定文种,它具有内容的规定性、发文机关的特定性、告知的广泛性和传播的新闻性等特点。违法广告公告制度是指国家有关行政部门利用新闻舆论的影响力向社会公众告知违法广告具体表现从而提高公众对于违法广告的识别能力、促进违法广告治理效果的制度。

一、违法广告公告制度的建立

早在 2001 年,针对当时违法药品广告影响恶劣、公众反映强烈的情况,国家药品监督管理局就建立了违法药品广告公告制度,规定各省、自治区、直辖市药品监督管理局在每月 15 日之前,将本辖区内发现的违法药品广告报国家药品监督管理局药品广告审查监督办公室,国家药品监督管理局汇总并审核后发布违法药品广告公告。2002 年又建立了违法食品广告公告制度,2005 年又将违法医疗器械广告列为公告的对象。

2006 年,为了加强广告监管工作,充分发挥社会舆论的监督作用,国家工商行政管理总局会同中宣部、公安部、监察部、国务院纠风办、信息产业部、卫生部、国家广播电影电视总局、新闻出版总署、国家食品药品监督管理局、国家中医药管理局依据有关法律法规制定了《违法广告公告制度》,将原来仅限于违法药品广告、违法食品广告等特定种类违法广告的公告制度延伸至所有的违法广告。

二、违法广告公告制度的具体内容

(一)违法广告公告的类型

违法广告公告包括:①部门联合公告:由国家工商行政管理总局、中宣部、公安部、监察部、国务院纠风办、卫生部、国家广播电影电视总局、新闻出版总署、信息产业部、国家食品药品监督管理局、国家中医药管理局等部门联合发布,或者由国家工商行政管理总局会同有关部门向社会发布。②广告监督管理机关公告:由国家工商行政管理总局向社会发布。③广告审查机关公告,由广告审查机关向社会发布。

(二)违法广告公告的内容

违法广告公告内容包括:典型虚假违法广告案例曝光、违法广告提示、违法广告案例点评、涉嫌严重违法广告监测公告等。

(三)违法广告公告的载体

违法广告公告应在新闻媒介上广泛刊播。部门联合公告有关宣传报道的内容和口径经整治虚假违法广告部际联席会议确定后,由新华社播发通稿,或由国家市场监督管理总局向有关新闻媒介提供。媒介刊播违法广告相关信息应当及时、全面、客观、准确,对于公告中涉及的违法广告活动主体要如实刊登。除了新闻媒介外,违法广告公告也都在相关部门的网站上发布。

三、违法广告公告制度的功能

(一)提升公众对于违法广告的辨识能力

绝大多数公众对于各类广告的发布标准并不熟悉,因此对于违法广告的识别能力很弱,尤其是中老年人。以虚假药品、医疗广告为例,因虚假广告上当受骗的消费者中,中老年人的比例特别大。这可能是因为身体机能的退化使得中老年身患疾病的比例相对更高一些,一些诸如高血压、高血脂、糖尿病、风湿关节炎等更是中老年人常见的疾病,所以中老年人求医问药的愿望也更强烈,这就给不法分子提供了机会,一些针对中老年人常见疾病的虚假违法药品、医疗广告就应运而生了。而中老人上当比例之高的一个重要原因就是对法律法规所规定的医药广告的发布标准不熟悉。

违法广告公告作为一种广告监督模式,不仅要起到提醒、警示消费者的功能,更要担负起指导的功能,让消费者能够掌握一些违法广告的典型内容,从而避免二次上当。从目前违法广告公告的内容安排上来看,是能够起到一定的指导作用的,违法广告公告内容包括对典型的违法广告案例的评析,这就是很好的案例教学法,通过对一些典型违法广告案例的点评,消费者就能举一反三,以后碰见同类产品广告就能辨识是否违反了相关的规定。

(二)借助新闻舆论监督的震慑力打击违法广告的行为主体

违法广告公告最主要、影响力最广泛的载体是新闻媒介,实际上就是借助媒介的新闻舆论监督功能对发布违法广告的各方形成震慑,从而提高违法广告治理的效果。新闻舆论监督是公众通过新闻媒介这一公共话语资源的传播及辐射效应,表达民意、体现舆情,对社会权力运行实施监督与制衡的社会行为。依托新闻媒介而存在的新闻舆论监督在我们的社会生活中发挥着越来越重要的作用。在违法广告公告制度运行中,新闻舆论监督发挥了不可忽视的功能,它揭露了违法广告的广告主、广告发布媒介,使这些违法广告的活动主体暴露在众目睽睽之下,不仅要接受来自法律的制裁,也面临来自公众的谴责,从而形成威慑作用。

> ▶ 思 考 题

1. 论述我国广告经营许可制度的发展变化。

2. 试述广告审查的几种形式,以及广告审查制度的缺陷。

3. 各类特殊商品和服务广告的证明文件有哪些?

4. 当前我国广告代理制在运行过程中存在什么问题?

5. 简述广告合同的特征和分类。

6. 分析建立广告业务档案的意义。

7. 违法广告公告制度的功能有哪些?

第六章　广告发布标准

广告发布标准是指法律法规规定的广告内容和广告形式应符合的要求,也是判定广告能否发布、违法与否的依据。制定和实施广告发布标准是广告监督管理工作的主要内容,也是广告监督管理工作的重点及难点所在。广告发布标准从适用的范围上分,可以分为一般标准和特殊标准。广告发布的一般标准是指普遍适用于一切商品及服务的广告发布的基本准则;特殊标准是针对特定商品及服务的广告发布标准,是广告发布基本准则在适用某些特殊商品或者服务时的特别补充。

第一节　广告发布标准概述

一、广告发布标准的功能

《广告法》第一章总则的第三条、第四条规定"广告应当真实、合法,以健康的表现形式表达广告内容,符合社会主义精神文明建设和弘扬中华民族优秀传统文化的要求","广告不得含有虚假或者引人误解的内容,不得欺骗、误导消费者"。《广告法》第二章"广告内容准则"对广告发布标准作了详细、全面的规定。法律的总则是该法律的序言,是对该法律立法目的、适用范围和基本内容纲领性、概括性的简短表述,由此可见,制定广告发布标准是为了保证广告的真实性、合法性和表现形式的健康性,促使广告符合社会主义精神文明建设和弘扬中华民族优秀传统文化的要求,以真实、合法、健康的广告维护消费者合法利益。

二、广告发布标准的类别

广告发布标准从适用范围的角度,可以分为一般标准和特殊标准。广告发布一般标准是指所有商品及服务广告必须遵守的法律规定的最基本准则。特殊标准是指特殊商品及服务在基本标准基础上,针对其特殊性而制定的发布准则。

广告发布标准从效力和制定主体的角度,可分为法定的广告发布标准和非法定的广告发布标准。其中法定的广告发布标准,是指由国家立法机关及广告行政监管机关制定的见诸法律、行政法规、部门规章中的规定,在执行上具有法定的强制力,一旦违反便要承担相应的法律责任。非法定的发布标准,是指由广告行业协会或其他社会组织等,依据国家法定的广告发布标准自行制定的,在一定范围内执行的标准。二者在规范广告运作方面是相辅相成的,从广告行政监管的角度,法定的广告发布标准是最重要的执法依据,非法定的发布标准可以起到参考作用;从行业自律的角度,非法定的广告发布标准是广告行业组织或其他社会组织约束成员行为、规范广告行业秩序的重要工具。

三、广告发布标准的基本原则

任何具体广告发布标准的制定实施都应当基于真实、健康和合法3个基本原则。

（一）广告应当真实

1. 广告真实性的体现

广告的真实性是指广告应当客观、准确地介绍商品或服务的信息,不得误导消费者。具体而言,广告的真实性体现在以下几个方面。

（1）广告中宣传介绍的商品或服务必须客观存在。这是广告真实性最直接也是最基本的体现。

（2）广告中的宣传内容要有事实依据。第一,广告中关于商品的性能、功能、产地、用途、质量、规格、成分、价格、生产者、有效期等标签信息必须与产品实际情况一致;第二,广告中有关商品及服务的科研成果、统计资料、引用语等描述性的信息必须真实且能被科学鉴定或审定;第三,广告中关于商品性能、质量、用途等信息的表述不得与国家相关标准不符,这一点不仅对普通消费者的消费行为具有重要影响,也是广告监督管理机构在广告执法实践中面临的一大挑战。2021年10月,上海某网络科技公司因其在天猫网店"××鲜生旗舰店"销售的大米页面宣传该产品"富含蛋白质"及其他违法内容被上海市市场监督管理局曝光。我国《食品安全国家标准 预包装食品营养标签通则》[(GB 28050－2011),以下简称《预包装食品营养标签通则》]中关于食品声称"高蛋白"或"富含蛋白质"所需的蛋白质含量值,为每100克该食品蛋白质含量应不小于营养素参考值的20%(12克),而该公司天猫网店销售大米的蛋白质含量仅为5.7克/100克,远远低于"富含蛋白质"的标准。普通消费者并不熟悉国家相关标准,这样的违法宣传具有很强的隐匿性,对于广告监督管理机关而言,只有不断提升执法素质,才能提高执法效能,维护消费者的合法权益。

（3）广告中使用艺术夸张不得误导消费者。在不违法的前提下,夸张是常见的广告艺术表现形式之一。判断广告内容是艺术夸张还是虚假信息,要以是否为公众所接受和识别、是否会发生误导为依据。

2. 虚假广告的情形

与广告真实性相对的便是虚假广告。《广告法》第二十八条规定"广告以虚假或者引人误解的内容,欺骗、误导消费者的,构成虚假广告",无论是虚假内容还是引人误解的内容,客观上都会欺骗和误导消费者,因此虚假广告不仅仅是内容虚假的广告,还包括引人误导的广告。虚假广告包含两个特征:其一,在形式上广告的内容虚假或者引人误解;其二,在效果上造成了欺骗、误导消费者的客观后果或者可能性。为了便于识别虚假广告,《广告法》第二十八条对虚假广告的常见情形做了列举。

（1）广告中的商品或者服务不存在的。这是最典型的虚假广告情形,例如餐饮广告中罗列了大量昂贵的美食,但消费者亲临现场发现没有广告中所列美食;再如旅游广告中承诺了无收费服务项目,结果报团后发现不少服务项目都另外收费。但值得注意的是,在执法实践中,适用本项规定认定虚假广告,还有一个特殊情形,广告中明确表示该商品或服务暂时不存在,但即将出现,综合考虑法律、政策、科学等因素,其声称的在某个时间出现在客观上是不可能的,则为虚假广告。例如广告中宣称"已研发出的治愈恶性肿瘤的药物即将在一个月后上市""已拥有某星球所有权,现对外销售该星球上的土地"等。广告中明确表明该商品或服务暂不存在,将会在一定时间存在,客观上也可能是存在的,不属于本项规定的情形。例如电影新片上映预告广告,某品牌新品上市预告广告等。

(2)商品的性能、功能、产地、用途、质量、规格、成分、价格、生产者、有效期限、销售状况、曾获荣誉等信息,或者服务的内容、提供者、形式、质量、价格、销售状况、曾获荣誉等信息,以及与商品或者服务有关的允诺等信息与实际情况不符,对购买行为有实质性影响的。此项规定包括两个条件:一是商品、服务及其允诺信息与实际情况不符。二是对购买行为有实质性影响的。如果信息不真实,但对购买决策没有实质性影响的并不构成本项规定的虚假广告。

(3)使用虚构、伪造或者无法验证的科研成果、统计资料、调查结果、文摘、引用语等信息作证明材料的。广告中使用科研成果、统计资料、调查结果、文摘、引用语等信息作证明材料可以增强广告的真实性,提升其传播效果。如果证明材料虚假、伪造则必然会欺骗、误导消费者,构成虚假广告。另外,无法验证的信息是不科学的,明知或应知这些信息无法验证,仍然在广告中使用,主观上存在过错,是欺骗、误导消费者的行为。

(4)虚构使用商品或者接受服务的效果的。广告中关于使用商品和接受服务的效果的描述,是吸引消费者的一种常见表现形式,从保护消费者合法利益的角度出发,广告中关于商品或服务的效果描述不能无中生有,也不能肆意夸大,否则构成欺骗、误导消费者。现实生活中有不少这种类型的虚假广告,例如药品广告中宣称"药到病除""百病不生",牙膏广告中宣称"四个星期让牙齿亮白"等。实践中,某些代言人未使用商品或者服务却在广告中宣称该商品或者服务具有某种效果,因为明星效应等原因,吸引众多的消费者购买了该商品或者服务,产生较大的社会影响。为此,本项规定,将含有"虚构使用商品或者接受服务的效果"内容的广告明确界定为"虚假广告",在有效制止这一违法现象的同时,倡导"言必有据",具有重要的法律和社会意义。

3. 虚假广告与虚假宣传的区别

"虚假广告"与"虚假宣传"的区别和认定是比较棘手的一个问题。两者之间并没有十分清晰的区分标准,而且"虚假广告"和"虚假宣传"有时会出现互相转化的情况。虚假广告必然是虚假宣传,但虚假宣传不一定是虚假广告,只有确定为"虚假广告"才能适用广告法律法规。在广告执法实践中,执法人员通常从以下3个方面来区分二者。

首先,两者的宣传方法不同。虚假宣传经常使用的宣传方法包括雇用他人诱导消费者、在经营场所现场演示、在经营场所对商品作虚假文字标注、举办虚假讲座等,虚假广告则是利用广告的方式进行虚假宣传。

其次,两者的表现形式不同。广告宣传的方法是可复制的,对象是不确定、无限的;商业宣传的方法是一次性的,对象是特定的或者有限的;广告宣传须通过特定的媒介和形式,而在营业场所内对商品进行演示、说明、上门推销,召开宣传会、推介会等形式,属于商业宣传。

最后,两者的法律适用不同。经营者所做的虚假宣传如果是通过广播、电视、报纸、期刊、印刷品、电话、互联网、户外广告等媒介实施的,则属于虚假广告,按照《广告法》的规定处罚;否则属于商业广告宣传,按照《反不正当竞争法》的规定处罚。从法律适用原则来讲,相对于《广告法》而言,《反不正当竞争法》是一般法,因此,按照"特别法优先"的原则,应当优先适用《广告法》。《反不正当竞争法》第二十条明确规定:"经营者违反本法第八条规定,属于发布虚假广告的,依照《中华人民共和国广告法》的规定处罚。"这一规定明确了《广告法》优先适用的原则——属于广告的违法宣传,依照《广告法》的规定处罚;不属于广告的违法宣传按照《反不正当竞争法》处罚。

(二)广告应当合法

广告的合法性是指广告活动主体在广告活动中应当遵守法律、法规和规章的规定,广告的内容和形式不能违背法律、法规和规章,体现在:广告所宣传的商品或者服务真实存在并符合国家关于商品及服务在生产、质量、价格、售后等方面的各项规定并在法律法规允许发布广告的商品及服务范畴内,广告宣传的表现形式和表现内容符合国家法律、法规和规章的规定,广告的发布程序要符合国家法律、法规和规章的规定。

广告合法性的基本要求包括以下几点。

(1)广告中宣传的商品和服务必须在准许广告宣传的范畴内。法律法规禁止生产、销售的商品或提供的服务,例如未取得生产许可证擅自生产的产品、假冒伪劣产品等,不得发布广告;我国明令禁止从事封建迷信活动、赌博活动,因此封建迷信活动和赌博活动不得进行广告宣传;有些产品允许生产但是有特定销售渠道,属于国家管制产品,不允许或者限制广告,例如特殊麻醉类药品、精神类药品、放射性药品、毒性药品、戒毒类药品,军队医疗机构、军队特需药品等。

(2)广告的表现形式和内容要符合法律规定。例如比较性广告问题,《广告法》第十三条规定:"广告不得贬低其他生产经营者的商品或者服务。"因此比较的表现手法在广告中要慎用。再如新闻广告,《广告法》第十四条规定:"广告应当具有可识别性,能够使消费者辨明其为广告。大众传播媒介不得以新闻报道形式变相发布广告。通过大众传播媒介发布的广告应当显著标明'广告',与其他非广告信息相区别,不得使消费者产生误解。"新闻报道与广告要有严格的区分,不允许披着"新闻外衣"而行"广告宣传"之实。还有广播电台、电视台发布广告要遵守国务院有关部门关于广告播出时长、方式的规定。

(3)广告的发布程序要符合法律规定。我国一些特殊商品及服务的广告在发布前要经过有关部门的审查,审查通过方可发布,如药品广告、保健食品广告、医疗广告、农药广告、兽药广告、特殊医学用途配方食品广告、转基因生物广告等。

(三)广告应当健康

"健康"的广告体现在3个方面。

1. 广告应当以健康的表现形式表达内容

"健康的广告表现形式"首先要符合社会主义精神文明建设要求,其次不得与我国广告法律法规相抵触。国内的广告从业人员或者在校的广告专业学生常常从国外一些著名广告奖项如戛纳国际创意广告奖、纽约广告奖、克里奥国际广告奖等获奖作品中学习和寻求创意灵感,但是忽略了一点,即只有在甄选和鉴别基础之上的"拿来主义"才能为我所用。不同文化、不同国情下国际广告奖项的评选标准与我国对优秀广告的评价标准并不完全一致。例如在接受"暴力美学"的某些欧美国家,暴力元素频繁被使用在广告创意中,但我国的《广告法》第九条明确规定广告中不得含有暴力内容。此外,幽默得没有边际也会让广告失去健康,2022 年福建漳州市某食品有限公司销售其生产的"避孕套造型软糖"等食品,在产品的包装盒上标注中英文文字和图片,并在其网店产品页面上发布广告,主要内容含有安全避孕套造型软糖果情趣零食、恶搞愚人节礼物、卫生巾棉花糖生日礼品等。该食品公司将"恶俗"等同于幽默,完全背离了广告要以健康的表现形式表达广告内容的要求。

2. 广告应当呈现正确的世界观、价值观和人生观

世界观是人们对整个世界总的看法和根本观点,辩证唯物主义和历史唯物主义在我国社会主义建设历程中被证明是关于自然、社会和思维发展一般规律的普遍概括,在我国,广告创意必须坚持辩证唯物主义和历史唯物主义的世界观。

价值观是指人们在认识各种事物价值的基础上,形成对事物价值的总的看法和根本观点。党的十八大提出,倡导富强、民主、文明、和谐,倡导自由、平等、公正、法治,倡导爱国、敬业、诚信、友善,积极培育和践行社会主义核心价值观。富强、民主、文明、和谐是国家层面的价值目标,自由、平等、公正、法治是社会层面的价值取向,爱国、敬业、诚信、友善是公民个人层面的价值准则,这 24 个字是社会主义核心价值观的基本内容,也是健康广告的创意起点。

人生观是指对人生的看法,即对于人类生存目的、价值和意义的看法。人类历史上最科学、最进步、最高尚的人生观是共产主义人生观,它的基本内核包括:以解放全人类,最终实现共产主义为奋斗目标和最高理想,并为实现这一远大目标而努力奋斗;以集体主义为核心,以全心全意为人民服务为人生目的,其本质是大公无私;以革命乐观主义为人生态度;以乐观精神和英雄气概对待人生道路上的各种问题。呈现正确的人生观是广告的重要使命。

3. 广告应当为弘扬中华优秀传统文化服务

优秀传统文化是中华民族世世代代形成、积累并传承下来的智慧结晶。广告应该从优秀传统文化中汲取营养和灵感,延续文化基因,萃取思想精华,展现精神魅力。广告中的时代精神要融汇优秀传统文化的生命力,推进优秀传统文化创造性转化和创新性发展,这是广告的特殊使命所在。

第二节 广告发布的一般标准

《广告法》的第八条至第十四条对各类商品和服务广告的内容和形式做了最基本的规定。此外,《中华人民共和国国家通用语言文字法》中的相关法条对广告语言文字进行了规定。

一、《广告法》第八条的规定

《广告法》第八条规定"广告中对商品的性能、功能、产地、用途、质量、成分、价格、生产者、有效期限、允诺等或者对服务的内容、提供者、形式、质量、价格、允诺等有表示的,应当准确、清楚、明白。广告中表明推销的商品或者服务附带赠送的,应当明示所附带赠送商品或者服务的品种、规格、数量、期限和方式。法律、行政法规规定广告中应当明示的内容,应当显著、清晰表示"。我国的《消费者权益保护法》中明确规定,消费者有知悉其购买、使用商品或者接受服务的真实情况的权利,也就是知情权,《广告法》的第八条实际上就是对这

一权益的规定和保障。第八条包含了三层内容,一是规定了广告中对商品和服务表述应遵循的原则;二是规定了附带赠送内容的明示义务;三是规定了法定明示义务。

(一)广告中对商品和服务的表述应遵循的原则

广告中对商品和服务的表述要遵循实事求是、客观的原则,不能含混不清,也不能使公众产生误解的原则。广告中出现有关商品性能、功能、产地、用途、质量、成分、价格、生产者、有效期限、允诺等或者对服务的内容、提供者、形式、质量、价格、允诺等的表述实际上是对消费者的一种承诺,使消费者能明了购买此商品和服务后将获得的利益。2015年12月28日至2016年1月10日,强生(中国)有限公司(下称当事人)在其实名认证的微信公众号"李施德林 LISTERINE(lsdl100)"中发布了"李施德林有李有聚"微信广告。该广告主要通过抢红包活动吸引消费者关注强生公司的微信公众号"李施德林 LISTERINE(lsdl100)",主要内容为"有李有聚 拼手气抢红包 欢聚好礼等你摇 中奖率高到《广告法》不让说"。"李施德林有李有聚"微信广告是由当事人市场部创意设计,由当事人委托上海新网迈广告传媒有限公司代理发布的,经当事人同意,上述广告的代理发布事宜由上海新网迈广告传媒有限公司全程委托给上海氩氪广告有限公司处理,由上海氩氪广告有限公司与当事人直接联系,管理和运营微信公众号"李施德林 LISTERINE(lsdl100)",并发布上述广告。当事人的广告语"中奖率高到《广告法》不让说"原意是指在此次广告宣传的活动中,抢红包的中奖率为100%,但当事人并未准确表达上述意思,广告内容所传达的信息不清楚、不明白。上海市工商行政管理局检查总队认为,当事人发布上述广告的行为违反了《广告法》第八条规定,构成发布不清楚、不明白广告的违法行为。在一般情况下,法律并不要求广告必须对商品的性能、功能、产地、用途、质量、成分、价格、生产者、有效期限、允诺等作出表示,但一旦广告主特意在广告中以上述信息作为卖点吸引消费者,则必须表述准确、清楚、明白。

(二)附带赠送内容的明示义务

第八条第二款规定:"广告中表明推销的商品或者服务附带赠送的,应当明示赠送商品或者服务的品种、规格、数量、期限和方式。"推销商品和服务时附带赠送礼品是企业促进销售的重要手段,但由于实践操作时企业的促销广告中缺失赠送产品和服务的细节信息,例如数量、规格、品种、赠送期限和方式等,产生了很多纠纷,例如消费者购买了商品、接受了服务却没有获得相应的赠品,或者得到的不是自己理解中的赠品,诸如"买一赠一",所赠的并非所购买的商品或服务。更有甚者,有的消费者去购买这种商品或接受这种服务的时候,才发现广告中赠送的内容是附条件的,而这些条件往往并不是消费者愿意接受的。根据《消费者权益保护法》,为促销所提供的赠品和免费服务同样在消费者维权的受理范围内,因此消费者知情权同样适用于赠品。对这一规定,我们应从两方面去理解,首先,对广告活动主体而言即使是赠送的礼品,该礼品也应当保证质量,不得以劣质产品作为赠品;其次,应当明确标明赠品的品种、规格、数量、期限和方式,不得误导消费者。

(三)法定明示义务

一些特殊商品和服务对消费者的身体健康、生命安全、生产安全、财产安全等会产生重要影响,例如药品、保健食品、医疗、农药、兽药、金融产品等,为了更好保护消费者利益,法律、行政法规对其广告中应当明示的内容作了明确规定。例如《中华人民共和国畜牧法》第二十九条规定,种畜禽广告中要"注明种畜禽品种、配套系的审定或者鉴定名称,对主要性状的描述应当符合该品种、配套系的标准"等。

二、《广告法》第九条的规定

《广告法》第九条一共有十一项规定。

（一）广告不得使用或者变相使用中华人民共和国的国旗、国歌、国徽，军旗、军歌、军徽

2019 年 9 月，许昌某汽车销售服务有限公司在其公司注册、运营的微信公众号上发布了一则广告，该广告中多处使用了中华人民共和国国旗。许昌市市场监督管理局在接到河南省市场监督管理局广告监测平台转来的案件线索后，对该微信公众号进行了检查，发现该微信公众号中发布的广告违法使用国旗，将国旗变成了蓝色，违反法律规定。执法人员到该公司检查后，向该公司送达了责令整改通知书，该公司于当日删除了这则广告。中华人民共和国国旗、国歌和国徽都是中华人民共和国的象征和标志，每一个中华人民共和国的公民都有责任和义务维护国旗、国歌和国徽的尊严。在现实生活中，公开玷污国旗、国歌和国徽尊严的情况并不多见，但无法正确使用的现象却不少见，对此应秉持"小处不可小视"的态度，真正做到从细微处维护国旗、国歌和国徽的尊严。《宪法》第一百四十一条规定了中华人民共和国国旗是五星红旗，中华人民共和国国歌是《义勇军进行曲》。第一百四十二条规定了中华人民共和国国徽中间是五星照耀下的天安门，周围是谷穗和齿轮。此外，为维护国旗、国歌、国徽的尊严，《中华人民共和国国旗法》《中华人民共和国国歌法》《中华人民共和国国徽法》中对国旗、国歌和国徽的使用方式和使用场合做了非常严格的规定，明确规定在商业广告中不得使用或变相使用国旗、国歌和国徽。公益广告中可以使用国旗、国歌和国徽，但须强调正确使用。2019 年 5 月，湖南省湘潭市某汽车品牌经销商在自发举办的为当地贫困学生捐赠的公益活动中，在国旗上不当标注文字，造成了不良的社会影响，即使是公益活动中使用国旗，也绝不能在国旗上涂画，这是对国旗的尊重。

军旗、军歌和军徽是我军荣誉、勇敢和光荣的象征。中国人民解放军军旗为红色，上缀金黄色的五角星及"八一"两字，表示中国人民解放军自 1927 年 8 月 1 日南昌起义以来经过艰苦卓绝的长期斗争，终于在党的领导下取得了中国革命的伟大胜利。《中国人民解放军进行曲》为中国人民解放军军歌，《中国人民解放军进行曲》体现了我军的性质、任务、革命精神和战斗作风，反映了我军的光辉战斗历程。中国人民解放军军徽为镶有金黄色边的五角红星，中嵌金黄色"八一"两字，亦称"八一"军徽。陆军军徽亦即中国人民解放军军徽；海军军徽以"八一"红星军徽为主体，衬以银灰色铁锚和一节锚链，代表舰艇；空军军徽是在"八一"红星军徽的基础上，衬以金黄色飞鹰两翼，两翼象征着人民空军的英勇果敢，为捍卫祖国领空而翱翔无阻。《中国人民解放军内务条令》中对军旗、军歌和军徽的使用做了明确规定，结合《广告法》第九条第一项规定，商业广告中禁止使用军旗、军歌和军徽，公益广告中要正确使用军旗、军歌与军徽。

（二）广告不得使用或者变相使用国家机关、国家机关工作人员的名义或者形象

2015 年 9 月起，北京某教育科技有限公司东单分公司在其经营场所内摆放宣传册，供消费者取阅。宣传册中使用了时任北京市副市长等人的形象和名义进行宣传，对于该行为，北京市工商行政管理局东城分局依据《广告法》作出了责令当事人停止发布广告，并罚款 20 万元的行政处罚决定。

国家机关是指依照法律和行政命令组建的从事国家管理活动的各级国家权力机关、行政机关、审判机关和法律监督机关，是代表国家从事管理活动的组织。在日常语言表达体系中，人民群众会将国家机关工作人员等同于公务员，但事实上这二者是有区别的。根据《最高人民检察院关于渎职侵权犯罪案件立案标准的规定》中的司法解释，国家机关工作人员是指在国家机关中从事公务的人员，包括在各级国家权力机关、行政机关、司法机关和军事机关中从事公务的人员。具体来说，国家机关工作人员涵盖了在依照法律、法规规定行使国家行政管理职权的组织中从事公务的人员，在受国家机关委托代表国家行使职权的组织中从事公务的人员，虽未列入国家机关人员编制但在国家机关中代表国家机关行使职权、从事公务的人员，在乡(镇)以上中国共产党机关、人民政协机关中从事公务的人员。而根据《中华人民共和国公务员法》第二条规定，公务员是指依法履行公职、纳入国家行政编制、由国家财政负担工资福利的工作人员。从涵盖的范围来看，国家机关工作人员要大于公务员。在我国，国家机关和国家机关工作人员代表国家行使管理国家公共事务的权力，限制在广告中使用国家机关和国家机关工作人员的名义，是为了维护国家利益和形象，也是考虑到广告主作为市场主体参与竞争的公平和公正原则。

在公益广告中，如果取得了被使用者的书面同意，可以使用国家机关及其工作人员的名义。如1998年全国公益广告抗洪救灾篇，里面就出现了当时国家领导人的形象。事业编制的工作人员原则上不受此规定限制，但是在商业广告中如果事业编制人员是以其单位代表的形象出现的，而其单位具有法律、法规授权的公共事务管理职能，则同样不被允许。有些事业单位工作人员的商业行为也可能有相应的行业规范来加以限制，比如说广播电视播音员和主持人，国家广电总局在2004年颁布了《中国广播电视播音员主持人职业道德准则》，里面的第三十一条规定：广播电视播音员"不从事广告和其他经营活动。不将自己的名字、声音、形象用于任何带有商业目的的文章、图片及音像制品中"。

（三）广告不得使用"国家级""最高级""最佳"等用语

广告中对商品和服务信息展开描述时要注意措辞，必须科学、客观。诸如"国家级""最高级""最佳"等此类的用语很容易误导消费者，同时又有贬低同类其他产品和服务的意味。绝对化用语有常见的两种情况：一种是诸如与"最""顶级""极品"等含义相同的形容词；另一种是以一定的地域作为形容词，如"国家级""世界级"等。这项规定是对《广告法》总则中第三条、第四条和第五条中相关规定的具体化，这三条中与之相关的关键内容包括"广告应当真实""广告不得含有虚假或者引人误解的内容""从事广告活动，应当遵守法律、法规，诚实信用，公平竞争"。鉴于经济活动的不断发展变化，对商品和服务作绝对化表述在很多情况下是与事实不符的，这就构成了虚假广告，不仅如此还贬低了竞争对手，误导了消费者。有的广告中在绝对化用语前进行了限定，例如"可能是最好的""好到《广告法》不让说"，这类表述从传播效果来看对于消费者的误导与直接使用绝对化用语没有本质区别，同样违反了本项规定。

这样一来又产生一个问题，在真实、不违反公平竞争和不误导消费者的基础上，能否在广告中使用绝对化用语。各地监管部门的执法实践给出了答案。2015年，上海市工商行政管理局通过官微指出，"首个""独家""唯一"等用语，如果有事实依据，不致引人误解的，可以使用，该局在2016年广告审查提示文件中表示，使用表示时空顺序的用语，或者可被证实的历史事实，不会发展变化的，如"首款、首秀、首发、最早、独家、唯一"，以及"销量、销售额、市场占有率第一"等，不构成绝对化用语。此外，一些地方性法规也对"例外允许"的情况做了规定,例如《浙江省广告管理条例》第七条中对可在广告中使用的绝对化用语也做了清晰的界定:①使用"最早""首家"及其他表示时空顺序的用语;②使用"本公司最新产品""本产品顶配款式"及其他表示自我比较的用语;③使用"消费者满意第一""顾客至上""力求最好"及其他表示经营理念和目标诉求的用语;④使用的按照法律、法规和国家有关规定评定的奖项、称号,或者按照国家标准、行业标准认定的商品或者服务分级用语中,含有"国家级""最高级""最佳"及其他词义相同的用语。总之,绝对化用语的使用范围应当以"真实、公平竞争、不误导消费者"为基本原则,并非所有含"最"的词都不能使用。在实际执法过程中,广告监管机关并没有将绝对化用语一刀切,而是在尊重事实、保护消费者合法权益、维护企业公平竞争的基础上对广告中的绝对化用语进行了切分。这样的执法行为不仅没有背离立法初衷,反而是对这一法律规定的具体阐释。

2023 年 2 月,国家市场监督管理总局发布了《广告绝对化用语执法指南》,明确了市场监督管理部门对含有绝对化用语的商业广告开展监管执法,应当坚持"过罚相当、公平公正、处罚和教育相结合、综合裁量的原则"。此外,指南中对不适用《广告法》关于绝对化用语的情况也做了规定:①广告中使用绝对化用语未指向商品经营者所推销的商品,仅表明生产经营者的服务态度或者经营理念、企业文化的。②广告中使用绝对化用语未指向商品经营者所推销的商品,仅表达经营者或商品的目标追求的。③绝对化用语指向的内容,与广告推销的商品性能、质量无直接关联,且不会对消费者产生误导的其他情形。④广告中使用绝对化用语指向商品经营者所推销的商品,仅用于对同一品牌或同一企业商品进行自我比较的描述,且表述内容真实。⑤广告中使用绝对化用语指向商品经营者所推销的商品,仅用于宣传商品的使用方法、使用时间、保存期限等消费提示。⑥广告中使用绝对化用语指向商品经营者所推销的商品,依据国家标准、行业标准、地方标准认定的商品分级用语中含有绝对化用语并能够说明依据的。⑦商品名称、规格型号、注册商标或者专利中含有绝对化用语,广告中使用商品名称规格型号、注册商标或者专利来指代商品,以区分其他商品。⑧依据国家有关规定评定的奖项、称号中含有绝对化用语。⑨在限定具体时间、地域等条件的情况下,表述时空顺序客观情况,或者宣传产品销量、销售额、市场占有率等事实信息。另外,在前述 9 种情况之外,初次在广告中使用绝对化用语,且危害后果轻微并及时改正的,可以不予行政处罚。

(四)广告不得损害国家的尊严或者利益,泄露国家秘密

2017 年 11 月,上海市工商行政管理局静安分局开出了一张大额罚单。当事人上海某营销咨询有限公司为客户在动车组列车展牌媒介及航机杂志上设计广告,广告中使用的中华人民共和国地图未将国界线完整、准确地表示出来,严重损害了国家尊严及利益,违反了《广告法》第九条规定,因此上海市工商行政管理局静安分局作出了行政处罚,没收广告费8.8 万元,罚款 100 万元。另有,2022 年 5 月 9 日,浙江某服饰有限公司因发布损害国家尊严的广告,被浙江省杭州市西湖区市场监督管理局罚款 80 万元,具体处罚事由为,经鉴定,该公司官网子页面广告展示的地图图片中,中国地图边界表示不完整,台湾岛、海南岛及南海诸岛均无法看清,已有界线上也存在漏绘阿克赛钦、藏南地区的问题,该案例中的违法主体同样是未将国界线完整、准确地表示出来,损害了国家的尊严和利益。我国的行政法规《地图管理条例》第五条明确规定:"公民、法人和其他组织应当使用正确表示国家版图的地图。"除了国界线外,一个中国原则也是国家尊严和利益的重要内容。2022 年杭州某出国

留学咨询服务有限公司在公共自行车固定停靠点的灯箱媒体上发布含有"留学美国、英国、香港、澳大利亚、新西兰、加拿大、日本、韩国、新加坡、俄罗斯、马来西亚、乌克兰等 24 个国家 2600 余所海外院校,等你来选择!"的广告内容,广告中将香港列为国家,因其行为构成了发布损害国家尊严或者利益的广告行为,杭州市下城区市场监督管理局作出行政处罚决定,对当事人处以罚款 20 万元。此外,党和国家的重大活动同样关涉国家尊严和利益。禁止借党和国家重大活动从事商业宣传,是为了保障党和国家重大活动期间意识形态安全。2021 年 7 月 1 日是中国共产党建党 100 周年,不少企业和商家嗅到商机,纷纷在广告中借庆祝党的 100 周年来宣传促销产品,2022 年我国召开党的第二十次全国代表大会,又有不少商家借此进行营销炒作,这种"商机"都是建立在无视国家尊严和利益基础上的牟利行为。

"国家尊严"又称"国家荣誉",是国家的一种特性,包括党和政府的尊严,领袖的尊严,民族与人民的尊严,领域、领空、领海的尊严,政策法令的尊严,法律道德的尊严等。国家尊严不仅涉及某些礼遇性的问题,有时也带来某些法律上的问题。例如,国家元首不受诽谤,国旗、国徽等不得被乱用或失敬等都是礼遇性问题;如果国家尊严被损害或无视,则涉及法律上的问题。2011 年 9 月 16 日,国务院新闻办公室发布的《中国的和平发展》白皮书,第一次展示了我国国家核心利益,包括国家主权、国家安全、领土完整、国家统一、中国《宪法》确立的国家政治制度和社会大局稳定、经济社会可持续发展的基本保障等 6 个方面。"国家利益"是保障国家生存、独立发展、有尊严的全部物质条件和精神条件的总和,国家利益是高于一切的利益,绝不允许任何人、任何组织和国家侵犯。

关于国家尊严和利益,广告从业人员要从以下 4 个方面来理解。

第一,国家尊严和利益不容亵渎。国家尊严和利益是一个主权国家的底线,任何组织和个人都不能损害。不管是有意侵害还是无意亵渎,都应该受到应有的制裁。前文中的某营销咨询有限公司、浙江某服饰有限公司、杭州某留学机构的做法损害了国家尊严和利益(领域、领空、领海的尊严和领土完整的核心利益),必会受到行政处罚。

第二,维护国家尊严和利益体现在日常生活中的点点滴滴。国家尊严和利益并非可见、可触,但却实实在在体现在我们日常生活小事中。例如,在广告效果图中展示国家地图时不错绘、漏绘地图,不在地图上表示涉军、涉密敏感信息,广告文案中国家和地区名称正确表达,不借着党和国家的重大事件进行营销炒作,直播活动中主播在关涉国家利益方面的话语应斟酌等。作为广告从业人员,只有心中装着国家尊严和利益,才能在业务实践中维护国家尊严和利益。

第三,国家尊严和利益无小事。日常生活中,很多小事或细节处理不到位会导致大错误。案例中的广告公司未必不尊重国家尊严和利益,但在广告设计制作过程中忽视细节问题,才导致了损害国家尊严和利益的严重后果。在国家尊严和利益上绝无小事,只有谨记这一点,才能避免类似事件发生。

第四,依法维护国家尊严和利益。国家尊严和利益不仅要靠每一个公民自觉维护,也要依靠法律来强制维护。广告监管机关依据《广告法》对违法主体实施处罚,正体现了这一点。

依据《中华人民共和国保守国家秘密法》的相关规定,"国家秘密"是指关系国家安全和利益,泄露后可能损害国家在政治、经济、国防、外交等领域的安全和利益的,依照法定程序确定,在一定时间内只限一定范围的人员知悉的事项。任何组织和个人都不能泄露国家秘密。广告从业人员不得借广告事务为名获取、传输、泄露国家秘密。

(五)广告不得妨碍社会安定,损害社会公共利益

社会安定是国家兴旺的象征,也是人民幸福的始终,维护社会安定是每一个社会成员应尽的义务,广告内容妨碍社会安定的,应当予以制止。该法条并没有明确规定何种形式的广告、何种内容的广告会导致"妨碍社会安定",判断广告妨碍社会安定,可以参考其他的法律法规及行业规范。2022年9月,国家互联网信息办公室、工业和信息化部、国家市场监督管理总局联合发布了《互联网弹窗信息推送服务管理规定》,其中第五条规定"不得集中推送、炒作社会热点敏感事件、恶性案件、灾难事故等,引发社会恐慌",结合2016年中国广告协会发布的《坚持正确导向、抵制不良广告行为倡议书》中号召"广告要慎重利用敏感人物、敏感事件,以免引发不良政治影响",由此可推知,广告中若利用敏感事件、敏感人物、灾难事故等没有把握好尺度,引发社会恐慌的,就涉嫌"妨碍社会安定"。

社会公共利益是与个人利益、集体利益、国家利益等并列的民事权益,关于社会公共利益的内涵,学界一直众说纷纭,莫衷一是,唯一的共识是社会公共利益概念是一个不确定的法律概念,诚如众多法学学者所言,社会公共利益的内容和具体表现形式是一个开放型体系,具有相对性的特征,即便如此,在开放型外衣之下仍有一些重要的、稳定的内核。第一,利益内容的合法合理性。例如,出于社会公共利益的考量对公民基本权利的克减和限制行为必须坚持法定与合法原则,此外还应权衡社会公共利益与相对利益所牺牲利益的大小比例,达到最优化的利益平衡。第二,利益效果的公共受益性。公共利益并非以盈利为目标,具有明显的公益性,体现为社会共享性和非排他性,社会共享性表明受益对象的广泛性,不局限于某地域、某部门、某群体,非排他性则意味着不能排斥作为社会构成要素的任何个体从社会利益中受益,且任何个体从社会公共利益中受益并不减少其他个体从中受益的量和质。第三,利益目标的社会进步性。社会公共利益应该促进社会发展、文明进步。这要求社会公共利益必须符合现代文明进步、社会发展的道德要求,追求社会公共利益的手段和方式必须符合现代文明社会的准则,社会公共利益不仅协调当前社会的各种利益冲突,更要考虑当代与未来的利益权衡。考虑到广告属于社会经济范畴,从"社会公共利益"在我国经济法中的呈现来看,它包含着三层意思:第一,从竞争秩序的角度来说,"社会公共利益"是指以公平竞争为基础的经济秩序本身,广告活动不得妨碍和破坏健康有序的经济秩序。第二,从保护弱势群体与社会公平出发,"社会公共利益"是指弱势群体的合理诉求,广告不得损害和歧视弱势群体的合法权益与合理诉求。第三,从立足国家总体宏观经济运行来看,"社会公共利益"是指包括生产者、消费者在内的国家宏观经济的整体利益,广告运作不得有损宏观经济的有序运行。

(六)广告不得危害人身、财产安全,泄露个人隐私

人身安全是人类的基本生存需要,每个人的人身安全不仅直接关系到本人的切身利益,也时刻牵动家庭和社会。广义人身安全的范畴包括人的生命、健康、行动自由、住宅、人格、名誉等安全,狭义人身安全是指作为自然人的身体安全。财产安全是指公民或组织合法拥有的金钱、物资、房屋、土地使用权等物质财富不受侵犯的权利。在现实生活中,会出现一些特殊商品和服务的广告诸如"跟踪器""万能钥匙""迷魂药""复仇、讨债"等。这些商

品和服务的广告给社会带来了严重的危害,一些别有用心的不法分子极有可能通过广告信息购买相关产品从事不法活动,从而给公民的人身和财产安全带来危害。

个人隐私是指公民个人生活中不愿为他人公开或知悉的秘密,隐私权是自然人享有的对其个人的、与公共利益无关的个人信息、私人活动和私有领域进行支配的一种人格权。对个人隐私的理解必须置于法律框架中,隐私权的法律概念对个人隐私进行了逻辑限制,一是个人所有的,二是与公共利益无关的,即自然人仅对其本人所有的、与公共利益无关的个人信息、私人活动和私有领域享有支配权。而对于不是其本人所有的、不是与公共利益无关的个人信息、私人活动和私有领域,则个人没有支配权。广告侵害消费者个人隐私的表现大致有以下几种:广告内容使用顾客的真实信息。一些打印店将客户的名片作为宣传样本,一些婚纱影楼将顾客的婚纱照挂于橱窗中作展示,一些辅导机构将学生的姓名、入学成绩、强化培训后的成绩等私人信息刊登在宣传材料上等,公民的私生活受到垃圾短信的侵扰。随着智能手机的普及,人们在利用智能手机下载第三方应用程序和安装软件时,手机号码、通讯录、短信记录、通话记录等被盗的现象时有发生,这是最危险的广告侵害隐私的现象。2021年11月1日正式实施的《中华人民共和国个人信息保护法》对采集消费者个人信息的精准推送也做了严格规定,其中第十六条规定"个人信息处理者不得以个人不同意处理其个人信息或者撤回同意为由,拒绝提供产品或者服务",极大地保障了网民的个人信息安全。

(七)广告不得妨碍社会公共秩序或者违背社会良好风尚

2014年4月17日,浙江杭州《都市快报》上有一则"寻狗启事",启事中称:爱犬于4月15日走丢,失主愿意用刚订的一套某楼盘的房产作为报酬。当地群众的朋友圈中迅速转发了该"寻狗启事"。当地工商行政管理局经过调查发现,该寻狗启事实为楼盘广告,对其进行了处罚,处罚事由中有"当事人宣传的广告内容虚假且妨碍了社会公共秩序,违背了社会良好风尚"。所谓"社会公共秩序",是指人们在长期的生活、学习、工作、科研等过程中形成的一种稳定的合法的社会状态。具体包括国家机关、企事业单位、社会团体的生产秩序、经营秩序、教学科研秩序、医疗卫生秩序,以及公共场所的活动秩序、公共交通秩序、人民群众的生活秩序等。根据《中华人民共和国治安管理处罚法》(以下简称《治安管理处罚法》)的相关规定,扰乱社会公共秩序的行为主要有:①扰乱机关、团体、企事业单位秩序的行为;②扰乱公共场所秩序的行为;③扰乱公共交通工具秩序的行为;④影响交通工具正常行驶的行为;⑤破坏选举秩序的行为;⑥扰乱文化、体育等大型群众性活动秩序的行为;⑦散布谣言,谎报险情、疫情、警情的行为;⑧组织、教唆、胁迫、诱骗、煽动他人从事邪教、会道门活动的行为。案例中的"寻狗启事"在当地部分群众中引起了"不上班去找狗"的行为冲动,在一定程度上扰乱了当地企事业单位正常的生产经营秩序和群众的生活秩序。

社会良好风尚,是指一个特定的社会中广大人民群众在思考什么、追求什么,以及由此所产生的社会风气或社会时尚。在社会发展进程中,社会风尚兼具被决定性和决定性两种属性。一方面,社会风尚是被决定的,是由特定社会的内在道德决定的,是社会道德的外在的感性呈现;另一方面,社会风尚形成后,又会反过来影响一个社会的道德塑造,强烈地影响着人们对是和非、正和邪、美和丑的判断和认识。从这个角度来说,广告人应自觉抵制低俗、丑恶现象,在社会道德的框架内寻找广告创意、设计的灵感,把社会良好风尚的传播作为重要使命。

（八）广告不得含有淫秽、色情、赌博、迷信、恐怖、暴力的内容

淫秽色情是指广告中刻意利用露骨的色情场面来做卖点。当前网络上有一类"软色情广告"，这类广告虽然不直接呈现色情画面，但以充满挑逗意味的画面吸引受众注意力。正因为如此，软色情广告披着"艺术"的外衣，凭借其传播范围广、影响面大、渗透性强等特点，在网络上获得了生存空间。广告是否具有色情意味或色情暗示，广告商、一般受众、市场监督部门看待问题的出发点是不同的，考虑到广告不是做给广告商和市场监督部门看的，因此对于广告是否"色情"，起最终评价作用的是受众。

凡以营利为目的，以财物作赌注比输赢的活动，都是赌博行为，在《宪法》《民法典》《治安管理处罚法》中都有对赌博的禁止性规定。在我国任何形式的赌博都是违法行为，必须严厉禁止，坚决取缔。广告中绝对不允许出现赌博的内容或对赌博的宣传。

在我国，迷信主要是指那些神汉、巫婆和迷信职业者利用封建社会遗留下来的巫术，进行装神弄鬼、妖言惑众、骗钱害人的活动，如请神降仙、驱鬼治病、相面揣骨、测字算命、看风水等，这类封建迷信活动，起着破坏社会秩序、扰乱人心、损害群众身体健康的作用。迷信与宗教有着本质区别。在我国，正当的宗教活动是受法律保护的，但应当在一定场合和范围内进行，根据《宗教事务条例》规定，信教公民的集体宗教活动，一般应当在宗教活动场所内举行，且由宗教教职人员或符合宗教规定的其他人员主持，按照教义教规进行。《宗教事务条例》中也明确规定，禁止以宗教名义进行商业宣传。"菩萨""佛祖"等是宗教专有形象，具有特定宗教意义，其用于商业广告活动，超出了正常宗教活动范畴。含有迷信内容的广告既违背了我国相关法律规定，也与社会主义精神文明建设格格不入。

恐怖是指广告中有使人极度恐惧的场面和画面，暴力是指广告中有烧杀、搏斗的场面，丑恶是指广告中含有歪曲、畸形的行为方式。与国外不同，我国悠久的历史文化造就了特有的社会道德风尚，在国外可以在广告中出现露骨的色情场面和血腥的暴力场景，也可以有令人窒息的恐怖内容，但这些广告内容和表现方式是与我国的道德规范背道而驰的。

（九）广告不得含有民族、种族、宗教、性别歧视的内容

我国是多民族国家，民族关系和民族稳定是我国政府最为关注的政治问题之一。我国《宪法》第四条也明确规定，"中华人民共和国各民族一律平等""禁止对任何民族的歧视和压迫"。广告作为大众文化的重要组成部分，也承担了引导正确社会观念的责任，不仅不应该出现民族歧视的内容，而且要提倡在适当的情况下宣扬民族团结。

根据《辞海》解释，"种族"亦称"人种"，是在体质形态上具有某些共同遗传特征的人群。种族歧视是对人类尊严的凌辱，受到了国际舆论和国际组织的一再谴责。1973 年 11 月 30日，联合国通过《禁止并惩治种族隔离罪行国际公约》，再次明确宣布，凡犯有种族隔离行为的组织、机构或个人，即为犯罪，应负国际罪责。

歧视性广告中比较常见的就是性别歧视，而性别歧视广告最多的是对女性的歧视。广告中的女性永远是温柔、脆弱、贤惠的，她们要么在操持家务，相夫教子，要么就为了获得男人追随的目光，在美白、护肤、减肥……广告中的男女处于一种不平等的关系，在这种不平等的关系中，女性丧失了自我尊严，失去了自我存在的价值，而只是作为男人的附庸。作为"半边天"的女性，她们的才能是多方面的，她们可以是政坛精英，可以是商界巨擘，也可以是体坛新秀。可是在广告中，女性能和男性同样承担社会工作的一方面被有意无意地忽

略,广告中的女性常被塑造成美丽、乖巧的单向度的人。

《宪法》第三十六条规定"中华人民共和国公民有宗教信仰自由",但宗教活动必须在适当的场合进行。宗教歧视广告在我国并不多见,但是在国外时有发生。20 个世纪 80 年代,日本索尼公司的一则电视广告在泰国引发了巨大争议,这则广告的主角是佛祖释迦牟尼,镜头中的佛祖在戴上索尼耳机后跟随音乐不停摇摆,此时出现字幕"索尼,让佛祖心动"。佛教是泰国的国教,释迦牟尼是佛教创始人,索尼的这则广告虽然充满创意,但忽略了泰国人民对于宗教的虔敬,显然索尼越"雷池"了,激起了泰国民众的愤怒。不久,泰国政府责令索尼公司停播该广告,同时规定,在随后的一年里,任何公众媒介不得刊登任何有关索尼的信息,给索尼公司造成了巨大的损失。针对宗教活动、宗教用品,以及以讲经、传道为内容的图书、音像制品的广告,国家工商行政管理局 1997 年发布了《关于加强对含有宗教内容广告管理的通知》,通知中对此做了规定:任何单位和个人不得在大众传播媒介及非宗教活动场所发布有关宗教活动、宗教用品、宗教活动纪念品的广告,以及以讲经、传道等为内容的图书、音像制品的广告。如确实由于特殊需要在大众传播媒介及非宗教活动场所发布上述广告,须经省级以上宗教事务部门同意并报同级工商行政管理机关备案。

(十)广告不得妨碍环境、自然资源或者文化遗产保护

环境、自然资源和文化遗产保护是关系人民群众生活质量、关系国家经济可持续发展、关系中华民族历史文化传承的重要事项。我国在环境、自然资源和文化遗产保护方面出台了《中华人民共和国环境保护法》《中华人民共和国水污染防治法》《中华人民共和国水土保持法》《中华人民共和国环境噪声污染防治法》《中华人民共和国野生动物保护法》《中华人民共和国海洋环境保护法》《中华人民共和国文物保护法》《中华人民共和国非物质文化遗产法》等众多法律法规。广告主体有责任、有义务在广告业务运作过程中,自觉遵守国家在环境、自然资源和文化遗产保护方面的各项规定。自觉履行下列事项:①拒绝不符合国家环保标准产品的广告业务;②拒绝不利于环境、自然资源和文化遗产保护的产品广告业务;③广告中不出现不利于环境、自然资源和文化遗产保护的内容;④不在危害环境、自然资源和文化遗产的区域设置户外广告。

(十一)法律行政法规规定禁止的其他情形

在传播手段和数字技术日新月异的背景下,广告的运作方式和表现形态也在快速转变和发展,广告法不可能穷尽广告不得含有的所有情形,为了更好地规范广告活动,本项作了衔接性规定,作为兜底条款。

法律行政法规规定禁止的其他情形主要有以下几个方面。

1.禁止发布将人民币变相作为奖券的广告

2004 年年末石家庄市一大型商场因在搞促销活动时搞送福、送幸运、送惊喜的促销活动,在当地一些媒介上刊登广告,称在 12 月 18 日至 22 日期间,凡顾客手中持有号码为20021218 或末尾号为 1218、18 的人民币,可购得超值商品。其中有 20021218 号码的 5 元以上任意一种面额的人民币,相当于其 100 倍的价值;末尾号为 1218 的 10 元以上任意一种面额的人民币,相当于其 10 倍的价值;末尾号为 18 的人民币相当于其 1.5 倍的价值。2017 年浙江省广告监测中心监测到该省部分报纸、电视和广播媒介上出现"百元人民币换酒"内容的广告。广告中宣称"只要你有这样的一百元,比如号码中有三位连号或者同号

的、顺子号、豹子号(后三位同号)等特殊号码的百元钞就能兑换一箱×××酒"。

以上所举案例中的广告涉嫌将人民币变相作为奖券,违反《中华人民共和国人民币管理条例》(以下简称《人民币管理条例》),影响了人民币的声誉,国家工商行政管理局早在1996年就发布了《关于禁止发布将人民币变相作为奖券使用的广告的通知》,通知中明确规定禁止在广告中宣称凡持有某种号码、某种版或某种面值的人民币,可换取标价超过其面值的商品、服务或兑换到超面值的人民币等内容。此外,根据《人民币管理条例》第二十六条规定,未经中国人民银行批准,不得在宣传品、出版物或者其他商品上使用人民币图样。这意味着广告中如果使用人民币图案,需要经过中国人民银行批准。

2. 严格控制评比类广告

1997年6月,一个名曰"97江西省VCD"消费者市场调查活动组委会的组织在南昌某宾馆召开新闻发布会,称该组织根据来自全省各地近千份的调查问卷对江西省VCD市场进行了一次综合考评,这个组委会一口气向社会推荐了14种名牌精品。此外,该组织将包括爱多产品在内的27种VCD斥为有问题产品。其实这个组织是以调查为名向企业索要钱财,只要花钱就可以买到"推荐产品"之名,不掏钱就可能被斥为有问题产品。而掏了钱的企业就可以将获得的名不副实的头衔用于广告宣传,以此吸引消费者。此前,中共中央办公厅、国务院办公厅在1996年发布了《关于严格控制评比活动有关问题的通知》,根据该通知的精神,国家工商行政管理局发布了《关于严格控制评比类广告的通知》,1999年又发布了《关于停止发布含有乱评比、乱排序等内容广告的通知》,该通知中明确规定:"除按法律规定和国务院批准的各类带有评比性质的企业营销信息发布活动外,禁止在广告中使用排序、推荐、认定、上榜、抽查检验、统计、公布市场调查结果等对企业及其商品、服务进行排序或综合评价的内容。如'全国销量第一'、'市场占有率第一'、'市场主导品牌'、'消费者首选品牌'、'中国公认名(品)牌'、'×××推荐产品(品牌)'、'×××认定'、'×××认可'、'×××展示'、'×××荟萃'、'×××指定'、各种满意率、信任率,以及某类商品、服务上榜企业等。"此后,为进一步贯彻执行《关于停止发布含有乱评比、乱排序等内容广告的通知》,国家工商行政管理局又下发了《国家工商行政管理局关于执行〈关于停止发布含有乱评比、乱排序等内容广告的通知〉中有关问题的通知》,在此通知中又对一些具体问题进行了规定:①关于"指定产品(商品)"的问题。对赞助体育比赛、文艺演出等大型活动的企业,在广告宣传中不得使用"指定产品(商品)",可使用"×××活动赞助商(商品)";对提供赞助商品并在该项活动中使用的,可在其商品广告宣传中使用"×××选用商品"。②关于"名牌""著名商标"的问题。禁止在广告中使用"中国名牌""地方名牌""著名商标"。经地级以上人民政府认定的地方名牌,可在广告中使用"×××省名牌""×××市名牌";经省级人民政府认定的地方著名商标,可在广告中使用"×××省(市)著名商标"。

3. 禁止在广告(含包装及标签)中滥用"特供""专供"等标识内容

部分商品的生产经营者在商品的包装及标签上滥用"特供""专供"等标识内容,欺骗和误导消费者,破坏市场公平竞争环境,使用含有"国家机关专供""国家机关特供"的包装及标签,严重损害了国家机关形象。为维护良好的市场经济秩序,国家工商行政管理总局、工业和信息化部、商务部、国家质量监督检验检疫总局曾多次联合开展清理整顿部分商品包装、标签上滥用"特供""专供"标识专项行动,并于2011年8月制定了关于开展清理整顿部分商品滥用"特供""专供"标识专项行动的通知——《关于开展清理整顿部分商品滥用"特

供""专供"标识专项行动的通知》。通知中明确了清理整顿的内容:①出现"专(特)供××
×(国家机关)""×××(国家机关)专用""×××省(市)指定接待专用产品""军队特供"
"军需特供"等国家机关的名义及类似内容。②生产经营者无事实依据,假借"特供""专供"
或类似名义推销商品、服务,进行引人误解的虚假宣传。③利用与国家机关有密切关联的
特定地点名称或者标志性建筑物的名称,以及利用国宴、国宾等内容宣传"特供""专供""专
用"或类似内容。④含有"特供""专供"等类似内容的假冒伪劣商品,假冒他人注册商标、伪
造或冒用质量标志、伪造产地的商品。⑤含有"特供""专供"等其他易造成社会不良影响的
内容。

4. 禁止对有奖销售价值超过 5 万元的促销活动进行广告宣传

2006 年 11 月,位于浙江省湖州市中心的湖州某超市店举办的"疯狂购物抽奖送汽车"
活动,因其一等奖金额超过了我国《反不正当竞争法》规定的抽奖式有奖销售最高奖金额的
5 万元"红线",被湖州市工商行政管理局吴兴分局紧急叫停。据吴兴分局一名执法人员介
绍,当时湖州乐购超市店门口及店堂内多处悬挂了"乐购购物节:疯狂购物抽奖送汽车(吉
利自由舰)"的广告,广告声称:"凡在 11 月 22 日—12 月 15 日在本超市购物,不计金额,都
能参加疯狂抽奖送汽车活动,有机会将吉利自由舰汽车开回家……"工商执法人员表示,虽
然相关负责人表示,这次奖品汽车并非归中奖者所有,中奖人只是拥有 20 年的使用权,但
按每年 5%～7%的折旧费计算,奖金也超过了规定的上限。因此执法人员要求超市立即
撤除所有店堂广告、宣传资料,封存抽奖箱,并接受执法人员的进一步调查。

修订后的《反不正当竞争法》,其中第十条第三项规定了抽奖式有奖销售不得超过 5 万
元的上限。但是在很多有奖销售实际活动中,并不是以现金的方式来进行的,关于这一现
象,国家工商行政管理局下发了《关于禁止有奖销售活动中不正当竞争行为的若干规定》,
其中第四条补充规定了以非现金的物品或者其他经济利益作奖励的,按照同期市场同类商
品或者服务的正常价格折算其金额。如此,在有奖销售的广告宣传中也就自然不可以出现
现金、物质或其他经济利益价值奖励超过 5 万元的内容。

5. 不得将"驰名商标"用于广告宣传

上海某超市有限公司牡丹江店开业时与某品牌蜂蜜供货商签订供销协议,销售该品牌
蜂蜜,为促进蜂蜜销售,牡丹江店将二楼自动扶梯一侧的广告位免费提供给该供货商使用,
该供货商设计制作了印有"中国驰名商标"字样的广告牌置于该广告位上。上海市宝山区
市场监督管理局认为,该超市有限公司牡丹江店在其经营场所内放置含有"驰名商标"字样
的广告,违反了《商标法》第十四条第五款规定,且属于《广告法》第九条"广告不得有下列情
形:(十一)法律、行政法规规定禁止的其他情形"所指的情形。当事人作为经营场所的管理
者,应知广告活动违法而不予制止的行为违反了相应规定,对其作出了罚款 2 万元的决定。

"驰名商标"是指为相关公众所熟知的商标,商标因其本身驰名而获得认定,而非因认
定而变得驰名。实践中,个别生产经营者不在提高质量上下功夫,而是挖空心思追求驰名
商标的认定,将驰名商标作为促销手段,在商业活动中进行大肆宣传,损害了消费者利益。
为了保障消费者的合法权益,遏制不良企业只重驰名商标认定、不重质量提升的行为,《商
标法》第十四条第五项规定,"生产、经营者不得将'驰名商标'字样用于商品、商品包装或者
容器上,或者用于广告宣传、展览及其他商业活动中"。本条款只是禁止生产经营者通过宣
传自己的商标是"驰名商标"的方式进行市场推广,但并不禁止其对自己的商标进行合法的

广告宣传。

6.不得将英雄烈士的姓名、肖像用于或者变相用于商标广告

2019年4月，某商业银行信用卡中心品牌宣传部制作了一张海报。这张海报以消防人员火场救援为背景，并在下方写道："在四川凉山森林火灾中牺牲的烈士×××为某银行信用卡持卡人，信用卡中心决定免除逆火英雄的所有未清款项。"其中，该位烈士名字及"免除"和"所有未还清款项"字样被放大加粗。海报的最下方还写有截至4月2日晚21时30分，某银行信用卡员工向烈士捐款的信息。这一行为违反了《广告法》第三十三条规定："广告主或者广告经营者在广告中使用他人名义或者形象的，应当事先取得其书面同意；使用无民事行为能力人、限制民事行为能力人的名义或者形象的，应当事先取得其监护人的书面同意。"此外，这一行为也违反了《中华人民共和国英雄烈士保护法》第二十二条，该条第二款明确"英雄烈士的姓名、肖像、名誉、荣誉受法律保护……任何组织和个人不得将英雄烈士的姓名、肖像用于或者变相用于商标、商业广告，损害英雄烈士的名誉、荣誉。"

三、《广告法》第十条的规定

《广告法》第十条规定："广告不得损害未成年人和残疾人的身心健康。"

（一）针对未成年人的广告规定

未成年人是指未满十八周岁的公民，未成年人大多属于无民事行为能力或者限制民事行为能力人，其对自身的行为不能或者不能完全辨认或判断。未成年人是身心发育尚未成熟的特殊群体，具有特殊的生理和心理特征，在成长过程中急需来自国家、社会、学校和家庭的关爱。作为个体，未成年人在生长发育过程中需要家庭和社会给予物质和精神上的照顾；作为社会成员，他们不可避免地要受到社会的影响，社会的文化、风俗、传统、各种意识，都会通过各种渠道和方式影响未成年人的意识和行为。此外从广告投放的角度来看，由于未成年人在家庭中的特殊性，在家庭支出中未成年人的消费占了不小比例，各类儿童玩具、儿童食品、儿童服饰、儿童用品等广告在广告投放中也相应占了不小比例，另外由于未成年人的天真、可爱，使得未成年人形象成了广告提升传播效果的重要视觉元素，在一些非儿童用品广告中也出现了未成年人"萌萌"的形象。然而，未成年人由于年龄和心理结构的特殊性，这一群体对于广告信息的辨识能力要大大弱于成年人，从广告接受角度来看，儿童属于典型的弱势群体，因此我国在《中华人民共和国未成年人保护法》（以下简称《未成年人保护法》）和《广告法》中都制定了相应的条款来保护未成年人的权益。

《未成年人保护法》第五十三条规定："任何组织或者个人不得刊登、播放、张贴或者散发含有危害未成年人身心健康内容的广告；不得在学校、幼儿园播放、张贴或者散发商业广告；不得利用校服、教材等发布或者变相发布商业广告。"

《广告法》的第十条规定了广告保护未成年人身心健康的基本原则。除此之外，第二十二条规定了禁止向未成年人发送任何形式的烟草广告。第三十九条规定了不得在中小学校、幼儿园内开展广告活动，不得利用中小学生和幼儿的教材、教辅材料、练习册、文具、教具、校服、校车等发布或者变相发布商业广告。第四十条规定了在针对未成年人的大众传播媒介上不得发布医疗、药品、保健食品、医疗器械、化妆品、酒类、美容广告，以及不利于未成年人身心健康的网络游戏广告。此外还特别强调了针对不满十四周岁的未成年的商品

或者服务的广告中不得出现劝诱其要求家长购买广告中商品及服务的内容,以及不得出现可能引发其模仿不安全行为的内容。

值得一提的是,《广告法》第三十八条规定了不得利用不满十周岁的未成年人作为广告代言人。禁止不满十周岁的未成年人作为广告代言人,一方面是因为《民法典》第二十条规定"不满八周岁的未成年人是无民事行为能力人",儿童作为无民事行为能力人,无论是在生理发育和认知能力方面还是在法律责任承担方面都是有所欠缺的,故其不得做广告代言。另一方面,禁止不满十周岁的未成年人担任广告代言人,不仅符合保护儿童天性的意图,而且有助于其正确价值观的形成。从时间分配上来看,儿童的主要时间应用于接受教育,而不是投入商业活动;此外,儿童过早获得丰富的物质和知名度,可能不利于其形成正确的世界观和人生观,影响身心发展。

（二）关于广告不得损害残疾人身心健康的规定

2013年郑州一家必胜客餐厅播出一则虾球网络广告,引发视障人士不满。该广告片内容为:"你知道球为什么到处乱滚吗?因为它是虾(瞎)球!全新鱼子酱虾球!25款全新美味尽在×××春季菜单!"广告背景中,虾球戴着墨镜,手里拿着盲杖,最后还有嘲弄的声音。该广告片播出以后,几名视障人士感觉受到了侮辱,于是在闹市举牌抗议,要求餐厅停止侵权、公开道歉,并消除广告在社会上造成的不良影响。随后不久,必胜客所属的百胜餐饮集团出面处理,并当场向视障人士道歉。事后餐厅便撤销了这条虾球广告,并在其官网上发表了致歉声明。必胜客广告中对残障人士尊严的无视和践踏不仅与其知名跨国餐饮连锁品牌形象不符,也违反了《广告法》第十条规定。

残疾人是指在心理、生理、人体结构上,某种组织、功能丧失或者不正常,全部或者部分丧失以正常方式从事某种活动能力的人。残疾人包括视力残疾、听力残疾、言语残疾、肢体残疾、智力残疾、精神残疾、多重残疾和其他残疾的人。残疾人的心理、生理、人体结构等比不上健全人,残疾人参与社会生活存在环境障碍,残疾人的生活状况落后于社会平均水平,这些客观事实的存在,使得残疾人的身心很容易受到伤害,必须给予特殊保护。《中华人民共和国残疾人保障法》(以下简称《残疾人保障法》)第三条中明文规定:"残疾人在政治、经济、文化、社会和家庭生活等方面享有同其他公民平等的权利。残疾人的公民权利和人格尊严受法律保护。禁止基于残疾的歧视。禁止侮辱、侵害残疾人。禁止通过大众传播媒介或者其他方式贬低损害残疾人人格。"《广告法》中规定不得损害残疾人身心健康,同样是为了保障残疾人的合法权益和人格尊严。值得一提的是,《残疾人保障法》第四十五条规定:"政府和社会促进残疾人与其他公民之间的相互理解和交流,宣传残疾人事业和扶助残疾人的事迹,弘扬残疾人自强不息的精神,倡导团结、友爱、互助的社会风尚。"广告经营者、广告发布者和广告从业人员应当身体力行响应政府和社会号召,提升社会责任感,借助广告的力量弘扬残疾人自强不息的精神,摒弃歧视,促进交流,让社会尊重残疾人。

四、《广告法》第十一条的规定

《广告法》第十一条规定:"广告内容涉及的事项需要取得行政许可的,应当与许可的内容相符合。广告使用数据、统计资料、调查结果、文摘、引用语等引证内容的,应当真实、准确,并表明出处。引证内容有适用范围和有效期限的,应当明确表示。"本条是关于广告内容涉及行政许可和广告使用引证内容的规定。

（一）关于广告内容涉及行政许可的规定

"行政许可"是指行政机关根据公民、法人或者其他组织的申请,经依法审查,准予其从事特定活动的行为。广告内容涉及的事项需要取得行政许可的,主要包括两种情形:一是对特殊商品或者服务,法律明确规定,其广告内容需要经过行政机关审查。例如,《广告法》第四十六条规定,发布医疗、药品、医疗器械、农药、兽药和保健食品广告,以及法律、行政法规规定应当进行审查的其他广告,应当在发布前由广告审查机关对广告内容进行审查;未经审查,不得发布。二是法律、行政法规规定从事特定活动须经许可,广告内容如果涉及该项活动的,不能偏离行政许可的原意,使社会公众产生与行政许可内容不同的理解。

根据《中华人民共和国行政许可法》第十二条的规定,在我国"下列事项可以设定行政许可:直接涉及国家安全、公共安全、经济宏观调控、生态环境保护以及直接关系人身健康、生命财产安全等特定活动,需要按照法定条件予以批准的事项;有限自然资源开发利用、公共资源配置以及直接关系公共利益的特定行业的市场准入等,需要赋予特定权利的事项;提供公众服务并且直接关系公共利益的职业、行业,需要确定具备特殊信誉、特殊条件或者特殊技能等资格、资质的事项;直接关系公共安全、人身健康、生命财产安全的重要设备、设施、产品、物品,需要按照技术标准、技术规范,通过检验、检测、检疫等方式进行审定的事项;企业或者其他组织的设立等,需要确定主体资格的事项;法律、行政法规规定可以设定行政许可的其他事项"。上述所列事项如果可以通过以下方式予以规范的则可以不设行政许可:公民、法人或者其他组织能够自主决定的,市场竞争机制能够有效调节的,行业组织或者中介机构能够自律管理的,行政机关采用事后监督等其他行政管理方式能够解决的。2022年1月,为了明晰行政许可权力边界、规范行政许可运行,为企业和群众打造更加公平高效的审批环境,国务院下发通知全面实行行政许可事项清单管理,严格按照清单实施行政许可。广告内容涉及的事项如果是行政许可清单所列事项,则必须与该事项的设定和实施依据相符。

（二）关于广告引证内容的规定

"广告使用数据、统计资料、调查结果、文摘、引用语等引证内容的,应当真实、准确,并表明出处。引证内容有适当范围和有效期的,应当明确表示。"这里要注意三点。

首先,广告中使用的数据、统计资料、调查结果等引证内容要真实、准确,这就意味着广告中使用的数据、统计资料、调查结果等引证内容的产生是有据可查的,是建立在科学的基础之上的。具体而言,如果广告中使用的数据来自实验或者测量等手段,则实验和测量的方法应当科学,进行实验和测量的机构应当具有相应的资质;广告中使用的统计资料和调查结果应当是按照科学方法取得的,实施统计和调查的机构具有相应的资质和权威性;广告中使用的文摘和引用语应当有据可查,出处权威,不能道听途说。

其次,在广告中使用上述内容时要表明出处。这里有两层含义:一是广告中使用的数据、统计资料、调查结果、文摘、引用语表明出处,以表明其来源的权威性和可靠性;二是广告中使用的数据、统计资料、调查结果、文摘、引用语要有据可查,经得起查验对照。这一方面可以增强广告的说服效果,另一方面也是为了防止广告主毫无根据地使用数据、统计资料、调查结果等引证内容。

最后,广告中必须标明引证内容的适当范围和有效期。数据、统计资料、调查结果等都因时因事而异,如果超出适用范围和有效期限适用引证内容,这与广告的真实性原则相背离,容易误导消费者。2022 年,大连某妇女儿童医院有限公司在某 APP 平台上发布的"儿童全口涂氟"医疗广告中,引用的数据内容"儿童龋齿率居高不下,患龋率 72%、平均每人2.8 颗、恒牙患龋率＞40%"来源于口腔健康蓝皮书《中国口腔健康发展报告(2012)》发布的中国人口健康状况相关内容——"5 岁儿童乳牙患龋率 72%、12 岁恒牙患龋率 48.9%、12 岁青少年中平均每人龋齿 2.8 颗"。当事人将数据的范围"5 岁儿童"与"12 岁青少年"略去,客观上造成消费者对数据范围的误解。因当事人未准确引用数据、未标明数据出处,相关部门给予警告和罚款 2000 元的处罚。

五、《广告法》第十二条的规定

《广告法》第十二条规定:"广告中涉及专利产品或者专利方法的,应当标明专利号和专利种类。未取得专利权的,不得在广告中谎称取得专利权。禁止使用未授予专利权的专利申请和已经终止、撤销、无效的专利作广告。"

（一）在广告中加强对专利内容的监管

对社会公众而言,专利产品代表着更先进、更优秀、更有效、更能有效解决问题等特质。专利产品和包含着专利方法的产品更容易取得消费者信赖和青睐;对广告主而言,专利产品或包含专利方法的产品体现了企业的研发实力、产品的竞争力,是企业获得市场认可和盈利的重要保障。因此加强对广告中专利内容的监管,一方面有利于保护消费者的合法权益,另一方面也是对企业竞争力的保护。

（二）广告中涉及专利产品和专利方法的,要标明专利号和专利种类

专利产品是指获得专利保护的产品,专利方法是指取得专利权的生产工艺、技巧等。

专利号是指国家在授予专利权时在专利证书上载明的用于区别其他专利的号码,是国家对专利权的确认,也体现了国家对专利的管理,每一个专利号只代表一项专利,专利号既体现国家对专利权的确认,也体现国家对专利的管理;专利种类是指国家对发明创造的分类,共有发明专利、实用新型专利和外观设计专利三种,这三种专利的技术含量和所蕴含的市场价值不同:与现有技术相比,发明专利要具有突出的实质性特点和显著进步,实用新型专利是对产品的形状、构造或者结合有新的技术方案,只需要有实质性特点和进步,外观设计专利只需要与现有设计或者现有设计特征的组合相比具有明显区别即可。在审查程序上,发明专利只有经过实质性审查,才能授予专利权,而实用新型专利和外观设计专利仅须经过初步审查即可授予专利权。如果在广告中不加以标明,只是笼统地宣称获得专利,势必使消费者产生误解,无法有效判断广告中产品或服务的价值含量从而损害自身的合法权益。

（三）广告中不得谎称取得专利权

专利权是一项国家法律赋予的权利,是一种专有权,具有独占排他性。我国对专利权采取注册取得制度,即专利权是专利权人向专利机关提出申请,经专利机关审查批准后才能取得。未取得专利权的,不得在广告中谎称取得专利权。未取得专利权有以下几种情形:①未提出专利申请;②提出专利申请,但尚未获得授权;③提出专利申请,已经被专利审查机关驳回;④曾被授予专利权但该专利权已经终止、撤销、无效。以上几种情形,均不能在广告中谎称取得专利权,否则构成虚假广告。此外,也可能构成假冒专利或者侵犯他人

专利权,需要承担相应的行政责任、民事责任,甚至刑事责任。

(四)禁止使用专利申请和无效的专利来发布广告

某有限责任公司曾于 2015 年 9 月 15 日起在其官网中称其公司的 4C 手机边缘触控已申请 46 项专利"黑科技",实际上,当事人尚未取得专利证书,只有专利申请号。当事人使用未授予专利权的专利申请做广告,违反了《广告法》的规定,北京市工商行政管理局海淀分局对当事人的违法行为作出了责令停止发布违法广告、罚款 3 万元的决定。

专利申请是指申请人以书面形式请求国家专利管理机关授予专利权的法律行为,专利申请并不表明一定能获得专利权,仅是获得专利权的必要步骤,当国家专利管理机关受理申请后,会给予一个专利申请号,该号同样不表明已获得专利权,因此并不能出现在广告中使消费者产生误解。专利权有时效性,专利权人只能在规定的期限内享有专利权,有效期满且没有续展,专利权会自动失效,失效后的专利不能出现在广告中。

除了《广告法》以外,《专利标识标注办法》中也详细规定了在专利产品包装、说明书上要规范使用专利标识。专利标识没有固定形式,但专利类别和专利号是专利标识的必要构成,除了专利类别和专利号,还可以附加其他文字、图形标记,但附加的文字、图形标记及其标注方式不得误导公众。值得注意的是,专利权被授予前在产品、产品的包装或者产品的说明书等材料上进行标注的,可以采用中文标明中国专利申请的类别、专利申请号,并标明"专利申请,尚未授权"字样。

六、《广告法》第十三条的规定

《广告法》第十三条规定:"广告不得贬低其他生产经营者的商品或者服务。"《新华字典》中的"贬"意指"给予低的评价"或"减低、降低",无论哪个意思都意味着不公正的评价。《反不正当竞争法》第十一条规定:"经营者不得编造、传播虚假信息或者误导性信息,损害竞争对手的商业信誉、商品声誉。"在广告中贬低他人的商品和服务其实质就是不公平竞争。

(一)广告贬低其他生产经营者的商品及服务的情形

在广告中捏造、散布虚构事实或对真实情况进行歪曲,以此诋毁竞争对手的商品和服务,此种行为不仅是一种不正当的竞争手段,而且会误导消费者,损害消费者合法权益。在执法实践中要注意的是,适用本项规定认定广告贬低其他生产经营者的商品和服务,要注意以下几点。

(1)《广告法》第十三条规定的行为主体是商品经营者或服务提供者。只有商品经营者或服务提供者的商业广告行为才是《广告法》的规范对象。非商品经营者和服务提供者实施的诋毁行为,则以一般侵权进行规范。

(2)广告贬低的对象是其他生产经营者的商品和服务。广告中仅泛泛宣传自己的商品和服务比其他商品和服务优质,但并未明示或暗示其他特定指向的商品或服务经营者,则不适用本项规定。

(3)贬低行为的常见形式。广告中贬低竞争对手的行为有:一是伪造比较结果,或者选择不具有可比性的方面,宣称竞争对手的商品或服务不如自己;二是未在广告中作比较,纯粹贬低竞争对手的商品或者服务,通过打击竞争对手,间接提升自己的竞争优势;三是设定不合理的比较条件,宣传不客观、不全面、对竞争对手不利的比较结果,这种形式较为常见,如前文所举的部分品牌的"非转基因"宣传,某企业在天猫旗舰店的网页上宣传其售卖的葵花籽油和大米为"非转基因",事实上,到目前为止,转基因葵花籽油和大米并未被列入批准进口用作加工原料,也没有被批准在国内商业化种植。该企业的网络宣传会误导广大消费者认为我国已有转基因大米和葵花籽油,利用转基因食品安全问题备受关注的舆论环境,影响消费者的消费决策,对竞争企业造成了事实上的伤害。

(4)行为人主观上出于竞争目的,即通过贬低其他生产经营者的商品和服务,直接或间接达到推销自己的商品或服务的目的。直接推销,即宣称自己的商品和服务优于竞争对手;间接推销,即宣称竞争对手的商品或服务存在缺陷、问题,影响其销售,间接受益。

(二)比较广告

虽然《广告法》规定不得在广告中贬低其他生产经营者的商品和服务,但是建立在真实、客观、公正基础上的对比则是允许的,我们把含有这类内容的广告称之为比较广告。比较广告的大量存在是一个无法否定的事实。无论是相对垄断的行业,还是充分竞争的市场,更多的经营者都倾向于把比较广告作为重要竞争手段来广泛使用。比较广告之所以为广大经营者所青睐,一个重要的原因就在于比较广告能够直接引起消费者的注意,激发购买欲望,在提高市场占有率的同时打击了现实或潜在的竞争对手,巩固了市场地位,此种一举多得的市场竞争手段,精明的经营者当然会趋之若鹜。

1. 比较广告的国际立法概况

国际上也有不少国家允许比较广告的存在,立法上主要采取允许加限制原则。如德国规定在广告中不能明显地辨别出被比较的对象是特定的竞争者的商品。美国联邦贸易委员会认为比较广告既能鼓励竞争,又能给消费者提供更多的信息,但强调任何不利于竞争者的产品表达必须与事实相符,备有凭证。英国除禁止对药品的比较广告外,认为比较广告对任何竞争对手应当都是公平合理的,而且保证消费者不会被误导,使用"优秀""最优秀"等字眼时应真实地反映产品的质量并能提供证据。但也有一些国家禁止任何有比较性质的广告,例如法国、比利时、意大利、西班牙和荷兰等国将比较广告归入"不实广告"之列,认为其损害了竞争者的商业信誉和产品声誉,一律禁止。从以上的比较可以看出,英美等国的比较广告立法规范更加自由和宽松。从某个角度来说,产品(包含服务)本身如果确实是最优秀的,却不允许通过比较广告来宣传自己,使消费者知悉,这本身就是侵犯消费者的知情权、干扰正常市场竞争秩序的行为,不符合市场经济的客观要求。

2. 我国比较广告的立法现状

我国对比较广告采取的是"原则允许,例外禁止"的立法原则,具体来讲就是没有一概否定比较广告,但明确禁止含有贬低竞争对手内容的广告,另外还有一些特殊的商品和服务(医疗、药品、医疗器械、保健食品)广告中禁止出现比较的内容。

虽然我国立法层面上对于比较广告的规定几乎是空白,但行政规章层面上对比较原则、比较内容和比较方式等方面却进行了必要的尝试。最早的法规是1987年10月26日国务院发布的《广告管理条例》,其中第八条规定:"广告有下列内容之一的,不得刊播、设置、张贴:……(六)贬低同类产品的。"接着国家工商行政管理局、卫生部于1992年6月联合发布了《药品广告管理办法》,规定药品广告不得含有贬低同类产品、与其他药品进行功效和安全性对比评价的内容和表现形式。在国家工商行政管理局、国家医药管理局于

1992 年 8 月联合发布的《医疗器械广告管理办法》中也规定医疗器械广告不得出现有与同类产品功效、性能进行比较的言论、画面、形象等内容。国家工商行政管理局发布的《化妆品广告管理办法》规定化妆品广告禁止出现有贬低同类产品的内容。国家工商行政管理局 1994 年发布的《广告审查标准》中第四章对比较广告做了专章规定。第三十二、三十四条规定，"广告中的比较性内容，不得涉及具体的产品或者服务，或采用其他直接的比较方式"，"对一般性同类产品或者服务进行间接比较的广告，必须有科学的依据和证明"，"比较广告的内容，应当是相同的产品或者可类比的产品，比较之处应当具有可比性"等。比较遗憾的是以上所列一些部门规章失效后，比较广告的合法形式并没有及时规制。《广告法》第十三条的"广告不得贬低其他生产经营者的商品或者服务"的判断标准模糊不清。综合国内外的立法和司法实践，有论者主张比较广告可在两个方面设定合法性标准。首先，内容具有可比之处。比较广告中所比较的产品或服务在某一方面或者某些方面属于同一竞争领域，例如成分、性能、品质、功效等。其次，比较的方式理性且公允。虽然比较广告是突出可比属性的优势，但不能采用攻击性的话语和形式对竞争对手的产品和服务进行诋毁。

七、《广告法》第十四条的规定

《广告法》第十四条规定："广告应当具有可识别性，能够使消费者辨明其为广告。大众传播媒介不得以新闻报道形式变相发布广告。通过大众传播媒介发布的广告应当显著标明'广告'，与其他非广告信息相区别，不得使消费者产生误解。广播电台、电视台发布广告，应当遵守国务院有关部门关于时长、方式的规定，并应当对广告时长作出明显提示。"

（一）大众传播媒介不得以新闻报道方式变相发布广告

商业广告与新闻报道有本质的区别。第一，二者的目的不同。商业广告是为了推销商品和服务，新闻报道是对新近发生的事实的报道，目的是满足公众的信息需求及传播发布者对事件的观点和立场。第二，二者的呈现频次不同。新闻报道是对新近发生事情的呈现，时间要求严格，不可能一则报道多日重复发布；而广告没有时间限制，总是反复发布。第三，二者的制作方式和责任主体不同。新闻报道需要记者、编辑采编审定发表，并署名以示负责；广告常是广告主提出要求、广告经营者设计制作、广告发布者发布，在广告作品中并不需要署名。第四，二者的信息内容不同。新闻报道一般不得详细介绍商品的情况，更不允许出现商品销售者的地址、联系方式等方便消费者联系商家的信息，而广告恰恰要展示这些信息。在相当长的一段时间里，一些省级电视台卫视频道、大中城市电视台经济频道、都市类报纸上利用新闻报道形式和诸如打着健康资讯、财富经等节目旗号来进行广告宣传的行为，利用新闻报道和节目的方式去发布广告，其目的就是利用民众对于新闻报道和电视栏目公正性、事实性、客观性的信赖推销商品和服务。

新闻媒介以经济动态、经济信息版等形式宣传企业形象和产品，并向客户收取费用，就可以被认定为广告，应当按照广告法律法规来进行管理。2002 年，国家工商行政管理总局在给江苏省工商行政管理局的《关于认定利用新闻报道形式发布医疗广告问题的答复》中明确规定：大众传播媒介利用新闻报道形式介绍医疗机构及其服务，如出现医疗机构的地址、电话号码或其他联系方式等内容的；在发表有关医疗机构报道的同时，在同一媒体同一时间（时段）发布该医疗机构广告的，即使发布者声称未收取费用，也应认定为利用新闻报道形式发布医疗广告。2011 年修订的《广播电视广告播出管理办法》中也明确规定有关人物专访、企业专题报道等节目中不得含有地址和联系方式等内容。可见,收费与否并不是广告性质判定的唯一依据,只要出现"报道对象"的具体信息,如商品、地址、联系方式等,即使没有收取费用也不影响该"报道"广告性质的判定。另外,一些电视广告采用调查采访形式,即在"市场调查或采访"的特定场景中,通过"记者"或"市场调查人员"与"消费者"双方问答进行调查采访,由特定的"消费者"讲述自身体验与感受,介绍产品或服务的优点、特点,这是典型的假借新闻报道形式来进行广告宣传。关于这类特殊形式的广告,国家工商行政管理局于1997年下发通知《国家工商行政管理局关于制止调查采访形式广告的通知》明确规定:对于使用调查采访形式的电视广告,无论是否具有广告标记,均应予以制止。

除了法律规范,在新闻行业的职业道德准则中也明确了新闻报道与经营活动的区别。2019年12月15日,中华全国新闻工作者协会第九届全国理事会第五次常务理事会审议通过了《中国新闻工作者职业道德准则》(以下简称《准则》),这是该《准则》于1991年中国记协第四届理事会一次会议通过,后历经1994年4月、1997年1月、2009年11月三次修订后的第四次修订。《准则》的第四条强调了新闻工作者在提高综合素质外还要抵制不良风气,其中第四款要求全体新闻工作者严格执行新闻报道与经营活动"两分开"的规定,不以新闻报道形式做任何广告性质的宣传,编辑记者不得从事创收等经营性活动。

(二)广告应当显著标明"广告"

在实践中,随着营销手段的不断创新,广告的表现形式日益复杂多样,一些广告甚至表面上很难与其他信息传播方式相区别,使得消费者"傻傻分不清楚",尤其是对一些中老年人和未成年人,影响了消费者的购买决策,给消费者带来了损害。为了使消费者更便捷地将广告信息与非广告信息区别开来,本条规定"通过大众传播媒介发布的广告应当显著标明'广告'"。例如,报纸、期刊、电影、电视、互联网页面上的广告应当在显著位置、以显而易见的方式标明"广告"字样;广播广告应当由播音员作出明确提示,如"以下进入一段广告"。

(三)广播电台、电视台发布广告的时长和方式

广播电台、电视台发布广告的时长和方式在2012年1月1日实施的《广播电视广告播出管理办法》中有明确的规定。广播电视广告是广播电视节目的重要组成部分,应当坚持正确导向,树立良好文化品位,与广播电视节目相和谐。广播电视播出的商业广告要控制总量、均衡配置。首先,在商业广告播出方式上,广播电视广告播出不得影响广播电视节目的完整性。除在节目自然段的间歇外,不得随意插播广播。播出电视剧时不得在每集(以45分钟计)中间以任何形式插播广告,播出电影参照执行。其次在商业广告播出总量上,每套节目每小时商业广告播出时长不得超过12分钟。其中,广播电台在11:00—13:00、电视台在19:00—21:00,商业广告播出总时长不得超过18分钟。

八、广告语言文字的规定

为推动国家通用语言文字的规范化、标准化及其健康发展,使国家通用语言文字在社会生活中更好地发挥作用,促进各民族、各地区经济文化交流,2000年10月31日第九届全国人民代表大会常务委员会第十八次会议修订通过了《中华人民共和国国家通用语言文字法》,2001年1月1日起施行。此法确立了普通话和规范汉字的"国家通用语言文字"的法定地位。该法第二条规定:"本法所称的国家通用语言文字是普通话和规范汉字。"第十四

条规定"广告用字""应当以国家通用语言文字为基本的用语用字",也就是说广告中应当使用普通话和规范汉字。

我国是统一的多民族国家,仍然有一部分少数民族人口使用本民族的语言文字,少数民族语言文字不仅是少数民族日常生产生活的重要交际工具,也是民族文化的载体,是国家宝贵的资源,法律规定各民族都有使用和发展自己的语言文字的自由,在管理少数民族语言文字工作方面,党和国家坚持以人为本,尊重群众意愿,促进少数民族语言文字的翻译、出版、教育、新闻、广播、影视、古籍整理事业。因此,广播电台、电视台、报刊出版等使用少数民族语言的,其所载广告可以使用少数民族语言文字。

第三节　特殊商品和服务的广告发布标准

生活当中有些商品和服务与群众的生产生活有密切的关系,比如药品、医疗器械、保健食品、特殊医学用途配方食品、农药、兽药、食品、酒类、化妆品等,如果广告宣传不当,就会给群众带来严重的危害,《广告法》的第十五条至第二十八条就对特殊商品和服务广告的内容和形式进行了规定,此外,其他的行政法规和部门规章也进行了必要的补充规定。

一、药品广告的发布标准

(一)药品的定义和药品广告的监管依据

根据《中华人民共和国药品管理法》(以下简称《药品管理法》)的规定,药品是指用于预防、治疗、诊断人的疾病,有目的地调节人的生理机能并规定有适应症或者功能主治、用法和用量的物质,包括中药、化学药和生物制品等。

药品广告的制作和发布必须遵守《广告法》《药品管理法》《药品、医疗器械、保健食品、特殊医学用途配方食品广告审查管理暂行办法》等。

(二)药品广告的发布标准

1.禁止发布广告的药品种类

根据《广告法》第十五条规定,下列药品不得发布广告:麻醉药品(指对中枢神经有麻醉作用的药物)、精神药品(是指直接作用于中枢神经系统,使之产生兴奋或抑制作用,长期应用可造成耐受性增高及产生依赖的药品)、医疗用毒性药品(毒性剧烈、治疗剂量与中毒剂量相近,使用不当会致人中毒或死亡的药品)、放射性药品(是指含有放射性核素制剂或者其标记化合物用于临床诊断或者治疗的药品)等特殊药品;药品类易制毒化学品(药品类易制毒化学品是指《易制毒化学品管理条例》中所指的麦角酸、麦角胺、麦角新碱、麻黄素、伪麻黄素等麻黄素类物质,以及上述物质可能存在的盐类、原料药及其单方制剂。包括第一类可以用于制毒的主要原料,第二类、第三类可以用于制毒的化学配剂);戒毒治疗的药品;医疗机构配制的制剂;军队特需药品;国家药品监督管理局依法命令停止或者禁止生产、销售和使用的药品;批准试生产的药品。此外,根据行政法规《中国人民解放军实施〈中华人民共和国药品管理法〉办法》第十八条规定,"禁止对军队特需药品、军队医疗机构配制的制剂进行广告宣传"。其他医疗机构配制的制剂根据《药品管理法》规定,只能在本单位或指定的医疗机构间使用,不得在市场上销售。《广告法》第三十七条规定,"法律、行政法规规定禁止生产、销售的产品或者提供的服务,以及禁止发布广告的商品或者服务,任何单位或者个人不得设计、制作、代理、发布广告",因此,其他医疗机构配制的只在本单位和指定医疗机构调剂使用的制剂同样不得进行广告宣传。

2. 药品广告内容的规定

(1)广告内容必须以国务院药品监督管理部门核准的药品说明书为准。

2019年,杭州市市场监督管理局发布《杭州市虚假违法广告公告》(2019年第1期),在公布的十起典型虚假违法广告中,杭州某药业有限公司利用其公司网页发布糠甾醇片广告,含有"从米糠油中提取的糠甾醇片,有效的非抗生素类消炎药,除说明书上的主要疗效外,经各年龄段多人次多年使用,建议以下症状也可使用糠甾醇片……经三十多年使用证明糠甾醇片疗效确切! 优于市场同类用途中成药,属良药、好药!"等内容,因其广告内容中对药品功效的描述超出该药品说明书核准范围且无相关依据,杭州市余杭区市场监督管理局作出行政处罚,对当事人处罚款5万元。药品说明书是载明药品重要信息的法定文件,是选用药品的法定指南。药品说明书能提供用药信息,是医务人员、患者了解药品的重要途径。

药品广告内容涉及药品适应症或者功能主治、药理作用等内容的宣传,应当以国家药品监督管理部门批准的说明书为准,不得进行扩大或者恶意隐瞒的宣传,不得含有说明书以外的理论、观点等内容。药品说明书的内容包括药品的品名、规格、生产企业、药品批准文号、产品批号、有效期、主要成分、适应证或功能主治、用法、用量、禁忌、不良反应和注意事项,中药制剂说明书还应包括主要药味(成分)性状、药理作用、贮藏等。药品广告内容中有关以上信息的描述均不能与说明书所载信息相左,否则将可能影响消费者的用药安全,产生严重不良后果。

(2)药品广告必须呈现的内容。

①药品广告中必须显著标明忠告语(处方药广告的忠告语是"本广告仅供医学药学专业人士阅读",非处方药广告的忠告语是"请按药品说明书或在药师指导下购买和使用")。

②药品广告必须显著标明禁忌、不良反应。

③非处方药广告必须同时标明非处方药专用标识(over the counter drug,OTC)。

④药品广告必须显著标明广告批准文号。

药品广告中应当显著标明的内容,其字体和颜色必须清晰可见、易于辨认,在视频广告中应当持续显示。

(3)药品广告中禁止出现的内容。

①表示功效、安全性的断言或者保证。

②说明治愈率或者有效率。

③与其他药品的功效和安全性进行比较。

④利用广告代言人作推荐、证明。

⑤使用或者变相使用国家机关、国家机关工作人员、军队单位或者军队人员的名义或者形象,或者利用军队装备、设施等从事广告宣传。

⑥使用科研单位、学术机构、行业协会或者专家、学者、医师、药师、临床营养师、患者等

的名义或者形象作推荐、证明。

⑦违反科学规律,明示或者暗示可以治疗所有疾病、适应所有症状、适应所有人群,或者正常生活和治疗病症所必需等内容。

⑧引起公众对所处健康状况和所患疾病产生不必要的担忧和恐惧,或者使公众误解不使用该产品会患某种疾病或者加重病情的内容。

⑨含有"安全""安全无毒副作用""毒副作用小";明示或者暗示成分为"天然",因而安全性有保证等内容。

⑪含有"热销、抢购、试用""家庭必备、免费治疗、赠送"等诱导性内容,"评比、排序、推荐、指定、选用、获奖"等综合性评价内容,"无效退款、保险公司保险"等保证性内容,怂恿消费者任意、过量使用药品、保健食品和特殊医学用途配方食品的内容。

⑫含有医疗机构的名称、地址、联系方式、诊疗项目、诊疗方法,以及有关义诊、医疗咨询电话、开设特约门诊等医疗服务的内容。

⑬广播电台、电视台、报刊音像出版单位、互联网信息服务提供者不得以介绍健康、养生知识等形式变相发布医疗、药品、医疗器械、保健食品广告。

(4)药品广告发布的媒介规定。

药品广告不得在未成年人出版物和广播电视频道、节目、栏目的大众传播媒介上发布。

处方药可以在国家卫生行政部门和国家市场监督管理部门共同指定的医学、药学专业刊物上发布广告,但不得在大众传播媒介发布广告或者以其他方式进行以公众为对象的广告宣传。不得以赠送医学、药学专业刊物等形式向公众发布处方药广告。不得利用处方药的名称为各种活动冠名进行广告宣传。不得使用与处方药名称相同的商标、企业字号在医学、药学专业刊物以外的媒介变相发布广告,也不得利用该商标、企业字号为各种活动冠名进行广告宣传。

(5)药品广告中有关药品商品名称字体大小和注册商标字体大小的规定。

根据国家食品药品监督管理局2006年下发的《关于在药品广告中规范使用药品名称的通知》,规定:①药品商品名称不得单独进行广告宣传。在文字广告及电视广告的画面中使用药品商品名称的,必须同时出现药品通用名称。②药品广告中不得使用未经注册的商标;不得以产品注册商标代替药品名称进行宣传(经批准的作为药品商品名称使用的文字型注册商标除外)。在药品广告中宣传注册商标的,必须同时使用药品通用名称。③在文字广告及电视广告的画面中,药品商品名称的字体以单字面积计,不得大于药品通用名称所用字体的1/2,药品通用名称的字体和颜色必须清晰可辨;产品文字型注册商标的字体以单字面积计不得大于通用名称所用字体面积的1/4。

(6)药品包装的相关规定。

根据《广告法》第二条规定:"商品经营者或者服务提供者通过一定媒介和形式直接或间接地介绍自己所推销的商品或服务的商业广告活动,适用本法。"商品包装是商品生产者直接介绍自己所推销商品的媒介,商品包装的使用和流通属于商业广告活动。关于商品包装是否属于广告,1996年国家工商行政管理局在天津市工商行政管理局的《关于对药品包装上有广告内容是否属于印刷品广告的请示》答复中明确:根据《广告法》第二条的规定,在包装物上直接或者间接宣传、介绍产品,是广告的一种形式;对含有产品宣传、介绍内容的包装物,应认定为广告宣传品。

药品包装作为药品企业介绍商品的媒介,必须遵守相关规定。在《药品包装管理办法》和《药品说明书和标签管理规定》中,对药品包装上的标签信息详细规定:第一,药品的内标签应当包含药品通用名称、适应证或功能主治、规格、用法用量、生产日期、产品批号、有效期、生产企业等内容。包装尺寸过小无法全部标明上述内容的,至少应当标注药品通用名称、规格、产品批号、有效期等内容。第二,药品外标签应当注明药品通用名称、成分、性状、适应证或功能主治、规格、用法用量、不良反应、禁忌、注意事项、贮藏、生产日期、产品批号、有效期、批准文号、生产企业等内容。适应证或功能主治、用法用量、不良反应、禁忌、注意事项不能全部注明的,应当标出主要内容并注明"详见说明书"字样。第三,用于运输、储藏的包装的标签,至少应当注明药品通用名称、规格、贮藏、生产日期、产品批号、有效期、批准文号、生产企业,也可以根据需要注明包装数量、运输注意事项或者其他标记等必要内容。第四,原料药的标签应当注明药品名称、贮藏、生产日期、产品批号、有效期、执行标准、批准文号、生产企业,同时还需注明包装数量及运输注意事项等必要内容。第五,原料药的标签应当注明药品名称、贮藏、生产日期、产品批号、有效期、执行标准、批准文号、生产企业,同时还需注明包装数量及运输注意事项等必要内容。第五,药品标签中的有效期应当按照年、月、日的顺序标注,年份用四位数字表示,月、日用两位数表示。其具体标注格式为"有效期至××××年××月"或者"有效期至××××年××月××日";也可以用数字和其他符号表示为"有效期至××××.××."或者"有效期至××××/××/××"等。预防用生物制品有效期的标注按照国家药品监督管理局批准的注册标准执行,治疗用生物制品有效期的标注自分装日期计算,其他药品有效期的标注自生产日期计算。第六,药品包装标签上的通用名称要符合以下要求:药品通用名称应当显著、突出,其字体、字号和颜色必须一致;对于横版标签,必须在上1/3范围内显著位置标出;对于竖版标签,必须在右1/3范围内显著位置标出;不得选用草书、篆书等不易识别的字体,不得使用斜体、中空、阴影等形式对字体进行修饰;字体颜色应当使用黑色或者白色,与相应的浅色或者深色背景形成强烈反差;除因包装尺寸的限制而无法同行书写的,不得分行书写;药品商品名称不得与通用名称同行书写,其字体和颜色不得比通用名称更突出和显著,其字体以单字面积计,不得大于通用名称所用字体的1/2。第七,如果某药品生产企业为该药品注册商标,则注册商标应为药品标签内容之一,且应当印制在药品包装容器或标签的显著位置上,"注册商标"字样或注册标记应当印制在商标附近。药品包装容器或标签过小不便印制商标和标明注册标记的,必须在其较大的包装容器或标签上印制商标并标明"注册商标"字样或注册标记。

二、医疗器械广告的发布标准

(一)医疗器械的定义和医疗器械广告的监管依据

根据《医疗器械监督管理条例》的规定,医疗器械是指直接或者间接用于人体的仪器、设备、器具、体外诊断试剂及校准物、材料,以及其他类似或者相关的物品,包括所需要的计算机软件;其效用主要通过物理等方式获得,不是通过药理学、免疫学或者代谢的方式获得,或者虽然有这些方式参与但是只起辅助作用。其目的是疾病的诊断、预防、监护、治疗或者缓解;损伤的诊断、监护、治疗、缓解或者功能补偿;生理结构或者生理过程的检验、替代、调节或者支持;生命的支持或者维持;妊娠控制;通过对来自人体的样本进行检查,为医疗或者诊断目的提供信息。

医疗器械广告的监管依据主要有《广告法》《医疗器械监督管理条例》《药品、医疗器械、保健食品、特殊医学用途配方食品广告审查管理暂行办法》等。

(二)医疗器械广告的发布标准

1.禁止发布广告的医疗器械

根据相关法律法规规定,下列医疗器械产品禁止发布广告:药品监督管理部门依法命令禁止生产、销售和使用的医疗器械产品,戒毒治疗的医疗器械,医疗机构研制的在医疗机构内部使用的医疗器械。

2.医疗器械广告的内容规定

(1)广告内容必须以产品注册证明文件为准。

医疗器械广告内容应当以经负责药品监督管理的部门注册或者备案的医疗器械说明书为准,不得含有虚假、夸大、误导性的内容。医疗器械广告涉及医疗器械名称、适用范围、作用机制或者结构及组成等内容的,不得超出注册证书或者备案凭证、注册或者备案的产品说明书范围。

(2)广告中必须标明的内容。

①医疗器械广告中应当显著标明广告批准文号。

②医疗器械产品注册证明文件中有禁忌内容、注意事项的,应在广告中标明"禁忌内容或注意事项详见说明书"。

③推荐给个人使用的医疗器械产品广告,必须标明"请仔细阅读产品说明书或在医务人员的指导下购买和使用"。

广告中应当显著标明的内容,其字体和颜色必须清晰可见、易于辨认,在视频广告中应当持续显示。

(3)广告中禁止呈现的内容。

根据《广告法》和《药品、医疗器械、保健食品、特殊医学用途配方食品广告审查管理暂行办法》规定,医疗器械广告中禁止出现的内容如下。

①表示功效、安全性的断言或者保证。

②说明治愈率或者有效率。

③与其他医疗器械的功效和安全性进行比较。

④利用广告代言人作推荐、证明。

⑤使用或者变相使用国家机关、国家机关工作人员、军队单位或者军队人员的名义或者形象,或者利用军队装备、设施等从事广告宣传。

⑥使用科研单位、学术机构、行业协会或者专家、学者、医师、药师、临床营养师、患者等的名义或者形象作推荐、证明。

⑦违反科学规律,明示或者暗示可以治疗所有疾病、适应所有症状、适应所有人群,或者正常生活和治疗病症所必需等内容。

⑧引起公众对所处健康状况和所患疾病产生不必要的担忧和恐惧,或者使公众误解不使用该产品会患某种疾病或者加重病情的内容。

⑨含有"安全""安全无毒副作用""毒副作用小";明示或者暗示成分为"天然",因而安全性有保证等内容。

⑪含有"热销、抢购、试用""家庭必备、免费治疗、赠送"等诱导性内容,"评比、排序、推荐、指定、选用、获奖"等综合性评价内容,"无效退款、保险公司保险"等保证性内容,怂恿消费者任意、过量使用药品、保健食品和特殊医学用途配方食品的内容。

⑫含有医疗机构的名称、地址、联系方式、诊疗项目、诊疗方法,以及有关义诊、医疗咨询电话、开设特约门诊等医疗服务的内容。

⑬广播电台、电视台、报刊音像出版单位、互联网信息服务提供者不得以介绍健康、养生知识等形式变相发布医疗、药品、医疗器械、保健食品广告。

(4)医疗器械广告发布的媒介规定。

医疗器械广告不得在未成年人出版物和频道、节目、栏目上发布。

三、农药广告的发布标准

(一)农药的定义及农药广告的监管依据

农药是指用于预防、消灭或者控制危害农业、林业的病、虫、草和其他有害生物,以及有目的地调节植物、昆虫生长的化学合成,或者来源于生物、其他天然物质的一种物质,或者几种物质的混合物及其制剂。凡利用各种媒介或形式发布关于防治农、林、牧业病、虫、草、鼠害和其他有害生物(包括病媒害虫),以及调节植物、昆虫生长的农药广告,均应当受到严格的监管。民为国基,谷为民命,粮食安全是"国之大者",我国是农业人口大国,一些地区的农民仍然以农业作为生活的第一经济来源,因此对农业生产有重大影响的农药,其信息传播的重要方式广告必须受到严格的监督审查。

农药广告的主要监管依据有《广告法》《农药管理条例》《农药登记管理办法》《农药广告审查发布规定》等。

(二)农药广告的发布标准

(1)未经登记的农药,禁止刊登、播放、设置、张贴广告。

(2)农药广告内容应当与《农药登记证》和《农药登记公告》的内容相符,不得任意扩大范围。

(3)农药广告中出现的内容不得含有不科学地表示功效和安全性的断言或者保证,如"无害""无毒""无残留""保证高产"等;不得利用科研单位、学术机构、技术推广机构、行业协会或者专业人士、用户的名义或者形象作推荐、证明;不得说明有效率;不得出现违反安全使用规程的文字、语言或者画面,如在防护不符合要求情况下的操作,农药靠近食品、饲料、儿童等;不得贬低同类产品,不得与其他农药进行功效和安全性对比;不得含有评比、排序、推荐、指定、选用、获奖等综合性评价内容;不得使用直接或者暗示的方法,以及模棱两可、言过其实的用语,使人在产品的安全性、适用性或者政府批准等方面产生误解;不得滥用未经国家认可的研究成果或者不科学的词句、术语;不得含有"无效退款""保险公司保险"等承诺。

(4)农药广告的批准文号应当列为广告内容同时发布。

四、兽药广告的发布标准

（一）兽药的定义及兽药广告的监管依据

兽药是指用于预防、治疗、诊断禽畜等动物疾病，有目的地调节其生理机能并规定作用、用途、用法、用量的物质（含饲料药物添加剂）。凡利用各种媒介或者形式发布用于预防、治疗、诊断畜禽等动物疾病，有目的地调节其生理机能并规定作用、用途、用法、用量的物质（含饲料药物添加剂）的广告，包括企业产品介绍材料等，均应当接受相应法律法规监管。

兽药广告的主要监管依据有《广告法》《兽药管理条例》《兽药广告审查标准》。

（二）兽药广告的发布标准

（1）禁止发布广告的兽药种类有：兽用麻醉药品、精神药品及兽医医疗单位配制的兽药制剂；所含成分的种类、含量、名称与兽药国家标准不符的兽药；临床应用发现超出规定毒副作用的兽药；国务院农牧行政管理部门明令禁止使用的，未取得兽药产品批准文号或者未取得《进口兽药注册证书》的兽药。

（2）兽药广告中兽药的使用范围不得超出国家兽药标准的规定。

（3）兽药广告中出现的内容不得含有表示功效、安全性的断言或者保证，不得利用科研单位、学术机构、技术推广机构、行业协会或者专业人士、用户的名义或者形象作推荐、证明，不得说明有效率，不得使用违反安全使用规程的文字、语言或者画面，不得贬低同类产品，不得与其他兽药进行功效和安全性对比，不得含有"最高技术""最高科学""最进步制法""包治百病"等绝对化的表示，不得含有评比、排序、推荐、指定、选用、获奖等综合性评价内容，不得含有直接显示疾病症状和病理的画面，也不得含有"无效退款""保险公司保险"等承诺。

（4）兽药广告的批准文号应当列为广告内容同时发布。

五、医疗广告的发布标准

随着医疗卫生体制的重大变化，医疗广告大量出现在各类媒体上，这给老百姓就医提供了很多的信息，但是暴露出来的问题也很多。鉴于此，国家相关部门制定了相应的部门规章对医疗广告的发布标准进行了规定。

（一）医疗广告及监管依据

医疗广告，是指利用各种媒介或者形式直接或间接介绍医疗机构或医疗服务的广告。医疗广告的监管依据主要有《广告法》《医疗机构管理条例》《中华人民共和国中医药条例》《医疗广告管理办法》。

（二）医疗广告的发布标准

1. 医疗广告中禁止出现的内容

（1）涉及医疗技术、诊疗方法、疾病名称、药物的。

（2）保证治愈或者隐含保证治愈的。

（3）宣传治愈率、有效率等诊疗效果的。

（4）淫秽、迷信、荒诞的。

（5）贬低他人的。

(6)利用患者、卫生技术人员、医学教育科研机构及人员及其他社会社团、组织的名义、形象作证明的。

(7)使用解放军和武警部队名义的。

(8)法律、行政法规规定禁止的其他情形。

2.医疗广告内容仅限于以下的项目

(1)医疗机构第一名称。

(2)医疗机构地址。

(3)所有制形式。

(4)医疗机构类别。

(5)诊疗科目。

(6)床位数。

(7)接诊时间。

(8)联系电话。

此外,发布医疗广告应当标注《医疗广告审查证明》文号。

3.禁止利用新闻形式、医疗资讯服务类专题节(栏)目发布或变相发布医疗广告

有关医疗机构的人物专访、专题报道等宣传内容,可以出现医疗机构名称,但不得出现有关医疗机构的地址、联系方式等医疗广告内容;不得在同一媒介的同一时间段或者版面发布该医疗机构的广告。

4.医疗广告中的"医生""专家"的识别

医疗广告中出现的卫生技术人员、医疗教育科研机构及其人员的名义、形象属实的,应认定为使用医生或者专业技术人员为医疗机构代言的违法广告行为;医疗广告中将未依法取得医师执业资格或医疗教育、科研相关职称的人宣称为"医生""医学专家"等医学专业人士,足以误导消费者认为其属于医生等专业人士的,应认定为虚假医疗广告。相关人员涉嫌非法行医的,要及时通报同级卫生健康行政部门;对卫生技术人员、医疗教育科研人员的专访、专题报道中出现有关美容医疗机构的地址和联系方式等内容的,应认定为以介绍健康、养生知识、人物专访、新闻报道等形式变相发布医疗美容广告。

(三)医疗机构变相的广告行为

随着《医疗广告管理办法》的正式施行及打击违法医疗广告的力度不断加大,传统意义上的违法医疗广告的发布量明显减少,但不少医疗机构借助各色"外壳"曲线上市,扰乱了正常医疗市场秩序。这种行为主要有以下几种表现形式。

(1)"挂靠"社会公益。一些医疗广告在公共场所的公益性宣传栏上借发布健康小知识等信息来达到宣传医疗机构和药品的目的。此外,一些医疗广告还试图搭上扶贫济困公益活动的便车,往往趁年末总工会、慈善总会等部门扶贫济困送温暖时,主动联系相关部门表示可以给贫困人群提供免费医疗卡(事实上此医疗卡只可以抵用很小部分的医疗费用),以此达到广告目的。

(2)借助文体活动。大型的文体活动群众参与面广,因此也成了医疗广告"借壳"的对象,主要有两种形式。一是"借壳"入场券,在入场券的背面刊登广告,而此类广告往往未取得《医疗广告审查证明》。二是"借壳"医疗服务点,把在车体印有医疗机构名称、电话、地址、诊疗科目的医疗服务车开进活动现场,以此起到宣传作用。

（3）利用大众媒体。有了《医疗广告管理办法》的约束，在公众媒体上肆无忌惮地发布违法医疗广告的情况越来越少，有的人转而采取相对隐蔽的方式收到宣传的效果。一般有以下3种方式：一是借健康讲座，通过问答和介绍形式，经常提及某医院某医生水平高，以此间接地做宣传；二是借选秀节目，挑选形象代言人，而在节目中常常涉及对医疗机构的全方位介绍；三是借医院招聘人员的名义，在招聘广告中挤入大量介绍医院、科室情况的内容。

针对以上多种变相的违法医疗广告，有学者建议：一是对公益性宣传栏进行全面清理，撤掉涉嫌违法医疗广告的部分；二是主动介入，宣传案例，对有关部门进行提示，防止其被一些别有用心的医疗机构所利用；三是对大型文体活动进行严格管理，先行介入，将入场券印刷纳入印刷品管理范围，规范广告发布行为；四是重新界定健康讲座的定义，严厉查处违规健康讲座。2006年，国家广电总局和国家工商行政管理总局联合下发了《关于整顿广播电视医疗资讯服务和电视购物节目内容的通知》，通知中对医疗资讯服务节目的内容做了明确规定：医疗资讯服务节目应侧重介绍疾病预防、控制和治疗的科学知识。以医生、药师、专家等专业人士作为特约嘉宾进行健康讲座的，不得在此类节目中宣传治愈率、有效率；不得宣传未经医疗界普遍认定和采用的医疗方法；不得播出专家或医生与患者或家属现场或热线沟通、交流的内容。此类节目可以介绍特约嘉宾的身份、技术职称及其所在医疗机构的名称，除广播电视播出机构设立的听（观）众咨询电话外，不得出现被介绍医疗机构的地址、联系方式。

（四）医疗美容广告的监管

随着人们生活水平的提高，人们对自身形象的关注越来越高，医疗美容行业日益兴盛，医疗美容机构数量日渐增多，对于广告宣传的需求也与日俱增。然而一些医疗美容机构利用违法广告来扩大影响力，提高就诊数量，严重损害了群众的利益，医疗美容广告成了医疗广告治理的重点对象。近几年各地公布的典型违法广告案例就不乏医美广告的身影。2021年，国家市场监督管理总局发布了《医疗美容广告执法指南》，指南明确了医疗美容广告的概念，指出了医疗美容广告的监管重点，强调了网络平台经营者责任。

1. 医疗美容广告的定义

医疗美容，是指运用手术、药物、医疗器械及其他具有创伤性或者侵入性的医学技术方法对人的容貌和人体各部位形态进行的修复与再塑。医疗美容广告是指通过一定媒介或者形式直接或间接介绍美容医疗机构或者医疗美容服务的商业广告。

医疗美容广告属于医疗广告，广告主必须依法取得《医疗机构执业许可证》才能发布或者委托发布医疗美容广告。广告主发布医疗美容广告，必须依法取得《医疗广告审查证明》；广告经营者、广告发布者设计、制作、代理、发布医疗美容广告必须依法查验广告主的资质证明文件及《医疗广告审查证明》，并严格按核准内容发布。

2. 医疗美容广告的监管重点

根据2021年国家市场监督管理总局发布的《医疗美容广告执法指南》，当前我国医疗美容广告乱象治理的重点如下。

（1）违背社会良好风尚，将容貌不佳与"低能""懒惰""贫穷"等负面评价因素做不当关联，或者将容貌出众与"高素质""勤奋""成功"等积极评价因素做不当关联。例如有整形机构的广告中宣称"脸就是自己的风水，颜值就是潜在的财富……"一张张搭配精致姣好面容的医美海报不断制造着"容貌焦虑"。

（2）违反药品、医疗器械、广告等法律法规规定，对未经药品管理部门审批或者备案的药品、医疗器械作广告。《广告法》第十五条明确规定，麻醉药品、精神药品、医疗用毒性药品、放射性药品等禁止广告宣传。医疗美容实施过程中常常会用到一些处方药，而我国对于处方药的广告宣传是有着严格规定的，为了促进销售，仍然有一些医美机构罔顾法律法规，在广告中宣传某些处方药的医美效果。例如，2021年，贵州省市场监督管理局公布的年度十大违法广告经典案例中，贵阳某医疗美容医院有限公司在某网络平台发布美容服务广告，在"瘦脸针"美容服务宣传中对"衡力肉毒素瘦脸针"等医疗用毒性药品进行广告宣传。

（3）宣传未经卫生健康行政部门审批、备案的诊疗科目和服务项目。医美广告中的诊疗科目和服务项目不得超出《医疗机构执业许可证》登记的范围。

（4）宣传诊疗效果或者对诊疗的安全性、功效做保证性承诺。医美效果同样因人而异，在广告中宣传医美效果既不科学也不客观。此外，医疗整形也同样存在风险。2021年3月15日，在《21世纪经济报道》、21新健康研究院主办的"2021中国大健康产业峰会系列活动之315行业对话医美行业"专场上，中国整形美容协会医疗美容机构分会副会长田亚华介绍说："对没有专业识别度的普通消费者来，只要涉及破皮的医疗美容行为，或者说需要外科手术介入完成的医美行为，都是有风险的，需要慎重。"近些年，涉及美容整形类的医疗纠纷正呈逐年上升的趋势，已占医疗纠纷案件总数的一成多，医美广告中不对诊疗的安全性、功效性做保证性承诺是对消费者负责。

（5）利用行业协会及其他社会社团或组织的名义、形象作证明，使用患者名义或者形象进行诊疗前后效果对比或者作证明。不少医美机构在广告中利用患者接受医美整形服务前后的照片来作为噱头吸引顾客，在一些电商平台甚至有专门从事医美整形案例销售的商家，付款后商家会发送下载地址到聊天窗口，高清医美整形案例图、案例视频、源文件案例尽收其中，从去皱、填充、吸脂、线雕到隆鼻、隆胸无所不包，买家只需将自己的品牌替换上去即可，卖家甚至还提醒买家"案例只发朋友圈，发第三方平台容易出问题"。明知使用患者名义或者形象进行诊疗前后效果对比或者作证明是违法行为，还肆意销售医美案例资源包，医美广告整治确实任重道远。

（6）利用广告代言人为医疗美容做推荐、证明。医疗美容广告中出现的所谓"推荐官""体验官"等，以自己名义或者形象为医疗美容做推荐证明的，应当被认定为广告代言人。

（7）以介绍健康、养生知识、人物专访、新闻报道等形式变相发布医疗美容广告。

（8）对食品、保健食品、消毒产品、化妆品宣传与医疗美容相关的疾病治疗功能。

3.网络平台经营者责任

互联网逐渐成为医疗美容广告的重要媒介，医美行业本身的乱象，叠加"互联网效应"，造成了更多的医美消费陷阱。互联网平台要守好门户，一方面通过平台建立健全内容审核机制，将违法医疗美容广告拒之门外，在广告发布、提供互联网信息服务过程中，拦截违法违规医疗美容广告宣传信息；另一方面，通过案例曝光，加大以案释法力度，提醒广大消费者理性消费。

4.普通美容机构不得进行医疗美容宣传

北京某美容院海淀清河分店（以下称当事人）在其店内墙壁悬挂的展板中含有"消灭老

年斑、排除毒素、提高心脏活力"等广告内容,其广告费 3500 元。经北京市工商行政管理局海淀分局调查发现,上述广告内容涉及疾病治疗功能。北京市工商行政管理局海淀分局认为,当事人的上述行为违反了《广告法》第十七条"除医疗、药品、医疗器械广告外,禁止其他任何广告涉及疾病治疗功能"的规定,责令当事人停止发布广告,在相应范围内消除影响,罚款 1.05 万元。

《广告法》第十七条明确规定:"除医疗、药品、医疗器械广告外,禁止其他任何广告涉及疾病治疗功能,并不得使用医疗用语或者易使推销的商品与药品、医疗器械相混淆的用语。"但现实生活中,很多普通美容机构在广告宣传中都涉及上述内容,这一行为不仅违反了该条款,还违反了广告发布基本准则中对广告内容涉及的事项需要获得行政许可的规定。只有获得《医疗机构执业许可证》才能发布含有上述内容的医疗广告,普通美容机构并不具备相应资质,其营业性质为普通美容服务机构而非医疗美容服务机构,因此广告中不得出现疾病治疗功能的内容。

六、食品广告的发布标准

民以食为天,食以安为先。食品安全关系着广大人民群众的身体健康和生命安全,是人民群众最关心、最直接、最现实的利益问题,同时食品安全也关系着经济的健康发展和社会稳定。我国政府高度关注食品安全工作,明确提出要把食品安全作为国计民生的大事来抓。食品行业一直是广告投入排名前三的行业,是高度依赖广告宣传的行业。随着食品广告数量的日益增多,出现的问题也引起了人们的重视,特别是最近几年我国民众对于食品安全问题的日渐关注,食品广告的违法问题也得到了相关部门的高度重视。

(一)食品的分类和食品广告的监管依据

根据《食品安全法》第一百五十条规定:"食品,指各种供人食用或者饮用的成品和原料以及按照传统既是食品又是中药材的物品,但是不包括以治疗为目的的物品。"从功能、成分的角度来看,食品包括普通食品、保健食品、特殊医学用途配方食品和转基因食品。

根据 2015 年 5 月 24 日实施的《食品安全国家标准 保健食品》(GB 16740—2014)规定,保健食品是指声称并具有特定保健功能或者以补充维生素、矿物质为目的的食品。即适用于特定人群食用,具有调节机体功能,不以治疗疾病为目的,并且对人体不产生任何急性、亚急性或慢性危害的食品。

根据 2014 年 7 月 1 日实施的《食品安全国家标准 特殊医学用途配方食品通则》(GB 29922—2013)规定,特殊医学用途配方食品是指为了满足进食受限、消化吸收障碍、代谢紊乱或特定疾病状态人群对营养素或膳食的特殊需要,专门加工配制而成的配方食品。该类食品必须在医生或临床营养师指导下单独食用或与其他食品配合食用。

根据《农业转基因生物安全管理条例》的相关规定,转基因食品可以理解为是利用基因工程技术改变基因组构成的动物、植物和微生物生产的食品和食品添加剂,包括转基因动植物、微生物产品,转基因动植物、微生物直接加工品,以及以转基因动植物、微生物或者其直接加工品为原料生产的食品和食品添加剂。

食品广告的监管依据主要有《广告法》《食品安全法》《药品、医疗器械、保健食品、特殊医学用途配方食品广告审查管理暂行办法》等。

(二)食品广告的基本准则

(1)食品广告不得含有"最新科学""最新技术""最先进加工工艺"等绝对化的语言或者表示。

(2)食品广告不得出现与药品相混淆的用语,不得直接或者间接地宣传治疗作用,也不得借助宣传某些成分的作用明示或者暗示该食品的治疗作用。《广告法》第十七条明确规定:"除医疗、药品、医疗器械广告外,禁止其他任何广告涉及疾病治疗功能,并不得使用医疗用语或者易使推销的商品与药品、医疗器械相混淆的用语。""怕上火,喝加多宝"这则广告曾红遍大江南北。何谓"上火",《现代汉语词典》(商务印书馆 2016 年第 7 版,第 1145页)是这样解释的:"中医把大便干燥或鼻腔黏膜、口腔黏膜、结膜等发炎的症状叫上火。"从词典的解释可以看出,"上火"一词是一个中医学名词,是专指大便干燥或鼻腔黏膜、口腔黏膜、结膜等发炎病症。这样看来,这一则广告就有宣称治疗功效之嫌,其广告效应可能让人产生错觉以致认同它是可预防和治疗疾病的饮品,甚至是一种可以替代某些抗生素药品的饮品。很明显,这则凉茶广告明显违反了《广告法》的规定。在我国还有一类物质既可以食用也可以药用,被称为药食同源。从中医角度来看,药食同源的物质如果作为食物,食用量对于治疗疾病没有根本作用,如果想要治疗某种疾病,还需要专业医生诊治后,遵医嘱服用。药食同源的物质作为普通食品进行广告宣传时不得直接或者间接宣传治疗作用,也不得宣传其所含成分明示或暗示治疗作用,如果作为药物进行广告宣传则适用药品广告的法律规定。

(3)食品广告(特别是婴幼儿配方食品广告)不得明示或者暗示全部或者部分替代母乳。

(4)食品广告中不得使用医疗机构、医生的名义或者形象。食品广告中涉及特定功效的,不得利用专家、消费者的名义或者形象做证明。

(5)保健食品的广告内容应当以国务院卫生行政部门批准的说明书和标签为准,不得任意扩大范围。

(6)保健食品不得与其他保健食品或者药品进行功效对比。

(7)普通食品、新资源食品、特殊营养食品广告不得宣传保健功能,也不得借助宣传某些成分的作用明示或者暗示其保健作用。保健食品与普通食品、新资源食品和特殊营养食品的最大区别就是保健功效,保健食品的包装或标签上必须有保健食品标识,在直播平台上经常有主播混淆保健食品与普通食品的区别,宣传普通食品具有"抗衰老""补血益气""提高抵抗力"等保健功效,导致一众消费者上当受骗。

(8)普通食品广告不得宣传该食品含有新资源食品中的成分或者特殊营养成分。

(三)保健食品广告的发布标准

保健食品由于其声称具有保健功效,在广告宣传时往往不容易拿捏尺度,导致触犯法律的现象时有发生。《药品、医疗器械、保健食品、特殊医学用途配方食品广告审查管理暂行办法》和《广告法》中明确了保健食品广告的发布标准,并规定发布保健食品广告必须进行行政审查。

1. 保健食品广告中禁止出现的内容

(1)使用或者变相使用国家机关、国家机关工作人员、军队单位或者军队人员的名义或者形象,或者利用军队装备、设施等从事广告宣传。

(2)使用科研单位、学术机构、行业协会或者专家、学者、医师、药师、临床营养师、患者等的名义或者形象作推荐、证明。

(3)违反科学规律,明示或者暗示可以治疗、预防疾病,适应所有症状,适应所有人群,或者声称或者暗示广告商品为保障健康所必需等内容。某贸易有限公司(下称当事人)在天猫网上发布的某大豆磷脂软胶囊保健食品广告,作了如下表述:"可预防和治疗动脉硬化""对糖尿病坏疽及动脉硬化等并发症患者更为有效"等,涉嫌违反《广告法》的规定,上海市杨浦区市场监督管理局查证后作出了责令当事人改正,并罚款的决定。保健食品其产品本质是食品而非药品,不以治疗疾病为目的,不具有预防、治疗疾病的功能,因此广告中不能出现相应内容。此外,保健食品仅适宜于特定人群,不是所有人所必需,更不是保障健康所必需,在广告中通过渲染、夸大某种健康状况或者疾病,或者通过描述某种疾病容易导致的身体危害,使公众对自身健康产生担忧、恐惧,误解不使用广告宣传的保健食品会患某种疾病或者导致身体健康状况恶化,这种做法损害了消费者的权益,应予禁止。

(4)引起公众对所处健康状况和所患疾病产生不必要的担忧和恐惧,或者使公众误解不使用该产品会患某种疾病或者加重病情的内容。

(5)含有"安全""安全无毒副作用""毒副作用小";明示或者暗示成分为"天然",因而安全性有保证等内容。

(6)表示功效的断言或保证。保健食品是通过作用于人体,达到调节机体功能的效果。这种效果存在一定的差异性、不确定性:保健食品都有相应的功效、适用人群、用法用量要求,其效果也可能随着服用时间推移发生变化,服用不当还可能产生副作用;此外,服用者自身身体条件、生活习惯、所处环境都可能影响服用效果。所以,保健食品广告中不能出现表示功效的断言或保证。

(7)含有"热销、抢购、试用""家庭必备、免费治疗、赠送"等诱导性内容,"评比、排序、推荐、指定、选用、获奖"等综合性评价内容,"无效退款、保险公司保险"等保证性内容,怂恿消费者任意、过量食用保健食品的内容。

(8)含有医疗机构的名称、地址、联系方式、诊疗项目、诊疗方法,以及有关义诊、医疗咨询电话、开设特约门诊等医疗服务的内容。

(9)与药品、其他保健食品进行比较。药品用于疾病预防、诊断、治疗,保健食品用于调节人体机能,二者本身不具有可比性,不能进行比较;即使同为保健食品,其功效、适用人群也可能存在差异,需要根据使用者的各方面情况综合判断,对不同的保健食品进行比较也是不科学的。

(10)利用广告代言人作推荐和证明。保健食品直接作用于人体,其作用对象存在个体差异性,不宜利用广告代言人作推荐、证明。为防止误导消费者、损害消费者身体健康,禁止利用任何广告代言人为保健食品作推荐、证明。

2.保健食品广告中必须出现的内容

保健食品广告的内容应当以市场监督管理部门批准的注册证书或者备案凭证、注册或者备案的产品说明书内容为准,不得涉及疾病预防、治疗功能。保健食品广告涉及保健功能、产品功效成分或者标志性成分及含量、适宜人群或者食用量等内容的,不得超出注册证书或者备案凭证、注册或者备案的产品说明书范围。且必须出现以下内容。

(1)保健食品广告应当显著标明"保健食品不是药物,不能代替药物治疗疾病"。

(2)保健食品广告应当声明"本品不能替代药物"。

(3)保健食品广告应当显著标明保健食品标志。

(4)保健食品广告应当标明适宜人群和不适宜人群。

(5)保健食品广告应当显著标明广告批准文号。

以上应当显著标明的内容,其字体和颜色必须清晰可见、易于辨认,在视频广告中应当持续显示,在音频广告中应当以清晰的语音表明。

(四)特殊医学用途配方食品广告的发布标准

根据《食品安全法》第八十条规定:"特殊医学用途配方食品广告适用《中华人民共和国广告法》和其他法律、行政法规关于药品广告管理的规定。"

特殊医学用途配方食品广告的内容应当以国家市场监督管理总局批准的注册证书和产品标签、说明书为准。特殊医学用途配方食品广告涉及产品名称、配方、营养学特征、适用人群等内容的,不得超出注册证书、产品标签、说明书范围。

特殊医学用途配方食品广告应当显著标明适用人群、"不适用于非目标人群使用"、"请在医生或者临床营养师指导下使用"。

(五)转基因食品广告的发布标准

1. 审查要求

根据《农业转基因生物安全管理条例》第二十九条规定:"农业转基因生物的广告,应当经国务院农业行政主管部门审查批准后,方可刊登、播放、设置和张贴。"规定中的"农业转基因生物"包括转基因动植物(含种子、种畜禽、水产苗种)和微生物,转基因动植物、微生物产品,转基因农产品的直接加工品和含有转基因动植物、微生物或者其产品成分的种子、种畜禽、水产苗种、农药、兽药、肥料和添加剂等产品。其中"转基因农产品的直接加工品"范围,国家法制办对农业部《关于商请对〈农业转基因生物安全管理条例〉有关问题进行解释的函》答复中明确:"转基因农产品的直接加工品"是指转基因农产品直接加工所得的产品,包括大豆粉、大豆油、豆粕、玉米粉、玉米油、油菜籽油、油菜籽粕、番茄酱等。因此,以上范围内的食品广告均需在发布前通过国务院农业行政主管部门的审查批准。

2. 标识要求

为了加强对农业转基因生物的管理,规范农业转基因生物的销售行为,引导农业转基因生物的生产和消费,保护消费者的知情权,我国对列入农业转基因生物标识目录的农业转基因生物实行标识制度。商品包装是广告的形式之一,在转基因食品包装上必须遵守国家规定。

(1)转基因农产品的直接加工品,标注为"转基因××加工品(制成品)"或者"加工原料为转基因××"。

(2)用农业转基因生物或用含有农业转基因生物成分的产品加工制成的产品,但最终销售产品中已不再含有或检测不出转基因成分的产品,标注为"本产品为转基因××加工制成,但本产品中已不再含有转基因成分"或者标注为"本产品加工原料中含有转基因××,但本产品中已不再含有转基因成分"。

(3)农业转基因生物标识应当醒目,并和产品的包装、标签同时设计和印制。难以在原有包装、标签上标注农业转基因生物标识的,可采用在原有包装、标签的基础上附加转基因生物标识的办法进行标注,但附加标识应当牢固、持久。

(4)农业转基因生物标识应当使用规范的中文汉字进行标注。

3. 关于食品广告中"非转基因"宣传的规定

近些年来,由于消费者对转基因技术的认知欠缺,转基因食品安全性问题备受关注,在这样的舆论环境中,有的企业利用广大消费者在认知欠缺的基础上所形成的焦虑,盲目追求市场利益,炒作"非转基因",以此作为卖点,在广告宣传中暗示非转基因更安全。鉴于此,2015 年农业部科技教育司下发了《关于指导做好涉转基因广告管理工作的通知》,通知规定"对我国未批准进口用作加工原料、未批准在国内进行商业化种植,市场上并不存在该转基因作物及其加工品的,禁止使用非转基因广告词;对我国已批准进口用作加工原料或在国内已经商业化种植,市场上确实存在该种转基因作物和非转基因作物及其加工品的,可以标明非转基因但禁止使用更健康、更安全等误导性广告词"。2022 年 8 月,江苏省张家港市市场监督管理局接到举报,某企业在网络平台店铺销售的某品牌压榨葵花籽油,在宣传中标注了"非转基因"字样。到目前为止,我国公布的实施标识管理的农业转基因生物目录中并没有葵花籽和葵花籽油等产品,这意味着,我国目前市场上并不存在转基因葵花籽油产品,而该企业在其压榨葵花籽油的宣传中标注"非转基因"容易误导消费者认为市场上存在"转基因"的葵花籽油,不仅违反了农业部上述通知中的规定,也与《广告法》第四条第一款"广告不得含有虚假或者引人误解的内容,不得欺骗、误导消费者"的规定相悖。

(六)食品广告宣传中关于营养声称的规定

营养声称是指对食品营养特性的描述和声明,如能量水平、蛋白质含量水平等。营养声称包括含量声称和比较声称。含量声称是描述食品中能量或营养水平的声称,声称用语包括"含有""高""低""无"等。比较声称是指与消费者熟知的同类食品的营养成分含量或能量值进行比较以后的声称。声称用语包括"增加"或"减少"等。食品广告中较常见的是含量声称。

1. 食品广告宣传中关于蛋白质含量声称的规定

根据《预包装食品营养标签通则》中能量和营养成分含量声称的规定,每 100 克固体食品中蛋白质含量大于或等于 10% NRV[①]、每 100 毫升液体食品中含量大于或等于 5% NRV,或者每 420 千焦食品中大于或等于 5% NRV,才能够在包装和广告中宣称"蛋白质高"或"富含蛋白质"。

2. 食品广告宣传中关于脂肪含量声称的规定

根据《预包装食品营养标签通则》中能量和营养成分含量声称的规定,每 100 克固体食品或每 100 毫升液体食品中的脂肪含量小于或等于 0.5 克,可以宣称"无脂"或"不含脂肪";每 100 克固体食品中脂肪含量小于或等于 3 克,或每 100 毫升液体食品中脂肪含量小于或等于 1.5 克,可以宣称"低脂肪";液态奶或酸奶的脂肪含量小于或等于 0.5%,或乳粉的脂肪含量小于或等于 1.5%,可以宣称"脱脂";每 100 克固体食品或每 100 毫升液体食品中的脂肪含量小于或等于 0.3 克,可以宣称"无或不含反式脂肪酸"。

---

① NRV% 是指每 100 克或每 100 毫升或每份食物中营养素含量占营养素参考值即 NRV 的百分比。

3.食品广告宣传中关于膳食纤维含量声称的规定

根据《预包装食品营养标签通则》中能量和营养成分含量声称的规定,每100克固体食品中膳食纤维的含量大于或等于6克、每100毫升液体食品中膳食纤维含量大于或等于3克,或420千焦食品中膳食纤维含量大于或等于3克,可以宣称"高或富含膳食纤维"或"膳食纤维良好来源"。

4.食品广告宣传中关于钠含量声称的规定

根据《预包装食品营养标签通则》中能量和营养成分含量声称的规定,每100克或100毫升食品中钠含量小于或等于5毫克,可以宣称"无或不含钠";每100克或10毫升食品中钠含量小于或等于120毫克,可以宣称"低钠"。

5.食品广告宣传中关于维生素含量声称的规定

根据《预包装食品营养标签通则》中能量和营养成分含量声称的规定,每100克食品中维生素含量大于或等于30％NRV、每100毫升液体食品中维生素含量大于或等于15％NRV,或每420千焦食品中维生素含量大于或等于10％NRV,可以宣称"高或富含维生素";含有3种和(或)3种以上维生素,且符合"富含"的声称要求才能宣称"富含多种维生素"。

6.食品广告宣传中关于矿物质(不包括钠)含量声称的规定

根据《预包装食品营养标签通则》中能量和营养成分含量声称的规定,每100克固体食品中矿物质(不包括钠)含量大于或等于30％NRV、每100毫升液体食品中的矿物质(不包括钠)含量大于或等于15％NRV,或每420千焦食品中的矿物质(不包括钠)含量大于或等于10％NRV,可以宣称"高或富含矿物质";含有3种和(或)3种以上矿物质(不包括钠),且符合"富含"的声称要求才能宣称"富含多种矿物质"。

七、化妆品广告的发布标准

随着我国经济的不断发展,居民收入水平的不断提高,受欧美、日韩等大牌化妆品公司的影响,国内消费者的化妆品消费理念逐步增强,国内化妆品市场规模迅速扩大。2011—2023年我国化妆品的市场规模呈现逐年递增的趋势,从2011年的2300亿元增长到了2023年的5169亿元。在化妆品行业的强劲发展过程中,化妆品广告功不可没。

(一)化妆品的定义和化妆品广告的监管依据

化妆品,是指以涂擦、喷洒或者其他类似方法,施用于皮肤、毛发、指甲、口唇等人体表面,以清洁、保护、美化、修饰为目的的日用化学工业产品。从功能角度出发,化妆品分为特殊化妆品和普通化妆品,用于染发、烫发、祛斑美白、防晒、防脱发的化妆品,以及宣称新功效的化妆品为特殊化妆品。特殊化妆品以外的化妆品为普通化妆品。

化妆品广告的主要监管依据是《广告法》和《化妆品监督管理条例》等。

(二)化妆品广告的发布标准

第一,在针对未成年人的大众传播媒介上不得发布化妆品广告。

第二,化妆品广告不得明示或者暗示产品具有医疗作用,不得含有虚假或者引人误解的内容,不得欺骗、误导消费者。在化妆品广告中出现医疗用语和涉及疾病治疗功效的内容在各地查处的违法化妆品广告中是较为常见的一种情况。2021年,有群众向上海市黄浦区市场监督管理局举报某(上海)化妆品贸易有限公司(以下简称当事人)注册并使用的微博发布含有医疗用语内容的化妆品广告。经现场检查和与当事人确认,举报中所涉及的广告为当事人于 2021 年 7 月 19 日在其注册并使用的微博"××医生面对面"中发布的一则宣传图文,其中包含"××活泉水经体外及临床研究验证具有舒缓、抗炎、抗刺激的功效……"等广告内容。"抗炎"属于典型的医疗用语,当事人发布的广告构成了发布化妆品广告中含有医疗用语的行为,黄浦区市场监督管理局决定对其处以责令停止发布违法广告、责令公司在相应范围内消除影响和罚款人民币 10 万元的处罚。不少在化妆品行业里有影响力的企业在其产品广告中都曾出现上述情况,一方面说明广告普法工作还要继续深入,另一方面也说明化妆品广告发布标准中关于化妆品功效的描述与医疗用语的严格区分还有待于化妆品广告合规指引建设的深入。

第三,化妆品包装标签、标志的规定如下。

应当标注的内容有:①产品名称、特殊化妆品注册证编号;②注册人、备案人,受托生产企业的名称、地址;③《化妆品生产许可证》编号;④产品执行的标准编号;⑤全成分;⑥净含量;⑦使用期限、使用方法及必要的安全警示。

禁止标注的内容有:①明示或者暗示具有医疗作用的内容;②虚假或者引人误解的内容;③违反社会公序良俗的内容。

第四,关于儿童化妆品标志的规定如下。

为加强儿童化妆品监督管理,提升儿童化妆品辨识度,保障儿童的健康。我国对儿童化妆品的包装的标签和标识有特殊规定(标识"适用于全人群""全家使用"等词语或者利用商标、图案、谐音、字母、汉语拼音、数字、符号、包装形式等暗示产品使用人群包含儿童的产品按照儿童化妆品管理)。

(1)儿童化妆品应当在销售包装展示面标注国家药品监督管理局规定的儿童化妆品标志,非儿童化妆品不得标注儿童化妆品标志。标志应标在容易被观察到的展示版面(以下称主要展示版面)的左上方,清晰易识别。当主要展示版面的表面积大于 100 平方厘米时,儿童化妆品标志最宽处的宽度不得小于 2 厘米。当主要展示版面的表面积小于等于 100 平方厘米时,儿童化妆品标志最宽处的宽度不得小于 1 厘米。

(2)儿童化妆品应当以"注意"或者"警告"作为引导语,在销售包装可视面标注"应当在成人监护下使用"等警示用语。

(3)儿童化妆品标签不得标注"食品级""可食用"等词语或者与食品有关图案。

(三)化妆品广告法规修订的难点

2017 年 10 月,我国实施了 20 多年的《化妆品广告管理办法》宣告废止,它由国家工商行政管理总局发布,自 1993 年 10 月 1 日起施行。在 20 多年的实施过程中,该办法对我国化妆品广告市场的秩序化、规范化起到了重要的作用,但同时,随着改革的深入和科技的不断进步,《化妆品广告管理办法》中的某些条款已逐渐不能完全满足现实的需要。

2008 年 5 月 20 日,管理办法修订起草小组在上海市龙柏森林花园饭店召开第一次工作会议。国家工商行政管理总局广告司副司长、中国广告协会副秘书长、中国广告协会法律服务中心工作人员,以及来自联合利华、宝洁、欧莱雅、汉高、资生堂、强生、上海家化、广东雅倩、广东拉芳等化妆品生产企业的代表出席了本次会议。虽然最终没有出台修订后的《化妆品广告管理办法》,但会中讨论的问题仍然有很重要的意义,为今后化妆品广告的立法工作提供了很多有益的思路。

会议上，各位代表各抒己见，踊跃发言，结合修订工作的起草方案，从法条、理论到实践及面临的困难等各个层面展开了热烈的讨论，焦点主要集中在以下几个方面。

一是化妆品广告是否应当继续以单独部门规章的形式进行规制。有代表认为，《广告法》中已经有了针对化妆品广告的条款，是否有必要再修订办法？另外，化妆品这一商品类别是否已经独特到《广告法》的一般原则无法调整，需要单独立法的程度。更多代表认为，《广告法》是广告行业的基本法，调整的是一般广告行为，而根据《立法法》的规定，部门规章规定的事项应当属于执行法律或者国务院的行政法规、决定、命令的事项。因此，应当以国家工商行政管理总局部门规章的形式修订《化妆品广告管理办法》，对《广告法》的条款规定进一步细化，以加强可操作性。在《广告法》修订的过渡期间，建议加强行业协会的作用，对广告市场进行规范和管理。

二是关于出证问题。广告的内容应当真实科学，这就需要提交相应的证明文件，但出证问题比较复杂，一方面是检验部门的技术手段与科技发展还不适应，另一方面是缺乏检验和判定标准。目前国内除防晒系数（SPF）和防晒指标（PA）有检测外，其他功效检测基本为零。另外，《化妆品广告管理办法》中所要求提交的某些证明目前已失去意义，例如第五条第六款"化妆品如宣称为科技成果的，必须，持有省级以上轻工行业主管部门颁发的科技成果鉴定书"，而省级以上轻工行业主管部门现在已不存在，这一条款在现实生活中已形同虚设。一些代表认为，某些企业有相当的科研水平，它们有能力对自己广告中的内容进行检验、提供证明，在这种情况下不能一概否定这些证明的效力，应有一个独立的第三方机构对这些证明的真实性等进行认可，从而提高出证效率，节约社会成本。

三是关于"虚假""夸大"界定问题。与会代表普遍反映该条所规定的化妆品广告禁止出现的内容条款需要调整，在实际中给企业带来的困惑比较多，集中表现在如下一些方面："虚假""夸大"怎样界定？什么样的广告可以构成虚假广告或夸大广告？使用他人名义是不是应当完全禁止？现实中广告代言人法律责任怎样规制？什么样的词语是医疗术语？涉及化妆品的数据在提供真实充分的证明的基础上是否应当允许使用？等等。

除了以上这些困惑外，化妆品广告的法律监管还有很多细节问题日益显现，例如，儿童化妆品标签上不得标注"食品级""可食用"等词语或者与食品有关图案，那么儿童化妆品广告的内容是否应当同步参照该规定？另外，根据规定，化妆品广告中不得明示或暗示医疗作用，那么特殊功效化妆品的广告内容应当如何宣传其"特殊功效"，例如祛痘类洗面奶，按照规定不可在广告中宣称"祛痘""消炎"，那么其特殊功效应如何在广告中表现？还有，根据现有规定，化妆品标签中应当标注必要的安全警示，那么广告中是否也应该显著标识该类信息？等等。

八、酒类广告的发布标准

所谓"酒类"是指含酒精饮料，包括发酵酒、蒸馏酒、配制酒、食用酒精及其他含有酒精成分的饮品，饮酒过度不仅会危害身体健康，也会给家庭生活和社会带来不良影响，所以世界上很多国家都对酒类广告进行了严格的监管，如泰国从 2003 年起早上 5 点到下午 10 点的广播电视节目禁止播放任何酒类广告，甚至还要加强对社会名流和体育明星参与的酒类广告的监管；在法国，严格限定酒类广告只能出现在平面媒体上，决不能上电视和电台；在美国,酒类广告同样受到严格的限制,广告投放额的排名中也根本找不到酒类广告的影子。我国是酒类消费大国,酒类消费群体数量更是排名世界第一,数量庞杂的酒类广告炒作催生酒精饮料在中国的畸形消费,富裕阶层炫耀性消费,价格越高,越有人喝,喝得起茅台、五粮液,更成了一种身份象征。为了保障人民群众身心健康、培养人民群众良好生活习惯、保障社会安全,在立法层面,我国并不提倡对酒的宣传,特别是烈性酒。2011 年央视出台了"限酒令",对酒类广告投放实行限制,央视广告时段中标的白酒企业只能播出形象广告,广告中禁止出现酒瓶、酒杯等视觉要素。此举为各大媒介做了示范,然而酒类广告违禁现象仍屡禁不止。2019 年 3 月 12 日,《生命时报》记者对 4 家卫视黄金时段的酒类广告进行监测,发现无论是刊播数量还是广告内容都存在违规情况,规范酒类广告任重道远。

（一）酒类广告和监管依据

酒类广告,是指含有酒类商品名称、商标、包装、制酒企业名称等内容的广告。我国对酒类广告的监管依据主要是《广告法》和《广播电视广告播出管理办法》等。

（二）酒类广告的发布标准

1. 酒类广告应当符合卫生许可的事项

不得使用医疗用语或者易与药品相混淆的用语。经卫生行政部门批准的有医疗作用的酒类商品,适用《广告法》和其他法律、行政法规关于药品广告管理的规定。

2. 酒类广告中禁止出现的内容

(1)诱导、怂恿饮酒或者宣传无节制饮酒。所谓诱导、怂恿饮酒,一般表现为明示或者暗示饮酒是身份、地位、成熟、魅力、坚固友情的象征,或者将个人、商业、社会、体育或者其他方面的成功归功于饮酒。

(2)饮酒的动作。广告中直接出现饮酒动作,对受众具有最直接的引导示范作用,应该予以禁止。

(3)表现驾驶车、船、飞机等活动。酒后驾驶车、船、飞机等容易出现事故,造成人身财产损失,危及公共安全是法律严格禁止的行为,在酒类广告中表现驾驶车、船、飞机等活动必须严格禁止。

(4)明示或者暗示饮酒有消除紧张和焦虑、增加体力等功效。这种说法不仅没有科学依据,也没有普遍适用性,而且为饮酒提供借口,必须禁止。

3. 酒类广告的播出数量规定

播出机构要严格控制酒类商业广告。不得在以未成年人为主要传播对象的频率、频道、节(栏)目中播出。

电视:每套节目每日发布的酒类广告,在特殊时段(19:00—21:00)不超过 2 条,普通时段每日不超过 10 条。

广播电台:每套节目每小时发布的酒类广告,不得超过 2 条。

报纸、期刊、网络等其他形式媒介:现有的法律法规中虽然取消了对报纸、期刊等其他媒介发布酒类广告的在数量上的限制,但是国家不提倡酒精饮料特别是烈性酒无限制消费的精神是一贯的,报纸、期刊、网络等媒介在酒类广告刊播上也应该以不提倡、不鼓励为基本原则。

此外,1999 年,当时的国家轻工业部认为对低度发酵酒的广告限制不利于我国酿酒行业产品结构调整方针,因而向国家工商行政管理局提出取消低度发酵酒广告限制的建议,国家工商行政管理局研究决定为与我国酿酒行业产品结构调整的方针相适应,引导酒类消费向低度、安全的方向转变,取消了对低度发酵酒广告的限制。

九、教育培训广告的发布标准

教育是国家发展基石,大则关乎国家民族兴盛、繁荣和发展,小则关乎个人发展前途、家庭兴旺发达。近些年来,随着群众对教育的重视,我国教育培训事业发展迅猛,大量教育培训机构应运而生,市场逐渐呈饱和状态,同质化竞争日益激烈。不少教育培训机构为招揽生源,进行含有虚假违法内容的广告宣传,欺骗、误导消费者,不仅损害了群众利益,也严重影响了教培行业的市场秩序。教育培训类广告已成为群众反映较强、社会影响较大的虚假广告重灾区。

（一）教育培训广告及监管依据

教育培训广告是指各类教育培训机构发布的以教育培训内容、教育培训方式、教育培训资质等为主要内容的广告,包括招生简章、招生广告。当前我国对教育培训广告的主要监管依据是《广告法》《中华人民共和国教育法》《中华人民共和国民办教育促进法》。此外,2021年,国家本着让教育回归公益属性、让教育主阵地回到学校的宗旨开展了一系列的"双减"（一是减少校内作业量,减轻学生负担;二是减少校外培训负担）举措,中共中央办公厅、国务院办公厅印发了《关于进一步减轻义务教育阶段学生作业负担和校外培训负担的意见》(以下简称《意见》),《意见》对全面规范校外培训机构进行了明确规范。为了贯彻落实《意见》,指导各地做好校外培训广告管控,2022年1月,国家市场监督管理总局、中宣部、网信办、教育部、民政部、住房和城乡建设部、国资委、国家广播电视总局等八部委联合下发了《关于做好校外培训广告管控的通知》。

（二）教育培训广告的突出问题

从近几年各省市开展的教育培训类广告专项整治行动的结果来看,各地教育培训广告的突出问题主要有以下几种。

1. 广告主主体资格不合法

(1)广告主不真实。

(2)不具备招生资格。

(3)超出教育培训机构自身办学范围。

2. 广告内容

(1)对升学、通过考试、获得学位学历或者合格证书作出明示或者暗示的保证性承诺。如宣称"保证升学""保证通过考试""保证获得合格证书""签约保过""签约保录海外大学"等。

(2)对教育、培训的效果作出明示或者暗示的保证性承诺。如宣称"保证×个月提高成绩""一个月提高××分""××天掌握熟练英语""就业率×‰""保证提升薪资待遇"等。

(3)明示或者暗示有相关考试机构或者其工作人员参与教育、培训。如宣称"本教育培训机构与某考试机构合作"、宣称"本教育培训机构的老师为名校老师且该名校与考试机构有关联"等。

(4)明示或者暗示有相关考试命题人员参与教育、培训。如宣称"本教育培训机构的老师为某考试命题人员""本教育培训机构有名师坐镇且该名师曾参与考试命题"等。

(5)利用科研单位、学术机构、教育机构、行业协会等组织和单位的名义或者形象作推荐、证明。

(6)利用专业人士、受益者的名义或者形象作推荐、证明。如"名师推荐""奥数一等奖获得者向您推荐"等。

3. 广告发布程序

民办学校的招生简章和招生广告未报送审批机关备案。

(三)教育培训广告的发布标准

1. 广告中禁止出现的内容

(1)对升学、通过考试、获得学位学历或者合格证书,或者对教育、培训的效果作出明示或者暗示的保证性承诺。

(2)明示或者暗示有相关考试机构或者其工作人员、考试命题人员参与教育、培训。

(3)利用科研单位、学术机构、教育机构、行业协会、专业人士、受益者的名义或者形象作推荐、证明。

2. 广告发布程序的规定

(1)民办学校的招生简章和招生广告需要备案。

《中华人民共和国民办教育促进法》第四十二条规定:"民办学校的招生简章和广告,应当报审批机关备案。"根据此规定,实施学历教育、学前教育、自学考试助学及其他文化教育的民办学校的招生简章和招生广告应报送县级以上人民政府教育行政部门进行备案。实施以职业技能为主的职业资格培训、职业技能培训的民办学校的招生简章和招生广告应报送县级以上人民政府人力资源和社会保障行政部门进行备案。

(2)发布高等学历继续教育广告需要授权或审查备案。

根据《教育部办公厅等五部门关于加强高等学历继续教育广告发布管理的通知》的规定,未经高校法人书面授权或省级自学考试管理机构审查备案,企事业单位、社会组织或个人不得发布或以教育咨询、学历提升服务等名义变相发布涉及具体高校的高等学历继续教育和自学考试助学活动广告。

(四)特定教育培训类广告的发布规定

1. 高等学历继续教育广告的发布规定

2021年10月,教育部会同中央网信办、国家市场监督管理总局、工业和信息化部及公安部等五部门联合下发《教育部办公厅等五部门关于加强高等学历继续教育广告发布管理的通知》(以下简称《通知》),启动高等学历继续教育广告发布的规范管理和专项治理工作。《通知》直指违法违规广告这一阻碍高等学历继续教育改革发展的"顽疾",从建立规范标准、强化主体责任、形成长效机制等方面入手,对高等学历继续教育的广告发布管理提出了明确的要求,为净化办学环境,推动事业健康发展提供了坚实的保障。

(1)强化高校的广告主体责任。

《通知》提出,高校是高等学历继续教育广告发布的主体,应切实承担起广告发布管理和消除违法违规广告影响的主体责任。高校承担主体责任,应做好4项工作:第一,高校发布广告,必须取得高校法人书面授权或省级自学考试管理机构审查备案,并及时向社会主动公开有关信息;第二,高校应建立统一的归口管理制度,不允许高校内设的二级单位,以及函授站、校外学习中心等其他单位和组织(含函授站、校外学习中心的合作建设单位)发布广告;第三,高校应做好广告内容审核工作;第四,高校应对涉及本校的违法违规广告主动采取交涉、澄清等处理手段,不宜采用回避、放任等消极应对措施。

(2)明确广告内容的规范标准。

第一,不得混淆办学主体。学历继续教育广告的发布主体是主办高校,在各类办学广告的内容中不能混淆高校与其他开展非学历教育机构(技师学院、进修学院、专修学院等)之间办学主体类型上的区别。第二,不得模糊办学类型。广告内容必须明确办学类型,不能模糊技能培训、自学考试助学等非学历教育与学历教育的区别、高等学历继续教育与普通高等教育的区别。第三,不得误导教学过程。广告内容中反映的教学过程必须真实、准确,不能出现诸如"无须学习"等不符合事实的描述。第四,不得承诺教育效果。广告中不能出现对教育效果的明示或暗示作用保证性承诺,比如"一年取证""免考包过"等明显不符合教育教学一般规律的承诺。

2.校外培训类广告的发布规定

为促进落实"双减"政策,国家市场监督管理总局、中宣部、网信办等八部委联合下发的《关于做好校外培训广告管控的通知》中,对校外培训类广告的"清理整治""日常监控"等工作进行了规定和布置。

(1)清理整治。

首先,主流媒体及其新媒体、网络平台,以及公共场所、居民区等线上线下空间不刊登、不播发面向中小学(含幼儿园)的校外培训广告。要集中时间、集中力量对主流媒体及其新媒体、网络平台、公共场所、居民区等线上线下空间校外培训广告开展全面排查,清理存量、杜绝增量。其次,不得利用节(栏)目、"软文"等方式变相发布校外培训广告。要加大校园内及校园周边环境整治力度,严厉查处在中小学校、幼儿园内开展商业广告活动,以及利用中小学和幼儿园的教材、教辅材料、练习册、文具、教具、校服、校车等发布或变相发布广告的行为。最后,组织主流媒体及其新媒体、网络平台企业、户外广告位经营管理单位等相关市场主体开展自查整改,要求相关传播平台全面梳理在播、在刊广告,发现校外培训广告立即停止刊播。

(2)日常监控。

首先,市场监督管理部门要会同行业主管部门将校外培训广告管控纳入对校外培训机构日常监管和专项检查的范围。要将校外培训机构广告活动情况作为对其相关资质管理的重要内容,对于多次违规发布校外培训广告或者发布虚假违法校外培训广告情节恶劣的,要依法依规予以处理。其次,要将校外培训广告管控纳入报纸、期刊、广播、电视等传统媒体行业管理重点内容,对于违反政策代理、制作、刊登、播发校外培训广告的传统媒体单位,要依法依规追究单位及有关人员责任。要将校外培训广告管控纳入互联网信息管理的重点内容,对于违反政策代理、制作、刊登、播发校外培训广告的电商平台和其他互联网企业,要坚决依法处置。最后,强化国有企业等单位所属广告牌和广告位的管控。要将不刊登、不播发校外培训广告作为加强国有企业管理的一项工作任务,坚决杜绝铁路、地铁、公交车、国有厂矿单位及公交站台所属广告牌广告位刊发校外培训广告。

十、房地产广告的发布标准

进入 21 世纪以来,我国房地产市场快速发展,广告投放量一直居高不下,但虚假违法房地产广告也随之产生,且有愈演愈烈之势。由于房地产销售是大额交易,违法广告的社会危害极为严重,会给消费者带来巨大的财产损失。房地产公司为促进房产销售,各种房地产广告花样百出,而大多数购房者是通过房地产广告获取有关房产信息的,虚假广告在侵害购房者利益的同时,也进一步加重了房地产市场的不稳定性,甚至造成混乱。

(一)房地产广告的突出问题

(1)房地产项目未取得用地、开发、预售的合法资格,却发布广告,在广告中含有升值或者回报的承诺。例如,某报纸在其版面上发布了某广告公关艺术公司代理的"××大厦写字楼"销售广告,广告中称该项目"投资回报率高达 700%,是公司及个人投资的最佳选择!"等内容。这则广告不仅违反了《广告法》第九条禁止出现绝对化用语的规定,同时还出现了升值和回报之类禁止出现的内容。

(2)广告中对房地产项目的说明与实际不符,有一些房地产广告,画面唯美、绿树成荫、配套设施完善,可是实际情况并非如此,有些配套根本还在规划中,画面中的景观也都是电脑合成的,消费者不明真相,掏了首付款后,实地勘察发现上当,这样的事情不胜枚举。例如,上海某房产总公司委托一家广告公司代理发布其开发的××小区房地产项目广告。广告中称"该房地产项目靠近地铁站,有一应俱全的医院、学校,还有幼儿园、托儿所、敬老院、小学、中学,以及我老公喜欢的网球场和大会所",并配有相应的图片。经查实,广告中所称项目靠近地铁站,实际上距离地铁站约 6 千米;所谓医院,实际上距离最近的上海第八人民医院约 5 千米;所谓幼儿园等设施,实际上在规划中,根本未实施建设。广告中使用的形象图片是将其他的超市、医院、学校、网球场、地铁站的图片搬运过来的。这样的房地产广告严重侵犯了消费者的知情权。

(3)广告中带有封建迷信的内容。有一些房地产广告为了美化房产项目,甚至不惜使用"风水宝地"之类具有迷信色彩的词汇,这严重违反了《广告法》中的相关规定。

(二)房地产广告及其监管依据

房地产广告是指房地产开发企业、房地产权利人、房地产中介服务机构发布的房地产项目预售、预租、出售、出租、项目转让及其他房地产项目介绍的广告(不包括居民私人及非经营性售房、租房、换房广告)。

房地产广告的监管依据主要有《广告法》和《房地产广告发布规定》。

(三)房地产广告的发布标准

1. 禁止发布广告的房地产项目

(1)在未经依法取得国有土地使用权的土地上开发建设的。

(2)在未经国家征用的集体所有的土地上建设的。

(3)司法机关和行政机关依法裁定、决定查封或者以其他形式限制房地产权利的。

(4)预售房地产,但未取得该项目预售许可证的。

(5)权属有争议的。

(6)违反国家有关规定建设的。

(7)不符合工程质量标准,经验收不合格的。

(8)法律、行政法规规定禁止的其他情形。

2. 房地产广告必须载明的内容

(1)开发企业名称。

(2)中介服务机构代理销售的,载明该机构名称。

(3)预售或者销售许可证书号。

广告中仅介绍房地产项目名称的,可以不必载明上述事项。

3. 对于房地产广告内容的规定

(1)房地产广告不得含有风水、占卜等迷信内容,对项目情况进行的说明、渲染,不得有悖社会良好风尚。

(2)房地产广告中涉及所有权或者使用权的,所有或者使用的基本单位应当是有实际意义的完整的生产、生活空间。

(3)房地产广告中对价格有表示的,应当清楚表示为实际的销售价格,明示价格的有效期限。

(4)房地产中表现项目位置,应以从该项目到达某一具体参照物的现有交通干道的实际距离表示,不得以所需时间来表示距离,例如"距离在建高铁站15分钟""15分钟至萧山机场""距离地铁口只需3分钟"等。房地产广告中的项目位置示意图,应当准确、清楚、比例恰当。房地产广告中涉及的交通、商业、文化教育设施及其他市政条件等,如在规划或者建设中,应当在广告中注明。房地产广告中使用建筑设计效果图或者模型照片的,应当在广告中注明。

(5)房地产广告中涉及面积的,应当表明为建筑面积或者套内建筑面积。

(6)房地产广告涉及内部结构、装修装饰的,应当真实、准确。

(7)房地产广告中不得利用其他项目的形象、环境作为本项目的效果。

(8)房地产广告中使用建筑设计效果图或者模型照片的,应当在广告中注明。

(9)房地产广告中涉及贷款服务的,应当载明提供贷款的银行名称及贷款额度、年期。

(10)房地产广告中不得出现融资或者变相融资的内容,不得含有升值或者投资回报的承诺,例如"不失业的房子为您带来收益、理财保值,买一间小型不动产抗通胀""会赚钱的小公寓,低总价小投入,收益变创业基金,每月赚租金"等。

(11)房地产广告中不得含有广告主能够为入住者办理户口、就业、升学等事项的承诺。

(12)房地产广告中涉及物业管理内容的,应当符合国家有关规定;涉及尚未实现的物业管理内容,应当在广告中注明。

(13)房地产广告中涉及资产评估的,应当表明评估单位、估价师和评估时间;使用其他数据、统计资料、文摘、引用语的,应当真实、准确,表明出处。

十一、烟草广告的发布标准

自世界卫生组织《烟草控制框架公约》生效以来,越来越多的国家采用有效的措施进行控烟,2007—2017年,全球15岁以上人群吸烟率降至19.2%。我国吸烟人数超过3亿人,2018年,中国15岁以上人群吸烟率为26.6%,其中男性吸烟率为50.5%。我国每年有100多万人因烟草失去生命,如果不采取有效行动,预计到2030年将增至每年200万人,到

2050 年将增至每年 300 万人。随着国家对烟草广告控制的进一步加强,一些烟草企业开始将目光投向赞助公益活动,以此种方式来迂回宣传烟草企业和烟草制品。因此,我国对当前烟草广告的监管仍不能放松。

(一)烟草广告法律的监管历史

我国对烟草广告的管理,以 2015 年《广告法》修订为界限可以分为两个时期:2015 年之前属于有条件允许烟草广告的时期,2015 年之后则为广泛禁止烟草广告时期。这两个时期查处违法烟草广告案件量呈现明显的差异。2015 之前,虽然允许进行烟草广告宣传,但是随着社会控烟和禁烟呼声的不断高涨,烟草广告宣传的条件也越来越严格。我国政府最早表明控烟态度的是 1979 年 7 月 22 日,当时的卫生部等五个单位联合制定,并经国务院批准公布了《关于宣传吸烟有害与控制吸烟的通知》。之后,控制烟草的活动才在我国逐步兴起并开始纳入法律规范的范畴。1987 年 12 月 1 日,国务院颁布了《广告管理条例》,首次以行政法规的形式规定"禁止利用广播、电视、报刊为卷烟做广告"。1992 年,国家工商行政管理局发出《关于坚决制止利用广播、电视、报纸、期刊刊播烟草广告的通知》。1995 年 2 月 1 日,《广告法》正式实施,将烟草广告作为特殊类型的广告进行了特别规制。为了贯彻执行《广告法》,国家工商行政管理局于 1995 年 12 月 20 日公布了《烟草广告管理暂行办法》,明确了烟草广告的含义和管理范围,发布标准,审批程序、法律责任。至此,我国形成了以《广告法》为核心,以《烟草广告管理暂行办法》和《中华人民共和国境内卷烟包装标识的规定》为主要依据,以国家工商行政管理局针对烟草广告所做的各种规定为辅助的烟草广告法律体系。修订后的《广告法》加大了对发布烟草广告的媒介和场所限制,禁止在所有大众传播媒介,以及所有公共场所、公共交通工具、户外广告发布烟草广告,但是在执法层面,烟草广告案件并未因此绝迹。

世界卫生组织《烟草控制框架公约》在我国已经生效多年,但是,离实现其中关于全面禁止所有的烟草广告、促销和赞助的要求还有一定的差距。

(二)烟草广告的定义及监管依据

烟草广告,是指烟草制品生产者或者经销者(以下简称烟草经营者)发布的,含有烟草企业名称、标识,烟草制品名称、商标、包装、装潢等内容的广告。烟草生产、经营者发布的未注明烟草企业名称、烟草制品名称的广告,如果其主要画面、用语与该经营者发布的其他烟草广告的主要画面、用语相同或相似,虽不出现烟草企业名称、标识,以及烟草制品名称、商标、包装、装潢,也同样具有宣传烟草企业形象、直接或者间接宣传其烟草制品的作用,也应认定为烟草广告。

对烟草广告的监管依据主要是《广告法》。

(三)烟草广告的发布标准

(1)禁止在大众传播媒介或者公共场所、公共交通工具、户外发布烟草广告。为了保护人民身体健康,更为严格地限制烟草广告,新修订的《广告法》进一步加大了对发布烟草广告的媒介和场所的限制。除了《广告法》以外,2023 年 5 月 1 日实施的《互联网广告管理办法》第五条第二款规定"禁止利用互联网发布处方药和烟草广告"。需要注意的是,烟草制品的销售场所也在禁止发布烟草广告之列,销售场所面向公众开放,属于公共场所范畴。2022 年 1 月 12 日,浙江省苍南县市场监督管理局联合苍南县烟草专卖局对广州某电子科技有限公司苍南分公司电子烟经营场所实施检查,发现当事人的柜台背面、侧面等区域设有灯箱广告,广告上标示有"活在当下如你所悦——如悦电子雾化体验"等字样及电子烟图像,因当事人在销售场所布置烟草制品广告属于违法发布烟草广告,苍南县市场监督管理局对当事人处以罚款1190元。

(2)禁止向未成年人发送任何形式的烟草广告。为了保护未成年人的身体健康,防止青少年吸烟,修订后的《广告法》增加了此项规定。

(3)禁止利用其他商品或者服务的广告、公益广告,宣传烟草制品名称、商标、包装、装潢及类似内容。在实践中,由于直接发布烟草广告受到严格的限制,有的烟草企业利用其他商品或者服务的广告、公益广告变相发布烟草广告,例如将烟草制品的包装、装潢作为广告背景,在公益广告中标注烟草制品名称、商标等,对此,《广告法》第二十二条明确予以禁止。

(4)烟草制品生产者或者销售者发布的迁址、更名、招聘等启事中,不得含有烟草制品名称、商标、包装、装潢及类似内容。迁址、更名、招聘等启事本身不属于商业广告,烟草企业发布迁址、更名、招聘等启事是其正常的生产经营活动,但是上述启事中出现烟草制品名称、商标、包装、装潢等内容,就属于对烟草制品的宣传,构成变相发布烟草广告,应当予以制止。

电子烟(包括烟弹、烟具及烟弹与烟具组合销售的产品等)广告的监督管理适用有关法律法规、规章中关于烟草广告的规定。

(四)《烟草控制框架公约》中有关烟草广告的相关规定

1.对烟草制品包装和标签的规定

烟草制品包装和标签应包含国家当局所规定的有关烟草制品成分和释放物的信息。

烟草制品包装和标签不得以任何虚假、误导、欺骗或可能对其特性、健康影响、危害或释放物产生错误印象的手段推销一种烟草制品,包括直接或间接产生某一烟草制品比其他烟草制品危害小的虚假印象的任何词语、描述、商标、图形或任何其他标志。

在烟草制品的每盒和单位包装及这类制品的任何外部包装和标签上带有说明烟草使用有害后果的健康警语,并可包括其他适宜信息,警语和信息可采取图片或象形图的形式,宜占据主要可见部分的50%或以上,但不应少于30%。

2.对一般烟草广告的规定

每一缔约方应广泛禁止所有形式的烟草广告、促销和赞助。缔约方有权根据其国家法律禁止进入其领土的跨国界烟草广告、促销和赞助,并实施与源自其领土的国内广告、促销和赞助所适用的相同处罚。

十二、金融广告的发布标准

随着改革开放的不断深入,我国金融市场发展较快,融资活动日趋活跃,在各种媒介上发布的金融广告也日益增多。金融广告对繁荣社会主义金融市场有着积极的作用,但违法违规广告是金融风险的诱因之一。金融广告作为金融消费者接触金融产品和金融服务的重要媒介,频频被曝假借"金融创新""高收益低风险"等旗号进行营销误导、不当宣传及虚假宣传,各种投资理财陷阱让人防不胜防;个别经营者未取得金融许可资质而进行金融和类金融产品、服务宣传,甚至在线下经营场所和互联网、移动端等线上虚拟空间发布虚假违法广告的情况时有发生。这些问题严重扰乱了金融市场秩序,损害了投资人的切身利益,在社会上造成很坏的影响。因此加强对金融广告的监管,给予必要的引导和规范,刻不容缓。

(一)金融广告及其监管依据

金融广告是经过相关程序批准设立的金融机构发布的推销其金融产品或金融服务的广告。随着互联网和移动通信技术的发展,出现了利用大数据、云计算、社交网络和搜索引擎等互联网技术实现资金融通的新型金融服务模式——互联网金融,互联网金融广告也应运而生,并逐渐成为金融广告的主要类型。

金融广告的监管依据主要是《广告法》和国家有关部门下发的各类整治和规范金融市场的规范性文件。

(二)金融广告活动主体的法律责任

1.金融广告发布主体的法律责任

(1)银行、证券公司、基金公司、期货公司、证券服务机构、保险公司、保险中介机构、支付机构、金融要素交易场所、消费金融公司、小额贷款公司、融资担保公司、区域性股权市场、典当行、融资租赁公司、商业保理公司、地方资产管理公司、汽车金融公司、信托公司等金融产品或金融服务经营者,应当在中央金融管理部门、市地方金融监管局及区金融工作部门(以下统称地方金融管理部门)许可的金融业务范围内发布金融广告,应当完善金融广告发布内控制度和管理机制,切实落实广告管理法律责任。

(2)金融产品或金融服务经营者委托业务合作方发布广告应当依法审慎确定与业务合作方的合作形式,明确约定本机构与业务合作方在金融广告活动中的责任,接受金融产品或金融服务经营者委托的业务合作方应当依法开展宣传推广活动,不得以自身名义宣传推广相关金融业务活动,共同确保广告发布行为合法合规。

2.广告经营者、广告发布者的法律责任

(1)广告经营者、广告发布者设计、制作、代理、发布金融广告,应当与取得相应金融业务资质的金融产品或金融服务经营者及接受其委托的业务合作方开展广告业务合作,并依法订立书面合同。

(2)广告主应主动提供能够证明合法经营资质的材料,并对所提供材料的真实性负责。广告经营者、广告发布者应当依法查验有关证明文件,核对广告内容。对内容不符或证明文件不全的广告,广告经营者不得提供设计、制作、代理服务,广告发布者不得发布。

3.互联网平台的法律责任

随着互联网金融的发展,互联网平台日益成为金融产品销售和宣传的重要场地。各类互联网平台对其明知或应知的违法广告,应当采取删除、屏蔽、断开链接等技术措施和管理措施,予以制止。要积极做好自查和清理工作,认真审查链接网站的主体资格及网页上的广告内容,不得为未经许可或备案的网站及不具有业务资质的网站提供链接服务,不得为含有违法金融广告的网站、网页提供链接服务。发现严重违法金融广告,应及时向金融管理或市场监督管理等部门报告。

(三)金融广告的发布标准

(1)金融广告内容应当与市场经营主体所取得的经营许可证或备案文件等材料载明的经营范围保持一致,同时符合金融管理部门相关业务管理工作要求。

(2)广告中对可能存在的风险及风险责任承担有合理提示或者警示,诸如"投资有风险"等警示字样。投资往往有风险,投资后,可能无法获得预期收益,也可能无法收回投资成本。对此,广告中应当有风险及风险责任承担的提示或警示,让广大投资者对此有清晰的认知。

(3)金融广告不得对未来效果、收益或相关情况做出保证性承诺,不得明示或暗示保本、无风险或保收益,国家另有规定的除外。一般情况下,投资收益受到复杂的市场环境、资金管理机构能力、国家宏观经济调控等诸多因素的影响,具有不确定性,因此金融广告中不宜对未来效果、收益或相关情况做出保证性承诺,明示、暗示保本、无风险或者保收益。

(4)金融广告不得利用学术机构、行业协会、专业人士、受益者的名义或者形象作推荐、证明。使用学术机构、行业协会、受益者名义或者形象作推荐、证明,会让广大投资者对金融产品、服务的未来收益产生盲目判断,为了维护投资者的合法权益和财产安全,为了让投资者对投资对象的风险和风险责任承担有理性的判断,禁止以上述机构和人员的名义或形象作推荐、证明,是必要的。

(四)关于非法集资活动中的广告监管

随着我国经济的发展,金融领域的集资活动日益频繁,一些不法分子未经有关部门批准或者披着合法经营的外衣,向社会公众或社会不特定对象虚假承诺在一定期限内以货币、实物、股权等形式还本付息借以吸收资金,这就是非法集资。近年来,非法集资违法犯罪活动呈现涉案金额巨大、受害者人数众多、频率高发等特点,不仅给人民群众造成了严重的经济损失,也破坏了我国正常的金融秩序。一些非法集资活动利用广告扩大影响,对非法集资活动起到推波助澜的作用。

2007年,国家工商行政管理总局、中国银行业监督管理委员会、国家广播电影电视总局、新闻出版总署发布了《关于处置非法集资活动中加强广告审查和监管工作有关问题的通知》,通知中规定禁止发布含有或涉及以下活动内容的广告:①未经国家有关部门批准的非金融单位和个人以支付或变相支付利息、红利或者给予定期分配实物等融资活动;②房地产、产权式商铺的售后包租、返租销售活动;③内部职工股、原始股、投资基金及其他未经过证监会核准、公开或者变相公开发行证券的活动;④未经批准,非法经营证券业务的活动;⑤地方政府直接向公众发行债券的活动;⑥除国家有关部门批准发行的福利彩票、体育彩票之外的彩票发行活动;⑦以购买商品或者发展会员为名义获利的活动;⑧其他未经国家有关部门批准的社会集资活动。

此外,通知中还强调:发布涉及投资咨询业务、金融咨询、贷款咨询、代客理财、代办金融业务活动的广告,广告发布者应当确认广告主的主体资格,查验广告主《营业执照》是否具有相应的经营范围;商品营销、生产经营活动的广告不得出现保本、保证无风险等内容。房地产销售、造林、种植养殖、加工承揽、项目开发等招商广告,不得涉及投资回报、收益、集资或者变相集资等内容;广告发布者应当增强广告审查的法律意识和责任意识,在审查广告中,认为广告中含有与集资活动有关的内容,应当查验有关行政主管部门出具的证明文件原件,广告主不能提供的,可以拒绝发布,并主动向行政主管部门报告。

十三、种子广告的发布标准

2022年4月10日,习近平总书记在海南省三亚市崖州湾种子实验室考察调研时强调,种子是我国粮食安全的关键。"只有用自己的手攥紧中国种子,才能端稳中国饭碗,才能实现粮食安全。"[1]习总书记的话提醒我们,要筑牢中国粮食安全,必须筑实种子安全。要筑实种子安全,就必须从种子研发、生产到经营实施全方位的监管。2003年8月28日,国家工商行政管理总局下发的《关于加强林木种子广告管理的通知》,从加强林木种子广告的监管,规范林木种子广告的发布,维护林木种苗生产者、经营者和使用者的合法权益的高度,对林木种苗生产、经营者利用各种媒介和形式发布林木种子广告做出了具体规定。2022年3月1日实施的新《中华人民共和国种子法》(以下简称《种子法》)对种子广告主体的法律责任和广告内容的基本要求作出了规定。

(一)种子广告及其监管依据

从广义上来说,种子包括农作物种子、林木种子、草种子等。种子广告是指宣传、推销上述各类种子的广告。种子广告的监管依据主要有《广告法》《种子法》等。

(二)种子广告发布资格的规定

1. 主要农作物和主要林木种子通过审定后才能发布广告

根据《种子法》的规定,国家对主要农作物(稻、小麦、玉米、棉花、大豆)和主要林木(主要林木由自然资源部林业和草原局确定并公布,省、自治区、直辖市人民政府林业和草原局可以在自然资源部林业和草原局确定的主要林木之外确定其他8种以下的主要林木)实行品种审定制度,主要农作物品种和主要林木品种在推广前应当通过国家级或者省级审定。

2. 部分非主要农作物登记后才能发布广告

根据《种子法》的规定,国家对部分非主要农作物实行品种登记制度。列入非主要农作物登记目录的品种在推广前应当登记。申请者申请品种登记应当向省、自治区、直辖市人民政府农业农村主管部门提交申请文件和种子样品,并对其真实性负责,保证可追溯,接受监督检查。

3. 已经撤销登记的农作物品种不得进行推广

根据《种子法》规定,审定通过的农作物品种和林木良种出现不可克服的严重缺陷等情形不宜继续推广、销售的,经原审定委员会审核确认后,撤销审定,由原公告部门发布公告,停止推广、销售;对已登记品种出现不可克服的严重缺陷等情形的,由国务院农业农村主管部门撤销登记,并发布公告,停止推广。

(三)种子广告的发布标准

1. 种子广告的主要内容

种子广告的内容包括种子生产者信息、种子的主要性状、主要栽培措施、适应性等使用条件的说明、风险提示与有关咨询服务的信息。须审定或登记的种子,其广告内容要与审定、登记的公告一致。

2. 种子广告禁止出现的内容

(1)作科学上无法验证的断言。

(2)表示功效的断言或者保证,对经济效益进行分析、预测或者作保证性承诺。

(3)利用科研单位、学术机构、技术推广机构、行业协会或者专业人士、用户的名义或者形象作推荐、证明。

---

① 赵永平,朱隽,顾仲阳,等.总书记的"三农"情怀[N].人民日报,2022-09-22(01).

十四、其他商品广告的发布标准

以上13种特殊商品和服务的广告,国家有关部门都制定了相应的规章,对发布标准进行了规定。此外还有一些商品,例如卫生巾、奶粉等广告虽然并没有直接针对其发布标准的法律规章出台,但是却有相应的行业自律规则对其发布标准进行了规定。

（一）卫生巾广告的发布标准

在中国广告协会2008年发布的《卫生巾广告自律规则》中对卫生巾广告的发布标准进行了规定。

(1)卫生巾广告应尊重妇女的人格尊严,不应含有有损妇女形象的内容。

(2)卫生巾广告中禁止出现的内容:明示或暗示有治疗或预防疾病的作用;以人体相关部位特别突出显示或模拟具体使用状态;用以演示被卫生巾吸收的液体,其颜色为红色或与之相近的颜色;鼓励或明示可长时间不更换。

(3)卫生巾广告需要在电视和广播媒体播放的,应选择在通常的用餐时间以外的时段。

(4)卫生巾广告不宜采取户外广告的形式,不宜在针对少年儿童的媒体或栏目刊播。

(5)卫生巾的吸水率、防回渗等功能表述必须具有科学依据。

(6)涉及卫生巾产品具体功能的,应当提供相应的证明文件,包括但不限于:国家认可的专业检测机构出具的检测报告;国际通用标准,或世界卫生组织等机构的相关文献;正式出版的教科书;医学或纸制品行业或学术组织所出具的专家鉴定意见。

（二）奶粉广告的发布标准

《广告法》第二十条规定:"禁止在大众传播媒介或者公共场所发布声称全部或者部分替代母乳的婴儿乳制品、饮料和其他食品广告。"母乳是婴儿健康成长、发育的最理想食品。在生命的最初6个月内对婴儿进行纯母乳喂养,是实现婴儿生长、发育和健康的最佳方式。但是在实践中,一些母乳代用品广告向新生儿家长传递了一些错误的抚育信息,导致一些家长认为配方奶粉的营养成分和安全性要优于母乳,导致母乳喂养率降低,对我国的婴儿身体健康造成不良后果。为了促进母乳喂养,保护婴儿健康生长,促进我国人口质量提升,限制母乳代用品广告是极有必要的。

1.母乳代用品范畴的奶粉禁止广告宣称

母乳代用品属于专有名词,是指声称全部或者部分替代母乳的婴儿乳制品、饮料或其他食品。1981年第34届世界卫生大会通过《国际母乳代用品销售守则》,第一条明确规定,禁止对公众进行母乳代用品的广告宣传。1995年我国卫生部、国内贸易部、广播电影电视部、新闻出版署、国家工商行政管理局、中国轻工总会等部门联合发布了《母乳代用品销售管理办法》,其中第九条也明确规定禁止发布母乳代用品广告。2015年《广告法》修订时,将上述规章规定上升为法律,从更高效力的法律层面对母乳代用品广告进行了限制。对于母乳代用品,具体针对什么年龄段的婴儿食品,《广告法》第二十条并未明确,但实践中一般认为,对于6个月月龄之内的婴儿,母乳能够提供全部所需营养,除特殊情况外,都应当实行纯母乳喂养,因此,母乳代用品主要针对6个月月龄之内的婴儿配方奶粉、饮料或者其他食品。

（二）《中国广告协会乳粉自律规则》的主要内容

《广告法》中只有第二十条明确了母乳代用奶粉禁止广告宣传,并未涉及具体奶粉广告的发布标准。中国广告协会为了规范乳制品行业的营销行为,修订了中国广告协会《乳粉自律规则》,规则中对奶粉广告的发布标准进行了规定。

(1)母乳代用奶粉不得广告(母乳代用奶粉,是指适合0~6个月龄婴儿食用的奶粉),也不应借助产品推介和派发试用品等方式在母婴集中的场所对孕产妇进行变相的母乳代用奶粉广告宣传。

(2)奶粉广告中不应单独使用"婴儿"的字样,或出现1周岁以内婴儿的形象、声音;"较大婴儿"奶粉及其他奶粉广告中,使用幼儿形象的,须展现其独立行走或其他1周岁以上儿童特有的状态,并不应将母乳代用奶粉的特有形象混同其中。

(3)奶粉广告除应遵守本规则第一条所列各相关规定外,还不应出现下列情形。

①明示或者暗示可以替代或优于母乳。

②明示成分接近母乳、母乳化或含有母乳成分。

③声称或暗示有治疗或防治疾病的作用。

④非保健食品的奶粉宣传产品具有保健功能。

(4)广告中关于奶粉产品的成分、能量、营养物质含量等表述必须准确,营养素作用的宣称必须具有科学依据。

(5)奶粉广告应以宣传奶粉的基本功能为主,以宣传营养素的功能为辅。宣传营养素功能的,如其含量与可比奶粉的相对差异大于或等于25%,可以:①对该营养素的含量作比较宣称,如"减少了""增加了""少于(低于)""多于(大于、高于)"等。②对营养素的作用作适度宣称,如"钙是构成骨骼和牙齿的主要成分,并维持骨骼密度""维生素E保护人体组织内的脂肪免受氧化""叶酸有助于胎儿正常发育"等。也可参考中国营养学会编纂的《中国居民膳食营养素参考摄入量》所列食物营养素功能予以描述和宣称。

(6)涉及奶粉产品营养素具体功能的,应当提供相应的证明文件,包括但不限于以下文件。

①国家认可的专业检测机构出具的含有营养素的检测报告。

②营养素含量与可比奶粉相对差异不少于25%的检测证明。

③国际通用标准,或世界卫生组织等机构的相关文献。

④国家食品及相关行政主管部门所颁布的规定、标准等文件。

⑤正式出版的教科书、著名医学/营养学的相关文献。

⑥食品、医学或营养学等行业或者学术组织所出具的专家鉴定意见。

(7)取得保健食品批准证书的奶粉,其广告按照保健食品广告审查、刊播的要求办理。

▶ 思 考 题

1.何为比较广告? 我国的广告法律法规中对于比较广告是如何规定的?

2.虚假广告与虚假宣传的区别是什么?

3.试述药品广告、保健食品广告、医疗器械广告、儿童化妆品广告、金融广告的发布标准。

4.分析当前烟草广告的主要形式。

5.《广告法》规定10周岁以下儿童不得作为广告代言人,是出于哪些方面的考虑?

6.我国比较广告的立法现状如何？

7.在"双减"背景下,我国当前对于校外培训类广告有哪些具体的管控规定？

第七章　特殊形式、特定媒介广告的监管

第一节　广播电视广告的监管

从广告刊播媒介的角度来看,广播电视并非特殊媒介,相反是常见的广告刊播媒介,也被称作大众媒介,然而从其影响的范围来看,其他媒介无法与其比肩而立。正是因为如此,很多国家对于电视广播广告实行事前审查制度。为了规范广播电视广告的播出秩序,促进广播电视广告业的健康发展,保障公民合法权益,国家广播电影电视总局在 2009 年 9 月 10日发布了《广播电视广告播出管理办法》,对广播电视播出广告的行为进行了规定。

一、广播电视广告的管理

依据《广播电视广告播出管理办法》的规定,广播影视行政部门对广播电视广告播出活动实行属地管理、分级负责:国务院广播影视行政部门负责全国广播电视广告播出活动的监督管理工作;县级以上地方人民政府广播影视行政部门负责本行政区域内广播电视广告播出活动的监督管理工作。对于公益广告的制作和播出,广播影视行政部门要积极鼓励,并对成绩显著的组织、个人予以表彰。

二、广播电视广告的内容标准

广播电视广告作为广播电视节目的重要组成部分,应当坚持正确的价值导向,树立良好的文化品位,与广播电视节目相和谐。

(一)禁止在广播电视中播出的广告

《广播电视广告播出管理办法》中第九条明确规定了,下列广告禁止在广播电视中播出:①以新闻报道形式发布的广告;②烟草制品广告;③处方药品广告;④治疗恶性肿瘤、肝病、性病或者提高性功能的药品、食品、医疗器械、医疗广告;⑤姓名解析、运程分析、缘分测试、交友聊天等声讯服务广告;⑥出现"母乳代用品"用语的乳制品广告;⑦法律、行政法规和国家有关规定禁止播出的其他广告。

此外,2019 年 4 月,国家广播电视总局发布通知,自即日起,各广播电视播出机构、网络视听节目服务机构立即停止播出以投资影视剧项目名义宣传非法集资活动的广告,并举

一反三，全面清查所有在播和拟播广告，凡存在类似问题的，一律停止播出。

（二）广播电视广告中禁止出现的内容

《广播电视播出管理办法》第八条规定广播电视广告中禁止出现下列内容：①反对宪法确定的基本原则的；②危害国家统一、主权和领土完整，危害国家安全，或者损害国家荣誉和利益的；③煽动民族仇恨、民族歧视，侵害民族风俗习惯，伤害民族感情，破坏民族团结，违反宗教政策的；④扰乱社会秩序，破坏社会稳定的；⑤宣扬邪教、淫秽、赌博、暴力、迷信，危害社会公德或者民族优秀文化传统的；⑥侮辱、歧视或者诽谤他人，侵害他人合法权益的；⑦诱使未成年人产生不良行为或者不良价值观，危害其身心健康的；⑧使用绝对化语言，欺骗、误导公众，故意使用错别字或者窜改成语的；⑨商业广告中使用、变相使用中华人民共和国国旗、国徽、国歌，使用、变相使用国家领导人、领袖人物的名义、形象、声音、名言、字体或者国家机关和国家机关工作人员的名义、形象的；⑩药品、医疗器械、医疗和健康资讯类广告中含有宣传治愈率、有效率，或者以医生、专家、患者、公众人物等形象做疗效证明的；⑪法律、行政法规和国家有关规定禁止的其他内容。

（三）其他有关内容的规定

时政新闻类节(栏)目不得以企业或者产品名称等冠名。有关人物专访、企业专题报道等节目中不得含有地址和联系方式等内容。

投资咨询、金融理财和连锁加盟等具有投资性质的广告，应当含有"投资有风险"等警示内容。

（四）有关广播电视广告播出的规定

广播电视广告播出应当合理编排。其中，商业广告应当控制总量、均衡配置。

(1)广播电视广告播出不得影响广播电视节目的完整性。除在节目自然段的间歇外，不得随意插播广告。

(2)播出机构每套节目每小时商业广告播出时长不得超过 12 分钟。其中，广播电台在 11:00—13:00、电视台在 19:00—21:00，商业广告播出总时长不得超过 18 分钟。在执行转播、直播任务等特殊情况下，商业广告可以顺延播出。

(3)播出机构每套节目每日公益广告播出时长不得少于商业广告时长的 3%。其中，广播电台在 11:00—13:00、电视台在 19:00—21:00，公益广告播出数量不得少于 4 条(次)。

(4)播出电视剧时，不得在每集(以 45 分钟计)中间以任何形式插播广告，播出电影参照执行。

(5)在电影、电视剧中插播商业广告，应当对广告时长进行提示。

(6)除电影、电视剧剧场或者节(栏)目冠名标识外，禁止播出任何形式的挂角广告。

(7)电影、电视剧剧场或者节(栏)目冠名标识不得含有下列情形：①单独出现企业、产品名称，或者剧场、节(栏)目名称难以辨认的；②标识尺寸大于台标，或者企业、产品名称的字体尺寸大于剧场、节(栏)目名称的；③翻滚变化，每次显示时长超过 5 分钟，或者每段冠名标识显示间隔少于 10 分钟的；④出现经营服务范围、项目、功能、联系方式、形象代言人等文字、图像的。

(8)电影、电视剧剧场或者节(栏)目不得以治疗皮肤病、癫痫、痔疮、脚气、妇科、生殖泌尿系统等疾病的药品或者医疗机构作冠名。

(9)转播、传输广播电视节目时,必须保证被转播、传输节目的完整性。不得替换、遮盖所转播、传输节目中的广告;不得以游动字幕、叠加字幕、挂角广告等任何形式插播自行组织的广告。

(10)经批准在境内落地的境外电视频道中播出的广告,其内容应当符合中国法律、法规和本办法的规定。

(11)播出商业广告应当尊重公众生活习惯。在6:30—7:30、11:30—12:30及18:30—20:00的公众用餐时间,不得播出治疗皮肤病、痔疮、脚气、妇科、生殖泌尿系统等疾病的药品、医疗器械、医疗和妇女卫生用品广告。

(12)播出机构应当严格控制酒类商业广告,不得在以未成年人为主要传播对象的频率、频道、节(栏)目中播出。广播电台每套节目每小时播出的烈性酒类商业广告,不得超过2条;电视台每套节目每日播出的烈性酒类商业广告不得超过12条,其中19:00—21:00不得超过2条。

(13)在中小学生假期和未成年人相对集中的收听、收视时段,或者以未成年人为主要传播对象的频率、频道、节(栏)目中,不得播出不适宜未成年人收听、收视的商业广告。

(14)播出电视商业广告时不得隐匿台标和频道标识。

(15)广告主、广告经营者不得通过广告投放等方式干预、影响广播电视节目的正常播出。

第二节　户外广告的监管

据北京大学现代广告研究所的一次全国大型户外广告调查显示,被调查用户每天用于户外的平均时间为5.06小时。这是个惊人的数字,也就是说如果除去睡眠时间(每天按8小时算),每天大约有1/3的时间是在户外度过的,户外生活的时间,从某种意义上来讲,就是与户外媒体可能接触的时间,这超出了与电视和其他媒体接触的时间。随着经济的发展和人际交往的频繁,人们将不得不花费更多的时间在户外。可见户外广告有着十分惊人的发展空间。

一、户外广告及其发展历史

(一)户外广告的定义

户外广告是指利用户外场所、空间、设施等发布的广告,英文称outdoor,简称OD广告,主要有:利用户外场所、空间、设施发布的,以展示牌、电子显示装置、灯箱、霓虹灯为载体的广告;利用交通工具、水上漂浮物、升空器具、充气物、模型表面绘制、张贴、悬挂的广告;在地下铁道设施、城市轨道交通设施、地下通道,以及车站、码头、机场候机楼内外设置的广告。

(二)户外广告的发展历史

户外广告的历史由来已久,应该说自从人类社会进入商品流通的形态时就已有之。中国古时的店面匾额、酒幌之类即可视为最初的户外广告。早期的户外广告主要功能就是招揽顾客、兜售商品(产品),由于受经济技术发展的限制,制作也极为简单。国外近代户外广告是从印刷媒介开始的,它源自户外招贴和商业传单,在市场经济不发达的阶段,户外广告是一个极微弱的行业,还没有形成包括设计、制作、行业规范、市场研究等在内的完整体系,更谈不上当作一个产业来发展研究。早期从事户外广告业的人员社会地位低下,整个行业对社会经济发展的影响极小,因此得不到社会的重视,并且很少有人去研究它。

随着社会经济与科学技术的飞速发展,户外广告在现代化商业社会中异军突起,在新的媒介环境中,户外广告与其他形式的广告相比,其生命力、类型的多样性和广告传播的有效性都在快速增长,其风头直逼曾经风光无限的传统四大媒介(电视、报纸、广播、杂志)。现在已有专家把户外广告与电视、报纸、广播、杂志、网络并列称为六大媒介。户外广告快速发展的因素有多种,其主要原因有:①由于人们生活越来越多样化,传统媒体相对过剩,传播、接受频率、效果正在逐步下降,广告主要寻求更新的媒介来提高传播效果。②随着科技日益进步,不断有新设备、新物料、新的户外媒介形式出现,简单的平面户外广告正在向立体的多种技术合成(声、光、电)的方面发展,从而使户外广告以生动、醒目、强烈的视觉冲击受到广大受众的好感。③户外广告已逐渐成为有一定规模的产业,它在进行商业宣传的同时,在美化社会环境、宣传公益事业方面也起到了重要的作用,因而逐渐受到政府与社会各界的好评与支持。

二、现阶段户外广告的问题

(一)设置凌乱,密度过大,与城市环境显得非常不协调

有的地方户外广告显得十分混乱和拥挤。许多公司和单位为了片面追求利益,在城市的公共空间乱设置户外广告,见缝插针、犬牙交错、形式混乱、规格不等,视觉效果极差,给人造成一种紧张甚至是压抑的感觉。有的在旅游观光区、高科技园区等胡乱摆设广告,破坏自然景观和高科技园的特色,甚至还有在政府的办公楼挂户外广告的,严重影响政府形象。更有些城市将户外广告作为城市的遮羞布,用来遮挡脏乱地带和施工地区等。作为权宜之计,很多户外广告制作粗糙,设置不当,其结果是遮了丑,添了乱。整体设置差,形式单一,缺乏美感。

(二)广告制作质量低劣、安全隐患多

有些地方户外广告的支撑结构、板材选择、建筑施工等无专业人员的指导、无技术标准、无鉴定标准、不抗震、不抗风等,遇到自然灾害,倒塌现象时有发生;有的高空金属架构年久失修,强风一吹可能从天而降,殃及行人;还有的广告甚至堵塞消防通道等。

(三)遮挡公共空间,造成人们的生活不便

广告牌遮挡或"矮化"其他公共指示标志,妨碍人们的出行;人行道上广告栏泛滥,影响路人行走;巨大广告牌遮挡阳光,影响居民房间的采光和通风等。

(四)干扰视线,分散精力,影响安全

出现在公共汽车站和其他公共场所的广告泛滥,造成整个城市文化环境的污染,不但直接影响了市容市貌,也影响了人们的正常生活和工作;有的在公路或者重要的道路旁设置艳丽的广告,从而分散司机和乘客的注意力,稍不留神就极有可能出现交通事故。

（五）管理多头，重复收费

户外广告设置涉及诸如城市规划、建设、公安、交通、市容、环卫、园林等城市管理部门，设置户外广告要经这些部门审批。有些部门，还成立了专门的广告管理机构，进行广告设置审批登记，发放登记许可证，导致发布户外广告要跑很多部门，盖很多图章，手续异常烦琐，运作极为艰难。有些城市管理部门不但要审批广告，还要收费，有的收费标准还相当高，有的地方收费项目繁多：表格费、标志费、占地费、竞标费等，给广告经营者带来沉重负担。

三、户外广告管理的重点

针对当前我国户外广告尤其是城市户外广告设施数量多、设置乱、品质低等突出问题，2019 年住房和城乡建设部在 9 市（长春、武汉、成都、厦门、青岛、深圳、无锡、株洲、如皋）试点规范城市户外广告设施管理。管理工作的重点如下。

（一）坚持规划引领

试点城市要坚持"先规划、后治理"的原则，依规划清理整治、依规划实施许可。依法编制城市户外广告设置规划（以下简称广告设置规划），明确总体布局、控制目标和广告类型。广告设置规划要因地制宜，符合城市实际，突出人文内涵和地域风貌，有机融合历史、文化、时代特征、民族特色等，避免"千城一面"。试点道路和区域要依据广告设置规划编制路段和区域城市户外广告设置的详细规划（以下简称"详细规划"）。关于户外广告的设置规划，《广告法》第四十一条规定："县级以上地方人民政府应当组织有关部门加强对利用户外场所、空间、设施等发布户外广告的监督管理，制定户外广告设置规划和安全要求。"户外广告的设置规划涉及许多部门，即广告监督管理、城市建设、环境保护、公安及其他有关部门。在制定户外广告设置规划的过程中，需要广泛征求各方面的意见，协调多个部门的关系，进行充分的论证，使之尽可能科学合理。这样复杂的工作，不是一个部门能够胜任的，必须由当地县级以上地方人民政府直接领导和组织有关部门共同完成。

（二）开展整治提升

试点城市要全面摸清试点路段和区域城市户外广告设施的设置情况，分类逐一建立台账。在广泛征求权属单位、居民和专家意见的基础上，依据广告设置规划和详细规划制订城市户外广告设施整治提升方案，明确分类处置办法，清除一批、规范一批、提升一批。对未经许可擅自设置的、不符合广告设置规划和详细规划的、违反相关标准规范的、存在安全隐患的，以及严重影响市容市貌的城市户外广告设施，依法予以拆除。

（三）建立长效机制

试点城市要建立健全城市户外广告设施长效管控机制，落实日常监管责任，加强监督检查，坚决遏制违法新设城市户外广告设施，巩固整治提升成果，促进管理常态化、长效化。强化社会信用管理，推动建立对失信责任主体的联合惩戒机制，促进行业自律。有条件的试点城市可探索建立城市户外广告设施管理信息平台，提高管理效率。

四、户外广告的登记管理

在户外广告在快速发展的过程中，暴露出来的问题也不可小觑，为了规范户外广告登记管理,促使户外广告的健康发展,根据《广告法》《行政许可法》《广告管理条例》等法律、行政法规,国家工商行政管理总局制定了《户外广告登记管理规定》,并于 2006 年 7 月 1 日施行。户外广告发布前须由工商行政管理部门进行审查,取得《户外广告登记证》后方可发布。2017 年 2 月,《国务院关于第二批取消 152 项中央指定地方实施行政审批事项的决定》公布,其中包括户外广告登记管理。但并非所有户外广告的登记都在取消之列。《城市市容和环境卫生管理条例》第十一条第二款规定:"大型户外广告的设置必须征得城市人民政府市容环境卫生行政主管部门同意后,按照有关规定办理审批手续。"大型户外广告的界定标准在《城市容貌标准》(GB 50449—2008)中有明确规定:广告设施与标识按面积大小分为大型(广告设施与标识的任一边边长大于或等于 4 米,或广告设施与标识单面面积大于或等于 10 平方米)、中型(广告设施与标识的任一边边长在 4 米和 1 米之间,或广告设施与标识单面面积在 10 平方米和 1 平方米之间)、小型(广告设施与标识的任一边边长小于或等于 1 米,或广告设施与标识单面面积小于或等于 1 平方米)。《城市市容和环境卫生管理条例》规定户外广告登记的规格上限,但全国各地在不违背上限规定的前提下可以自行设置户外广告登记的规格要求。例如宁波市规定单边边长为 1 米或者单面面积大于 2.5 平方米的户外广告设施需要登记审批。西安市规定广告设施的任意边长大于或等于 4 米或者单面面积大于或等于 10 平方米需要登记审批。

五、户外广告的设置规定

(一)户外广告的设置禁区

根据《广告法》第四十一条规定,各地可以因地制宜结合当地的实际情况来制定户外广告的管理规划。但是在有关户外广告设置区域方面,有一个基本的参考规定即《广告法》第四十二条的规定:"有下列情形之一的,不得设置户外广告。"

(1)利用交通安全设施、交通标志的。交通安全设施、交通标志是保证正常交通秩序的关键设施,如红绿灯、路标、安全岛、交通指挥亭等,由于户外广告为引人注目多数都设置在人口密集、交通繁华地段,如果直接设置在交通安全设施、交通标志上,会影响驾驶人员和行人的视线,极容易造成交通安全事故。

(2)影响市政公共设施、交通安全设施、交通标志、消防设施、消防安全标志使用的。市政公共设施包括以新建、扩建、改建的方式进行的城市建设的各种公共设施,包括给排水系统、路灯、天然气管道、公厕等。市政公共设施、交通安全设施、交通标志、消防设施、消防安全标志是城市正常运行必不可少的设施。如果户外广告的设置影响了市场公共设施、交通安全设施、交通标志、消防设施、消防安全标志的正常使用,就会影响城市的正常运行,影响民众的生产生活。

(3)妨碍生产或者人民生活,损害市容市貌的。户外广告设置在妨碍生产或人民生活的区域内,就会造成扰民、妨碍生产的后果。另外,户外广告也是城市市容市貌的有机构成,广告牌、霓虹灯不仅是商品服务的传播媒介,也可以成为美化城市的装饰品;反之,如果设置不当,或没有及时更换,则可能破坏城市形象,影响市容市貌,甚至还存在安全隐患。

(4)在国家机关、文物保护单位、风景名胜区等的建筑控制地带,或者县级以上地方人民政府禁止设置户外广告的区域设置的。"建筑控制地带"是指依据法规在国家机关、文保单位和风景名胜区等场所的周围划出一定范围,以保护相关单位的安全、环境、历史自然风貌,并在此区域里对建设项目加以限制。在文保单位、风景名胜区域内设置户外广告影响了文保单位和风景名胜区的整体美观效果,有碍观瞻;在国家机关的建筑控制地带设置户外广告,会影响国家机关的形象。

除了广告法中的规定之外,《城市容貌标准》还有一些补充。

(1)人流密集、建筑密度高的城市道路沿线,城市主要景观道路沿线,主要景区内,严禁设置大型广告设施。

(2)人行道上不得设置大、中型广告,宜设置小型广告。宽度小于 3 米的人行道不得设置广告,人行道上设置广告的纵向间距不应小于 25 米。

(3)严禁利用行道树或损毁绿地的户外广告设置。

(4)广告应张贴在指定场所,不得在沿街建(构)筑物、公共设施、桥梁及树木上涂写、刻画、张贴。

(二)户外广告的设置要求

根据《城市容貌标准》规定,户外广告设置要满足以下要求。

(1)广告设施与标识设置应符合城市专项规划,与周边环境相适应,兼顾昼夜景观。

(2)广告设施与标识使用的文字、商标、图案应准确规范。陈旧、损坏的广告设施与标识应及时更新、修复,过期和失去使用价值的广告设施应及时拆除。

(3)城市公共绿地周边应按城市规划要求设置广告设施,且宜设置小型广告设施。对外交通道路、场站周边广告设施设置不宜过多,宜设置大、中型广告设施。

(4)建筑物屋顶不得设置大型广告设施。当在建筑物屋顶设置中小型广告设施时,应严格控制广告设施的高度,且不得破坏建筑物结构;建筑物屋顶广告设施的底部构架不应裸露、高度不应大于 1 米,并应采取有效措施保证广告设施结构稳定、安装牢固。

(5)同一建筑物外立面上的广告的高度、大小应协调有序,且不应超过屋顶,广告设置不应遮盖建筑物的玻璃幕墙和窗户。

(6)车载广告色彩应协调,画面简洁明快、整洁美观。不应使用反光材料,不得影响识别和乘坐。布幔、横幅、气球、彩虹气模、空飘物、节目标语、广告彩旗等广告,应按批准的时间、地点设置。

(7)招牌广告应规范设置;不应多层设置,宜在一层门檐以上、二层窗檐以下设置,其牌面高度不得大于 3 米,宽度不得超出建筑物两侧墙面,且必须与建筑立面平行。

五、关于授权制定户外广告管理办法的规定

《广告法》第四十一条第二款规定:"户外广告的管理办法,由地方性法规、地方政府规章规定。"该条款将户外广告管理办法的制定权授予地方性法规、地方政府规章来规定。我国各地经济发展不平衡,地区差异性大,很难制定全国统一的户外广告管理办法,授权地方根据本行政区域的实际情况制定户外广告的具体管理办法更具有针对性和可操作性。关于地方性法规的制定,依据《中华人民共和国立法法》(以下简称《立法法》)的规定,省、自治区、直辖市的人民代表大会及其常务委员会根据本行政区域的具体情况和实际需要,在不同《宪法》、法律、行政法规相抵触的前提下,可以制定地方性法规。设区的市的人民代表大会及其常务委员会根据本市的具体情况和实际需要,在不同《宪法》、法律、行政法规和本省、自治区的地方性法规相抵触的前提下,可以对城乡建设与管理、环境保护、历史文化保

护等方面的事项制定地方性法规,法律对设区的市制定地方性法规的事项另有规定的,从其规定。关于地方政府规章的制定,依据《立法法》的规定,省、自治区、直辖市和设区的市、自治州的人民政府,可以根据法律、行政法规和本省、自治区、直辖市的地方性法规,制定规章。设区的市、自治州的人民政府根据《立法法》有关规定制定地方政府规章,限于城乡建设与管理、环境保护、历史文化保护等方面的事项。

第三节　电影贴片广告的监管

一、电影贴片广告的定义

电影作为一种特殊的广告媒介,正在逐渐兴起,电影贴片广告是指在电影放映前播出的广告,包括制作方拷贝自带的广告、发行方插入的广告、院线自行招商的广告,也称随片广告。随着数字化技术的发展和数字电影的普及,有一些电影贴片广告不再以胶片为载体、以拷贝为放映方式,而以数字文件形式放映或通过网络、卫星直接传送到影院等放映单位。

二、电影贴片广告的传播优势

在广告表现形态上,电影贴片广告和电视广告比较相似,但是与电视广告相比,电影贴片广告有着独特的广告传播优势。

(一)播出环境独特,保证了电影贴片广告的传播效果

观众在收看电视广告时,不喜欢可以选择不看或者换台,这样就使得插播在电视节目间的广告的收视率出现极大的滑坡,形成"频道滑浪"现象,严重影响了电视广告的实际到达效果。但作为电影贴片广告,在电影院特定的较为黑暗的视听环境中,观众的视力和观赏精力一般只能投注在银幕上,其他影响因素对广告的干扰程度极小,这样使得广告的播放质量相对就提高了很多。因此,电影贴片广告独特的播出环境使得广告效果的流失率极低。北京大学社会调查研究中心对电影贴片广告的效果调查报告表明:广告到达率为92.1%,电影大片贴片广告的到达率甚至为97.4%,远远超过了电视广告。而且,与一般电视广告不同的是,电影是观众主动付费消费的媒体,因而观众对电影贴片广告的接受程度和亲和程度都要比电视广告好得多,这种状况也使得电影贴片广告的媒体环境要比电视广告优良一些。

(二)能充分展现广告创意,通过广告创意的力量来深入影响观众

电视广告时间一般分为5秒、7.5秒、10秒、15秒等。因为电视广告的制作和播出费用都很高,大多数广告主为了节约资金,一般都以10秒为主要时长。但是10秒往往容易使广告信息的传达方式过于单一,不能很好地展现广告创意的内涵。广告界一般认为30秒的广告影片能够比较充分地展现广告的创意,30秒是广告创意传输的黄金长度。而电影贴片广告的制作长度最低为15秒,通常都为30秒。因此,电影贴片广告是容易摆脱单

纯的信息叫卖的广告表现方式,而有较为充分的时间来展现广告的创意,观众直观的体验就是觉得电影贴片广告比较好看。电影贴片广告通过创意的力量来感染观众,通过影响观众的情感来说服观众,对观众的影响力更为深入,广告的传播效果当然也更为持久。

(三)传播成本低廉,能在短时间内快速提升广告品牌的知名度

目前国内的电影贴片广告公司一般按照电影的类别来制定贴片广告的播出价格。一类影片一般指引进大片或者获得过国际奖项或全球票房排名进入过前十名的影片,其60秒贴片广告报价通常为100万~300万元。二类影片通常为国产热门影片或有一定知名度的影片,60秒贴片广告报价大约为50万~100万元。三类影片包括一些小成本制作或知名度较低的影片,60秒贴片广告报价可能为10万~50万元。相对于电视广告昂贵的媒介播出费用而言,电影贴片广告的传播成本性价比较高的。同时,被投放贴片广告的大多是最新热播大片,受众对大片的关注度高,传播范围广泛,可以快速提升品牌形象。加映在美国进口大片《山崩地裂》前的一分钟"新飞电器"企业形象广告片,走进了全国100座大中城市的1500家影院,经过10万场次的放映,观众达7000万人次,迅速提高了新飞品牌的知名度。同样是看重电影贴片广告提升品牌形象的巨大价值,进口大片《速度与激情8》在部分院线的贴片广告数量达到了二三十条,而在一般情况下,一部影片的贴片广告数量都在10条以下,这充分说明有巨大票房托底的电影在品牌营销上的巨大潜力。

(四)主体受众群体明确,广告投放的精准度高

电影受众层次调查显示,电影的观众群体主要集中在收入高、学历高、职业地位高的城市人群之中。这些群体有良好的生活经济条件,消费活力强劲,为主导消费的"城市精英族",是一般广告主所热衷追逐的强势消费人群。广告主需要传达的商品或者品牌的信息,可以通过电影贴片广告这种形式,较为精准地送达到这些受众中去,使得企业广告的投放更具有针对性。

三、电影贴片广告在我国的发展历史

我国贴片广告的形式其实一直存在,早在十多年前,电影院在播放影片之前都会先放一段"禁止吸烟""不要大声喧哗"等幻灯片,那就是贴片广告的雏形。从1994年起,随着中影公司开始引进国外大片,委托广告公司进行此类广告的招标,贴片广告逐渐商业化。杭州早在放映《真实的谎言》时,就已有随片的商业广告出现。1998年《泰坦尼克》在中国上映时,某果冻产品抓住机会大做贴片广告,品牌短时间内迅速崛起。2001年,中影公司的"10部大片随片广告竞标",不仅推出了一个完整的广告产品,更是想以此作为后电影开发的一个启动器。相比西方而言,我国对电影的关注大多集中在放映本身,仅靠票房收入来回本,经营方式单一。随着电影收入的多元化及贴片广告的巨大商业效应,我国电影贴片广告的规模也日渐壮大,2002年,电影《英雄》中的贴片广告达到2000万元的高峰。截至2025年4月,国产动画大片《哪吒之魔童闹海》全球票房突破150亿元,在全球影史票房榜上位列第五位。蒙牛与该电影合作的贴片广告更是获得了巨大的成功。

贴片广告媒介环境有自己独特的一面。它是在电影正式放映以前放映的,影院的照明设备一律熄灭,只有银幕被人注意,干扰信息较少,到达率较高。有调查表明,1998年《泰坦尼克》的广告到达率达92.1%。广告环境指的是载具承载其他广告所呈现的媒体环境,

贴片广告的广告环境是电影承载的其他广告所呈现的媒体环境,从一般意义上讲,此类广告环境良好,品牌大部分是国内、国际知名品牌,很少会受到不良品牌的牵连,能够更好地打造本产品的美誉度,这是其他媒介难以达到的。还有就是宽大的银幕可以塑造良好气势与冲击力,这是电影贴片广告所特有的,目前任何媒介都无法与其匹敌。

电影贴片广告快速发展和电影的收入结构及自身的优势有关。一部电影的收入分为银幕收入和非银幕收入。银幕收入主要是票房收入,票房收入越高则银幕收入越高,相反银幕收入则越少;非银幕收入包括贴片广告、DVD/VCD音像权、电视播出权、影视音乐版权和其他收入,从电影的收入结构来看,贴片广告越多也就意味着非银幕收入越高。另外,受新冠疫情影响,国内的票房收入近年来一直不高,制片、发行、放映方的收入困难,而非银幕收入不足又制约了电影产业的整体收入的提高,所以大量国内外大企业的贴片广告费用无疑增加了非银幕收入,同时也可以弥补票房不振的损失。

四、我国对电影贴片广告的监管

近年来,我国的电影广告行业有了较快的发展,为扩大产品宣传、树立企业形象发挥了积极作用。但电影贴片广告在发展中也出现了一些问题,如一些贴片广告时间过长,电影放映中间随意插播广告,影响了观众的观看电影体验;有的贴片广告内容庸俗,格调不高;一些单位不经电影版权方同意随意搭载、删减广告。为促进电影贴片广告业健康发展,维护广大消费者和电影版权方的合法权益,国家新闻出版广电总局于2004年下发了《关于加强影片贴片广告管理的通知》。通知明确规定了以下内容。

(1)影片贴片广告必须严格执行广告管理的有关规定,内容要真实合法,符合社会主义精神文明建设的要求,不得欺骗和误导消费者。

(2)未经工商行政管理机关登记,未取得相应的广告经营资格,不得设计、制作、代理、发布影片贴片广告。

(3)未经影片版权方同意,任何单位不得搭载、删减贴片广告。

(4)影片贴片广告一律加在《电影片公映许可证》画面之前,不得占用电影放映时间。

(5)电影院线公司、发行公司要规范操作贴片广告业务,电影院要对放映的影片贴片广告时间予以公告。

(6)切实加强影片贴片广告管理。各级电影行政管理部门对违反本通知规定的,依据电影管理的有关法规予以通报批评,情节严重的停止供片并责令停映整顿。

(7)各级工商行政管理机关要加强对影片贴片广告的日常监管,加强对电影广告从业人员的法规培训,对违反广告管理法规规定的行为依法查处,维护正常的电影广告经营秩序。

此外,国家广电总局于2009年又下发了《关于进一步规范电影贴片广告和映前广告管理的通知》,通知重申了贴片广告放映中不得插播,提出了未经版权方或合作方同意,任何单位不得删减、替换贴片和映前广告。另外,通知还要求在电影票面上标注的时间是电影实际开映的时间。

第四节　电视直销广告的监管

伴随电视直销业在我国的兴起和发展,电视直销广告的数量日益增多。电视直销广告,对电视直销的有效运营和方便人民生活起到了一定的作用。但也出现了一些不容忽视的问题,如有的广告对商品性能、用途等进行不合实际的夸大宣传,误导消费者;有的广告直接或间接地贬低其他同类商品;有的广告出现了一些低级、淫秽等有悖于社会主义精神文明建设要求的内容;有的电视台非广告经营部门从事电视直销广告的经营活动等。这些现象在一定程度上扰乱了广告市场秩序,损害了消费者的合法权益。

一、电视直销广告的定义和存在的问题

电视直销广告又称"广告短片购物"或"电视购物短片广告",是厂家或代理商通过购买电视台广告时段投放广告片,吸引观众拨打广告画面上的电话订购商品的一种商品直销方式。与为推销商品、劳务或观念而通过媒介只向公众进行信息传播的一般性商业广告相比,这种方式多了直接向公众销售商品的环节;而相比电视台自身开办的电视购物频道,两者虽然在开办主体上存在本质区别,但在表现形式上又有一定的相似之处,即都是通过吸引电视观众拨打电视屏幕上的销售电话订购商品,实现销售商品的目的。

电视直销有着广阔的市场前景。然而,电视直销广告虽然对方便群众的生活起到了积极作用,但也引发一些亟待解决的问题,主要包括以下几个方面。

首先,夸大产品功能,误导消费者。媒体对于电视直销广告进行夸大和虚假宣传、误导消费者屡有报道,以致有消费者称电视直销广告销售的就是"信了就后悔,买了就上当"的"坑人"商品。在一片质疑声中,电视直销广告水分较多似乎毋庸置疑。如部分保健食品电视直销广告胡乱宣传食品功能,鼓吹有治疗作用,或者借助宣传某些成分的作用暗示疗效;冒充医疗器械,或宣称有治疗疾病等功能,或利用名人、患者的名义和形象证明产品的"神奇"疗效。

其次,商品价格虚高。本来,电视购物渠道价格实惠应该是最大的卖点,因为直接从厂家拿货,少了代理商层级,物流成本较低,价格相应较低。但是消费者在买到商品后才发现,与市场同类商品相比,一些直销商品的价格实在是高得离谱,价格严重背离价值。

再次,折扣子虚乌有,质量低劣。由于电视直销特殊的推销方式,消费者不能亲眼见到实物进行仔细辨别。一些不良商家借电视直销之名,采用虚假折扣、张冠李戴等方式,蒙骗不明真相的消费者。如某电视直销广告销售的"原价3990元的手机,可视频9小时畅聊,含290项技术,现一折399元",其实根本就是早已过时的山寨机,产品制作粗糙,无生产厂家、地址、日期,属于不折不扣的"三无"产品。

最后,消费维权艰难,售后无保障。很多电视直销商家是临时成立的"草台班子",租借经营场所,雇用三四个业务员就可以开展业务。一些电视直销企业在注册中打着"贸易公司""商贸公司"的旗号。这些公司异地从事广告经营,"打一枪换一个地方"。有些商家卖出产品后,就认为完成了任务,不开具发票等凭证,对售后发生的任何质量问题置之不理。

这种行为严重侵害了消费者的权益。消费者发现所购商品在使用过程中出现问题需要维修或退货,异常艰难。

二、我国对电视直销广告的监管

(一)《关于加强电视直销广告管理的通知》的规定

国家工商行政管理局在 1998 年下发了《关于加强电视直销广告管理的通知》,里面对电视直销广告进行了规定。

(1)在电视直销活动中,由商品经营者或者服务提供者承担费用,以电视媒介为载体,通过演示或展示说明等形式对电视直销商品或服务进行的宣传,属于商业广告。

(2)电视台承办电视直销广告,应当统一归口由电视台内部经工商行政管理机关核准的广告业务部门经营。电视台的非广告经营部门一律不得从事电视直销广告经营活动。

(3)电视直销广告内容应当符合《广告法》的要求,真实、合法,不得欺骗和误导消费者。广告画面和语言应当健康,不得出现低级、淫秽等有悖于社会主义精神文明建设要求的形象和用语。

(4)电视直销广告涉及药品、医疗器械、农药、兽药等商品宣传的,应当经有关行政主管部门审查后方可发布。广告审查批准文号应当列为广告内容同时发布。发布食品、化妆品等电视直销广告,应当符合该类商品广告管理规定。

(5)发布电视直销广告,应当依法查验广告证明文件,核实广告内容。凡违反广告法律法规规定的,不得发布。

(6)电视直销广告应当有明显的广告标记,并不得在播放过程中中断,以使消费者能辨明其为广告,不得使消费者产生误解。电视直销广告以消费者现身说法的形式进行宣传的,应当是消费者的亲身体验,保证广告的真实性。

(二)《关于加强电视购物短片广告和居家购物节目管理的通知》的规定

2009 年,国家广电总局下发了《关于加强电视购物短片广告和居家购物节目管理的通知》,通知中对电视直销广告做了进一步的规定。

1. 对播出电视直销广告的媒体规定

新闻、国际等专业频道和电视购物频道,不得播出电视购物短片广告。教育、少儿等专业频道不得播出不宜未成年人收看的电视购物短片广告。上星频道每天 18:00—24:00 时段内,不得播出电视购物短片广告。

2. 对电视直销广告的内容规定

电视购物短片广告和居家购物节目必须坚持正确导向,坚持良好文化品位。要如实介绍所售商品,标明商品销售企业名称,公布在一定期限内可"无条件退货"和"验货付款"的承诺。特殊类商品,还必须标明相关审批文号等信息。有投资风险或者可能产生副作用的商品,必须在广告或者节目中明确提示。严禁出现以下内容:①内容虚假违法、格调庸俗低下;②夸大、夸张宣传,误导消费;③以公众人物、专家等名义作证明;④虚构断货、抢购、甩货等情形推销商品;⑤谎称商品通过认证、获得奖项或者荣誉称号等;⑥虚构或者伪造科研成果、统计资料等材料作证明;⑦法律、行政法规、规章禁止的其他内容。

3. 严禁播出的电视直销广告

严禁播出下列电视直销广告:①含有违反本通知第四条规定内容的;②介绍药品、性保健品和丰胸、减肥产品的;③介绍无产品名称、无生产厂厂名和厂址的产品;④介绍帮助人体增高的器械或者内服产品的;⑤介绍植入人体式的或者需专业人士操作的各类医疗器械的;⑥出现人体性器官解剖图解、动画演示画面的;⑦法律、行政法规、规章禁止的其他广告和节目。

4.投放电视购物短片广告的电视购物企业资质和条件

要严格审验在电视台投放电视购物短片广告的电视购物企业资质和条件:①注册资本金不少于人民币1000万元;②具有固定经营场所;③具有不少于100个座席的呼叫系统、物流配送和结算系统;④具有规范的产品保修、退货、投诉处理等售后服务制度和相应机构、人员;⑤合作前3年内无商业欺诈和虚假违法等不良记录。

自2010年1月1日起,广播电视播出机构一律不得播出不具备上述条件的电视购物企业提供的电视购物短片广告。被省级以上工商、卫生、药监等有关行政部门处理或者被司法部门追究刑事责任的电视购物企业,广播电视播出机构在5年内不得接受其投放的广告。

(三)《关于进一步加强卫视频道播出的电视购物短片广告管理工作的通知》的规定

由于电视观众难以分清电视直销广告与电视购物节目的区别,再加之部分卫视频道的电视购物短片广告存在内容夸大虚假、长时间反复播出等问题,造成恶劣影响。电视购物短片广告违规将直接影响电视购物节目的声誉和形象,进而给电视台的公信力造成损害。鉴于此,2013年10月国家新闻出版广电总局向各省、自治区、直辖市广播影视局,新疆生产建设兵团广播电视局,中央电视台、中国教育电视台、电影频道节目中心发出《关于进一步加强卫视频道播出电视购物短片广告管理工作的通知》。监管的重点对象是卫视频道播出的电视购物短片广告。

1.重申要从源头抓起,强化在电视频道投放购物短片广告的企业资质审查

(1)证明其注册资本金不少于人民币1000万元和具有固定经营场所的《企业法人营业执照》《组织机构代码证》等材料。

(2)证明其自行建立呼叫系统、物流配送和结算系统,以及健全的售后服务制度和相应机构、人员的材料。

(3)相关部门出具的证明其经销产品的质量合格检验报告和法律文书。

对不具备资质条件或无法出具上述证明材料的企业,一律不得受理和播出其投放的电视购物短片广告。

2.规范电视购物短片表现形式,强化播出环节把关

各卫视频道每天18:00—24:00时段内,不得播出电视购物短片广告。

(1)不得使用主持人作宣传。

(2)不得使用"叫卖式"夸张配音、语调、动作等作宣传。

(3)不得使用新闻报道、新闻采访、现场访谈等形式,以及新闻素材、资料等作宣传。

(4)不得使用"矫形""塑形""透脂""甩脂"等宣传或变相宣传丰胸、减肥产品。

(5)要在屏幕画面右上角明确标注"广告"字样。

(6)每天每小时播出电视购物短片广告不得超过1条(次),每条不得超过3分钟,每天播出同一款产品或同一内容的电视购物短片广告不得超过3次。

3.严格备案管理,加强社会监督

各卫视频道要按总局要求,对审核同意在本频道投放的电视购物短片广告,需将在电视频道投放电视购物短片广告企业的相关资质证明材料,以及该购物短片广告的名称、时段、时长、次数和内容等情况,报省级广电行政部门备案。各省级广电行政部门须于每季度结束前,汇总报总局传媒司备案。总局将定期向社会公示,强化社会监督。

4.加强行政监管,查处违规行为

各省级广电行政部门要严格按照相关要求,认真做好辖区内卫视频道电视购物短片广告播出的监管工作,对存在违规问题的,视情节轻重分别给予限期整改、警告、诫勉谈话、通报批评,直至暂停商业广告播出等处理,并追究相关责任人责任,向社会公开曝光。

(四)关于电视直销广告的补充规定

2010年2月12日,国家广电总局向各省、自治区、直辖市广播影视局,新疆生产建设兵团广播电视局,中央三台、电影频道节目中心、中国教育电视台发出《广电总局关于进一步加强广播电视广告审查和监管工作的通知》,通知中对电视直销广告进行了补充规定。

1.坚决禁止涉性广告

通知要求各级广播电视播出机构要加强对包括电视直销广告在内的广告内容的审检工作,确保导向正确,坚决抵制并自行清理宣传壮阳、提高性功能的医疗、药品、保健品、医疗器械等不良广告。对仍违规播出的,一经发现,总局将直接给予暂停商业广告播出的严肃处理,并向社会公开曝光。

2.加强对电视直销广告的审查把关

通知要求各级广播电视播出机构要严格按照《广播电视广告播出管理办法》和国家广电总局《关于加强电视购物短片广告和居家购物节目管理的通知》的要求,加强对电视购物短片广告内容的审查把关,要做到:①不得使用主持人作宣传;②不得以"叫卖式"夸张配音、语调、动作等宣传商品;③不得使用新闻报道、新闻采访等形式,以及新闻素材、资料等宣传商品。

第五节　互联网广告的监管

随着我国经济的迅猛发展,互联网也在迅速发展,互联网广告已成为网络公司主要的经济来源。互联网广告作为广告中的一种新形式被逐渐运用到广告经营活动中。与传统媒体广告相比,互联网广告因具有覆盖面广、信息量大、高度针对性及独特的交互性功能等优势得到了快速的发展。技术和商业模式迭代加速而政策法治体系相对滞后使得大量新生地带监管缺失,立法的稳定性与行业快速发展之间客观存在的矛盾导致灰色地带乱象频仍,这是数字化转型大潮中的共性问题。如何对互联网广告市场进行有效的监管,做到活而有序,管而发展,是摆在广告监督管理机关面前的一个重要课题。

一、互联网广告普遍存在的问题及监管难点

(一)网络广告存在的问题

一是夸大失实,误导欺骗。一些网络广告经营公司为了谋求利益,完全根据客户提供

的资料,不履行广告发布的审核手续,致使夸大失实广告"满网飞"。如某食品有限公司在公司网页上宣传某产品具有治疗糖尿病的功效,但实际上这种宣传是不真实的、引人误解的。

二是内容违法,隐蔽性强。常规媒体中不能发布的广告在网络上比比皆是,如烟草广告、处方药品广告等。由于网络隐蔽性强,一些不法分子利用网络发布违法广告信息,还有一些盗版物品广告、色情广告、伪造文凭广告等内容违法的广告都能很容易地在网络上发布。

三是强迫阅读,十分霸道。不少网络广告肆意侵犯消费者的自主选择权,经常以小窗口弹跳出来的形式进行宣传,强迫阅读,既浪费了消费者的时间,也让人反感。

四是迭代迅速,监管困难。2023 年,国家市场监督管理总局共查处各类虚假违法互联网广告案件 2.25 万件,表明现有的监管手段在面对复杂多变、迭代迅速的互联网技术带来的违法案件时仍存在较大困难。

（二）互联网广告监管的难点

一是广告性质难界定。网络的特殊性及网络广告形式的模糊化、信息的泛广告化,使网络广告与网络信息界定不清,给广告监管带来困难。《互联网广告管理办法》第九条规定"互联网广告当具有可识别性,能够使消费者辨明其为广告"。很多企业建立了自己的网站,在企业网站上必不可少的是要介绍企业自己的商品或服务,那么这种信息是广告吗?是否需要标注"广告"? 对于这些问题,现行法律法规都没有明确的答案。此外,互联网媒介生态中的广告主体在界定上也变得模糊,对于传统广告的广告主、广告经营者、广告发布者等广告主体,《广告法》都有明确的规定,并能够有针对性地采取相应的监管措施。然而由于互联网极大地简化、整合了制作、经营、发布广告等行为,加之现在的精准推送技术,使得互联网广告中的主体边界变得模糊,各方的权利义务关系和法律责任也变得更为复杂,导致执法人员难以对广告主体进行认定,执法工作难以开展。

二是地域管辖难确定。根据《市场监督管理行政处罚程序规定》第十一条规定,"对利用广播、电影、电视、报纸、期刊、互联网等大众传播媒介发布违法广告的行为实施行政处罚,由广告发布者所在地市场监督管理部门管辖。广告发布者所在地市场监督管理部门管辖异地广告主、广告经营者有困难的,可以将广告主、广告经营者的违法情况移送广告主、广告经营者所在地市场监督管理部门处理"。常规的管辖方式通常由广告发布者所在地的市场监督管理机关管辖,但在网络中,有的广告主租用其他公司的网络服务器自建网站发布违法广告,有的通过电子邮件等方式发布违法广告,更有甚者在国外设立的网站上向国内消费者发布广告。网络广告发布的特殊性,使现行的行政管辖制度难以适应。

三是管理机关难适应。依照《广告法》,县级以上市场监督管理部门是广告的监管机关。但面对浩如烟海的网络广告,仅依靠市场监管机关现有的管理体制、技术手段和人员配备,想要肃清互联网的违法广告实在是任重道远。县级市场监督管理机关和基层单位的条件有限,还有一些基层单位的硬件条件更是无法应对技术手段先进的互联网广告违法案件。在人员素质方面,除了一些新晋公务员,不少年龄稍大的工作人员对网络广告形态和特点的认知稍显滞后,对于大数据背景下的互联网生态还处于初级了解阶段,尚不具备监管网络广告的素质和能力。

四是执法难取证。监督管理机关在查处违法网络广告时取证相当困难。互联网广告的实质为存储于电子设备中的电子数据,具有发布快捷便利,极易被人篡改、伪造、破坏或毁灭的特征,由于网上信息可以任意修改,不留痕迹,当事人往往可以轻松地把之前发布的违法广告内容修改甚至完全删除掉,这就对监管机关及时有效地固定证据提出了高要求。在实践中,执法人员可以采取网页直接打印后让当事人签字确认的方法固定证据,但这仅仅适应于较简单的广告,对于采用FLASH技术、音频视频技术的网页就很难以这种方式来固定证据了。借助一些高科技手段取证或到公证部门公证,可能因为执法成本高、程序复杂等因素而无法执行,取证难成为互联网广告案件查处工作难的主要原因。

五是管辖难。《互联网广告管理办法》中规定对互联网广告违法行为实施行政处罚,由广告发布者所在监管部门管辖,广告发布者所在地监管部门管辖异地广告主、广告经营者有困难的,可以将广告主、广告经营者的违法情况移交广告主、广告经营者所在地监管部门处理。但这一规定导致了各地区处理互联网广告违法案件数量的不平衡,百度系所在的北京、阿里系所在的杭州、腾讯系所在的深圳等地成为全国互联网广告违法案件处理的重镇,工作量极大。

二、互联网广告的监管历程

1994年10月14日,美国著名的 *Wired*(《连线》)杂志推出了网络版 *Hotwired*,其主页上开始有AT&T等14个客户的横幅广告(banner),这被视为互联网广告诞生的标志。PC互联时代互联网广告在展示和触达效果上还存在较多局限,2010年以后智能手机的普及和移动互联技术的发展,使互联网广告的发展迎来了新一波高潮。互联网广告监管也随着互联网广告的发展不断跟进。

国内知名法学家、中央财经大学教授刘双舟在一次讲座中历数了互联网广告监管从无到有的筚路蓝缕历程。

第一个阶段是门户网站时代。在这一阶段中,以雅虎为代表的门户网站广告和传统的电视广告区别不大,人被动接受广告信息,对于广告的监管也相对容易。

第二个阶段是搜索引擎时代。伴随着网络信息资源数量的膨胀,网络搜索成为人们快速获取有效信息的重要途径。在这一阶段,人主动寻找广告信息,此时的监管主要难在对互联网广告发布者的界定和义务的确定上,对于竞价排名和"二跳"广告也存在争议。

第三个阶段是智能分发时代。刘双舟教授称,智能分发基于两大方面的原因:一方面广告数量大,传统的媒介资源无法满足广告的需求,导致一部分广告资源被浪费;另一方面,互联网提供了大量的小微媒体资源,但这些媒体缺乏足够的谈判能力,既无法吸引大的广告主,也很难被小广告主看到,因此这部分媒体资源也很大程度上被浪费掉了。在这样的背景下出现了两大平台:一个是广告主联盟,将小广告主集合起来;一个是媒介资源平台,将众多小微媒介资源集合起来。在两大平台基础上,新的技术平台也应运而生,利用程序化的手段将广告主资源和媒介资源进行匹配,而对于程序化购买广告中广告发布者的确定和各主体的义务的确定也成为当时监管的难题。

第四个阶段是信息流时代。所谓的信息流广告是指位于社交媒体用户的好友动态,或者资讯媒体和视听媒体内容流中的广告,简单来说就是"广告即信息",这是一种基于算法推荐、精准投放的广告形式。谈到信息流广告,我们首先想到的是今日头条,但据刘双舟教授介绍,我国最早的信息流广告是2012年由新浪引进的,但当时没有被当作一个发展点。

随着智能手机的普及,信息流广告很好地适应了手机屏小、可移动及人们信息消费碎片化的特点,今日头条也借这种新的模式得到了快速成长。在这一阶段,人处于情境化的广告信息中,广告和信息难以分辨,由此也引发了不少监管难题。刘双舟教授认为,上述 4 个阶段是发展相对成熟的阶段,当前我们已经逐步进入第五个阶段,在这一阶段里资讯、社交和电商的界限变得模糊,三者之间深度融合为广告监管带来了新的挑战,最具代表性的是网红电商。而伴随 5G 商用时代的来临,天地人泛在互联,线上线下融为一体,互联网已经融入生活的方方面面,互联网广告独立存在的必要性或许都要受到挑战。而以一种更为长远的发展眼光来看,未来立足于《广告法》的监管也需要融入更大的社会治理体系之中。以监管促进发展,以发展化解问题,这是刘双舟教授对于互联网广告监管的理念。他认为每个阶段的监管执法都面临着不同的焦点问题和监管难度,放到经济社会数字化转型的整体大视野下看,数字经济时代信息从获取、理解、整合到评价、交流的整个过程都与过去呈现出很大不同,使用数字资源的数字素养成了一项重要的能力。这不仅对互联网广告的生产者和消费者提出了数字素养的要求,同时也要求互联网广告监管者在数字素养方面不断提升,与时俱进更新相应的思维和能力。

三、《互联网广告管理办法》的主要内容

2023 年 5 月 1 日,国家市场监督管理总局修订发布的《互联网广告管理办法》正式施行。《互联网广告管理办法》是为了规范互联网广告活动,保护消费者的合法权益,促进互联网广告业健康发展,维护公平竞争的市场经济秩序,根据《广告法》《中华人民共和国电子商务法》(以下简称《电子商务法》)等法律、行政法规制定的办法。

(一)《互联网广告管理办法》的出台背景

2016 年,国家工商行政管理总局制定了《互联网广告管理暂行办法》,对规范互联网广告活动、促进互联网广告业发展发挥了重大作用。但随着互联网技术的发展和广告模式的创新,《互联网广告管理暂行办法》已经难以适应互联网广告监管执法和互联网广告行业发展实际,迫切需要修订。首先,《广告法》《电子商务法》《反不正当竞争法》等法律相继修订,对互联网广告监管执法提出了新的要求,提供了新的法律依据。其次,互联网广告在广告形式、经营模式、投放方式等方面不断发展变化,其多样性、多元性、广泛性的特征更趋明显,在传统电商大发展背景下形成的监管思路和监管方式需要作出新的调整。最后,互联网广告行业在快速发展的同时,参与互联网广告活动的主体日益多元,迫切需要进一步细化各类广告活动参与主体的法律责任,明确行为规范,以更好维护互联网广告市场秩序。国家市场监督管理总局经过广泛调研、反复论证并充分征求意见,对《互联网广告管理暂行办法》做了全面的修订和完善,优化细化了互联网广告行为规范,有利于加强互联网广告监管执法,促进互联网广告业持续快速健康的发展。

2021 年,国家市场监督管理总局书面征求了地方市场监督管理部门,以及中宣部、中央网信办、教育部、工业和信息化部、公安部等 12 个部委意见,其间又多次组织专题座谈会,逐条进行讨论、修订和完善。经充分吸收采纳各方意见建议,形成了《互联网广告管理办法》(公开征求意见稿)。2021 年 11 月 26 日,国家市场监督管理总局发布关于征求《互联网广告管理办法(公开征求意见稿)》意见的公告,向社会公开征求意见。

2023 年 2 月 25 日,《互联网广告管理办法》(国家市场监督管理总局令第 72 号)公布,

并于 5 月 1 日起施行。

（二）《互联网广告管理办法》的立法目的和立法依据

《广告法》中对互联网广告仅做了原则性规定,即第四十四条第一款规定:"利用互联网从事广告活动,适用本法的各项规定。"鉴于此,《互联网广告管理办法》的任务就是结合互联网广告的特殊性,将《广告法》中关于互联网广告的原则性规定予以具体化。这意味着《互联网广告管理办法》的立法目的要与《广告法》中的立法目的步调一致。《广告法》的第一条规定的立法目的是"规范广告活动,保护消费者的合法权益,促进广告业的健康发展,维护社会经济秩序",据此,《互联网广告管理办法》的第一条将立法目的明确为"规范互联网广告活动,保护消费者的合法权益,促进互联网广告业健康发展,维护公平竞争的市场经济秩序"。除了《广告法》之外,2019 年《电子商务法》的颁布施行,明确了电子商务领域有关监管原则和监管方式,为互联网广告监管工作提供了新的法律依据和立法借鉴。2019年《反不正当竞争法》修订施行,对互联网领域不正当竞争行为作出明确规定,随着以上所列举上位法的修订、发布,《互联网广告管理暂行办法》中的有关规定需要调整。

（三）《互联网广告管理办法》的适用范围

《互联网广告管理办法》第二条规定:"在中华人民共和国境内,利用网站、网页、互联网应用程序等互联网媒介,以文字、图片、音频、视频或者其他形式,直接或者间接地推销商品或者服务的商业广告活动,适用广告法和本办法的规定。"此处使用了"商业广告活动",其调整范围要与《广告法》第二条"在中华人民共和国境内,商品经营者或者服务提供者通过一定媒介和形式直接或者间接地介绍自己所推销的商品或者服务的商业广告活动,适用本法"中的"商业广告活动"相呼应。

（四）《互联网广告管理办法》中关于禁止发布互联网广告的商品及服务的规定

《互联网广告管理办法》第六条规定:"法律、行政法规规定禁止生产、销售的产品或者提供的服务,以及禁止发布广告的商品或者服务,任何单位或者个人不得利用互联网设计、制作、代理、发布广告。禁止利用互联网发布烟草(含电子烟)广告。禁止利用互联网发布处方药广告,法律、行政法规另有规定的,依照其规定。"《广告法》对于禁止发布广告的商品和服务有明确的规定,互联网广告也在规制范围内。

《互联网广告管理办法》中指出的"法律、行政法规规定禁止生产、销售的产品或者提供的服务,以及禁止发布广告的商品或者服务"具体包括:①禁止生产的产品。《中华人民共和国产品质量法》第二十九条规定"生产者不得生产国家明令禁止淘汰的产品"。以食品领域为例,《食品安全法》明确规定禁止生产"用非食品原料生产的食品或者添加食品添加剂以外的化学物质和其他可能危害人体健康物质的食品,或者用回收食品作为原料生产的食品""致病性微生物,农药残留、兽药残留、生物毒素、重金属等污染物质及其他危害人体健康的物质含量超过食品安全标准限量的食品、食品添加剂、食品相关产品""腐败变质、油脂酸败、霉变生虫、污秽不洁、混有异物、掺假掺杂或者感官性状异常的食品、食品添加剂"等。②禁止销售的产品。这类产品允许生产但不得销售或者进入市场公开销售,例如《中华人民共和国枪支管理法》第三条规定"禁止任何单位或者个人违反法律规定持有、制造(包括变造、装配)、买卖、运输、出租、出借枪支"。③禁止提供的服务。如《治安管理处罚法》第六十六条和第七十条规定的色情服务、赌博服务等。

《互联网广告管理办法》中还强调法律、行政法规规定禁止发布广告的商品或者服务，任何单位或者个人不得在互联网上设计、制作、代理、发布广告。一些虽然允许生产、销售，但不适宜宣传的商品和服务，法律和行政法规规定禁止发布广告，任何单位或者个人不得为其设计、制作、代理、发布互联网广告。例如，《广告法》第十五条规定的不得做广告的麻醉药品、精神药品、医疗用毒性药品、放射性药品等特殊药品，药品类易制毒化学品，以及戒毒治疗的药品、医疗器械和治疗方法。《种子法》第二十三规定的应当审定而未经审定的农作物品种。

《互联网广告管理办法》中规定"禁止利用互联网发布烟草广告"。根据《广告法》第二十二条规定"禁止在大众传播媒介或者公共场所、公共交通工具、户外发布烟草广告"。互联网作为面向社会公众的媒介是典型的"大众传播媒介"，烟草广告也应当被禁止。但烟草制品生产企业和销售企业在其自设网站或者拥有合法使用权的互联网媒介上，按照相关规定应当向销售者提供的产品信息不应当被视为商业广告。

（五）《互联网广告管理办法》中关于维护网民合法权益的规定

《互联网广告管理办法》第九条规定，互联网广告应当具有可识别性，能够使消费者辨明其为广告。对于竞价排名的商品或者服务，广告发布者应当显著标明"广告"，与自然搜索结果明显区分。除法律、行政法规禁止发布或者变相发布广告的情形外，通过知识介绍、体验分享、消费测评等形式推销商品或者服务，并附加购物链接等购买方式的，广告发布者应当显著标明"广告"。

广告的可识别性是为了使消费者能够对广告推销商品或者服务的目的有比较清楚的认知，能够谨慎对待广告推销行为。《互联网广告管理办法》第九条保障了网民在浏览网页时能够有效识别出广告信息和普通信息。尤其是竞价排名结果，办法强调了要显著标明"广告"二字，而不是其他具有迷惑性的文字，如"推荐""优推"等。此外，针对大量短视频平台上的营销视频，《互联网广告管理办法》也明确了通过知识介绍、体验分享、消费测评等形式推销商品或服务并且附加购物链接的必须显著标明"广告"。

《互联网广告管理办法》第十条规定，以弹出等形式发布互联网广告，广告主、广告发布者应当显著标明关闭标志，确保一键关闭，不得有下列情形：①没有关闭标志或者计时结束才能关闭广告；②关闭标志虚假、不可清晰辨识或者难以定位等，为关闭广告设置障碍；③关闭广告须经两次以上点击；④在浏览同一页面、同一文档过程中，关闭后继续弹出广告，影响用户正常使用网络；⑤其他影响一键关闭的行为。启动互联网应用程序时展示、发布的开屏广告适用前款规定。

第十一条规定，不得以下列方式欺骗、误导用户点击、浏览广告：①虚假的系统或者软件更新、报错、清理、通知等提示；②虚假的播放、开始、暂停、停止、返回等标志；③虚假的奖励承诺；④其他欺骗、误导用户点击、浏览广告的方式。在过去相当长的时间里，弹窗式、漂浮式广告遮挡网民浏览的主要内容，弹窗式广告无法关闭或伪装关闭（关闭标志实为打开）等现象，严重影响了网民的互联网使用。

第十条和第十一条是关于利用互联网从事广告活动的行为规范，目的是解决利用互联网广告发布、发送广告影响用户体验的问题，保障网民浏览网页的自由和顺畅，将广告主的网络营销限制在网民合法权益的框架内进行。第十二条还规定了在针对未成年人的网站、网页、互联网应用程序、公众号等互联网媒介上不得发布医疗、药品、保健食品、特殊医学用途配方食品、医疗器械、化妆品、酒类、美容广告,以及不利于未成年人身心健康的网络游戏广告。

(六)《互联网广告管理办法》中关于广告活动主体职责的规定

《互联网广告管理办法》明确了广告主、广告经营者、广告发布者及互联网平台经营者的职责。

1. 广告主的职责

广告主是互联网广告内容真实性的责任人。广告主发布互联网广告,其主体资格、行政许可、引证内容等应当符合法律法规的要求,相关证明文件应当真实、合法、有效。广告主可以通过自建网站,以及自有的客户端、互联网应用程序、公众号、网络店铺页面等互联网媒介自行发布广告,也可以委托广告经营者、广告发布者发布广告。广告主自行发布互联网广告的,广告发布行为应当符合法律法规的要求,建立广告档案并及时更新。相关档案保存时间自广告发布行为终了之日起不少于 3 年。广告主委托发布互联网广告,修改广告内容时应当以书面形式或者其他可以被确认的方式,及时通知为其提供服务的广告经营者、广告发布者。另外,发布含有链接的互联网广告时,广告主应当核对下一级链接中与前端广告相关的广告内容。

2. 广告经营者、广告发布者的职责

广告经营者、广告发布者要建立、健全和实施互联网广告业务的承接登记、审核、档案管理制度。查验并登记广告主的真实身份、地址和有效联系方式等信息,建立广告档案并定期查验更新,记录、保存广告活动的有关电子数据;相关档案保存时间自广告发布行为终了之日起不少于 3 年;查验有关证明文件,核对广告内容,对内容不符或者证明文件不全的广告,广告经营者不得提供设计、制作、代理服务,广告发布者不得发布;配备熟悉广告法律法规的广告审核人员或者设立广告审核机构。还应当依法配合市场监督管理部门开展的互联网广告行业调查,及时提供真实、准确、完整的资料。发布含有链接的互联网广告时,广告经营者和广告发布者也应当核对下一级链接中与前端广告相关的广告内容。

3. 互联网平台经营者的职责

联网平台经营者在提供互联网信息服务的过程中应当采取措施防范、制止违法广告。还要遵守以下规定:记录、保存利用其信息服务发布广告的用户真实的身份信息,信息记录保存时间自信息服务提供行为终了之日起不少于 3 年;对利用其信息服务发布的广告内容进行监测、排查,发现违法广告的,应当采取通知改正、删除、屏蔽、断开发布链接等必要措施予以制止,并保留相关记录;建立有效的投诉、举报受理和处置机制,设置便捷的投诉举报入口或者公布投诉举报方式,及时受理和处理投诉举报;不得以技术手段或者其他手段阻挠、妨碍市场监督管理部门开展广告监测;配合市场监督管理部门调查互联网广告违法行为,并根据市场监督管理部门的要求,及时采取技术手段保存涉嫌违法广告的证据材料,如实提供相关广告发布者的真实身份信息、广告修改记录及相关商品或者服务的交易信息等;依据服务协议和平台规则对利用其信息服务发布违法广告的用户采取警示、暂停或者终止服务等措施。

(七)《互联网广告管理办法》中关于互联网直播广告中广告活动主体身份认定的规定

《互联网广告管理办法》明确了商品销售者或者服务提供者通过互联网直播方式推销

商品或者服务,构成商业广告的,应当依法承担广告主的责任和义务。直播间运营者接受委托提供广告设计、制作、代理、发布服务的,应当依法承担广告经营者、广告发布者的责任和义务。直播营销人员接受委托提供广告设计、制作、代理、发布服务的,应当依法承担广告经营者、广告发布者的责任和义务。直播营销人员以自己的名义或者形象对商品、服务作推荐、证明,构成广告代言的,应当依法承担广告代言人的责任和义务。

四、加强互联网广告监管的建议

网络技术更新迭代快,网络营销手段层出不穷,可以想象未来互联网广告在实际运作中会出现很多新问题。法律是对既有问题的规定,不断完善法律法规是我们应对瞬息万变的互联网世界的重要举措。除此之外,我们也需要在以下几个方面夯实互联网广告的监管基础。

首先,要加强登记备案工作,有效规范网站经营行为。要全面实施对网站的备案登记,并将备案信息[包括网站名称、域名、IP(Internet Protocol,网络互连协议)地址、管理负责人、ISP(Internet Service Provider,网络业务提供商)、服务器所在地地址、联系方式等相关内容]向社会公开。任何人点击"红盾"都会得到当前网站的登记资料,以切实解决网络经营主体的真实性与合法性问题。

其次,鼓励网民及时举报,以扩大监督面,提高监管效能。这需要相关部门引导网络服务商增强自律意识,抵制虚假、欺诈性广告,一旦发现违法广告行为,要忠实履行应尽的审查义务,并及时向广告监督管理机关举报。

再次,努力提高监管执法人员业务素质。网络广告往往藏身于一个个相对虚拟的互联网页或者网站内,很难用传统的监管方法调查和取证。同时,互联网环境中的广告与信息也难以严格区分。因此,要大力加强网络广告审查员培训,引导执法人员深入研究互联网经济发展规律,深刻认识网络广告的本质与特征,丰富网络知识,提高鉴别能力,不断提高运用高科技手段加强监管的水平。

最后,加强与其他职能部门的协调、配合,加大对网络市场的监管执法力度。刘双舟教授认为互联网广告并非一座"孤岛",其他外部产业行业依托互联网平台与广告的结合日益紧密,广告监管必须与行业自身的监管协同起来才能取得最优效果。例如2018年频频爆雷的P2P(peer to peer lending,点对点网络借贷)行业,在银监会负责金融行业的监管、主体资质合规的P2P平台发布了相关产品广告,其广告本身不存在违法问题,但由于平台运营出现问题,导致投资人利益受损,"广告"是否担责?再如近几年频繁爆出的教育培训机构倒闭,导致受害人索赔无门的现象,其中也存在类似问题。因此,刘双舟教授建议未来完善多部门协同机制,由主要负责互联网广告监管的国家市场监督管理总局与垂直领域的监管部门联手强化监管,"广告"担不担责要视具体情况而定。

第六节　网络直播营销的监管

网络直播营销作为一种新型营销模式在促进经济、刺激消费方面发挥了重要功能,与此同时,由于相关法律规制的缺失,围绕"网络直播营销是否属于商业广告"产生了很多争议。2021 年 11 月,国家网信办会同有关部门发布了《互联网直播营销信息内容服务管理规定(征求意见稿)》,明确了直播带货的"商业广告活动"性质,为引导直播带货行业良性发展指明了方向,相比较"网络直播营销的商业广告性质","网络直播营销的商业广告活动性质"更契合《广告法》在适用直播营销时的法理逻辑。

一、网络直播营销的"商业广告活动"性质

在网络直播营销的定性问题上,2020 年 11 月,国家市场监督管理总局发布的《关于加强网络直播营销活动监管的指导意见》中有相应规定——"直播内容构成商业广告的,应按照《广告法》规定履行广告发布者、广告经营者或广告代言人的责任和义务"。明确了具备商业广告性质的网络直播营销适用《广告法》。然而我国现行《广告法》中并没有"商业广告"的定义。1994 年的《广告法》中第二条第二款曾有"商业广告"的表述:"本法所称广告,是指商品经营者或者服务提供者承担费用,通过一定媒介和形式直接或者间接地介绍自己所推销商品或者所提供的服务的商业广告。"该条款没有直接定义"广告"和"商业广告",但强调了商业广告指称对象的构成性质,包括"广告主(商品经营者或服务提供者)""通过一定的媒介和形式""承担费用""广告信息(介绍推销商品或服务)"。随着广告业态的发展,商业广告的构成性质发生了巨大变化,其中"承担费用"已经不是必然属性,例如不少广告主在社交平台账号上的推广已经属于企业框架内的营销举动,并不涉及对外付费。从广告发展历史来看,广告的"信息"属性正日渐淡化,其营销属性日益重要,英文表述中的"advertise"逐渐为"advertising"所取代便是对这一变化的最好阐释。2015 年修订的《广告法》放弃了对"商业广告"的直接定义,转而从《广告法》调整对象的角度间接地对"商业广告活动"进行了描述——"在中华人民共和国境内,商品经营者或者服务提供者通过一定媒介和形式直接或间接地介绍自己所推销的商品或者服务的商业广告活动,适用本法"。这不仅符合广告业的发展趋势,也顺应了监管执法实践的需要,毕竟法律是行为规范,关注的是动态的"商业广告活动"。《广告法》中"商业广告活动"的表述明确了其指称对象的两大属性:一是营销属性——推销商品及服务;二是媒介属性——一定的媒介和形式。从二者的关系看,媒介属性服务于营销属性。这是典型的"实质定义法",即"被定义项的内涵,是以对该概念指称的那类对象的构成性质的认识或规定为基本内容"。换言之,只要具备上述两种属性的活动即可定性为"商业广告活动"。

《互联网直播营销信息内容服务管理规定(征求意见稿)》中第二十二条规定:"互联网直播营销信息内容服务,是指通过互联网站、应用程序、小程序等,以视频直播、音频直播等形式向社会公众推销商品或服务的活动。"从该条款内容来看,网络直播营销具备两大属性:"向社会推销商品或服务"是其营销属性;"通过互联网站、应用程序、小程序等,以视频直播、音频直播等形式"是其媒介属性,而且媒介属性服务于营销属性,完全符合商业广告活动的属性构成,征求意见稿毫无疑义地明确了网络直播营销的"商业广告活动"性质。

二、直播营销的"商业广告活动"性质决定其全程适用《广告法》

在网络直播营销的《广告法》适用范围问题上,目前普遍的观点是:直播带货并不完全受《广告法》规制,应视其性质选择性地适用《广告法》。持这一观点是因为《关于加强网络直播营销活动监管的指导意见》中的表述——"直播内容构成商业广告"。然而关于什么样

的直播内容才构成商业广告,指导意见中并没有说明。从媒介归属来看,网络直播内容构成的商业广告可以视为互联网广告,《互联网广告管理办法》第十九条规定:"商品销售者或者服务提供者通过互联网直播方式推销商品或者服务,构成商业广告的,应当依法承担广告主的责任和义务"。根据《消费者权益保护法》第八条的规定:"消费者有权根据商品或者服务的不同情况,要求经营者提供商品的价格、产地、生产者、用途、性能、规格、等级、主要成分、生产日期、有效期限、检验合格证明、使用方法说明书、售后服务,或者服务的内容、规格、费用等有关情况。"消费者知情权所涵盖的信息是指商业必要信息,商业性展示广告即为上述商业必要信息之外的信息,也即意味着:直播带货全程介绍的信息仅限于上述信息则不构成商业广告,不适用《广告法》;直播带货内容不限上述信息,则上述之外的内容构成商业广告,有且只有这部分内容适用《广告法》。这样的结论看似合理,却有一个问题,如果将直播带货生成的内容进行非广告信息的"剥离","剥离"后的广告内容适用《广告法》,则《广告法》的适用对象不再是"商业广告活动"而是重回"商业广告",这明显与《广告法》的修订意图相背离,也给执法实践带来不便——从执法实践来说,判断直播内容是否构成商业广告,仍然需要执法人员通观直播全程,任何一场直播带货生成的内容都要围绕消费者知情权涵盖的信息范畴进行执法前的"内容剥离",这无疑增加了执法环节,却没有提升执法效率。《互联网直播营销信息内容服务管理规定(征求意见稿)》明确了直播带货的"商业广告活动"性质,这就意味着直播带货全程适用《广告法》,应将直播全程纳入监管范畴,毋须在监管过程中围绕直播内容性质进行商业必要信息的剥离。

三、《互联网直播营销信息内容服务管理规定(征求意见稿)》的主要内容

(一)网络直播活动中各方主体的界定

(1)直播营销平台,是指在互联网直播营销信息内容服务中提供直播服务的各类平台,包括互联网直播服务平台、互联网音视频服务平台、电子商务平台等。

(2)直播间运营者,是指在直播营销平台上注册账号或者通过自建网站等其他网络服务,开设直播间从事互联网直播营销信息内容服务的自然人、法人和非法人组织。

(3)直播营销人员,是指在互联网直播营销信息内容服务中直接向社会公众介绍、推销商品或服务的自然人。

(4)直播营销人员服务机构,是指为直播营销人员从事直播营销信息内容服务提供策划、运营、经纪、培训等的专门机构。

(二)直播营销平台的法律责任

(1)直播营销平台应当依法依规履行备案手续,开展安全评估,并向所在地地市级以上网信部门和公安机关提交安全评估报告。

(2)直播营销平台应当建立健全账号及直播营销业务注册注销、信息安全管理、营销行为规范、未成年人保护、用户权益保护、个人信息保护、信用评价、数据安全等机制。直播营销平台应当配备与服务规模相适应的直播内容管理专业人员,具备维护互联网直播内容安全的技术能力,技术方案应符合国家相关标准。

(3)直播营销平台应当依据相关法律法规和国家有关规定,制定并公开互联网直播营销信息内容服务管理规则、平台公约。直播营销平台应当与直播营销人员服务机构、直播

间运营者签订协议,要求其规范直播营销人员招募、培训、管理流程,明确直播营销信息内容生产、发布、审核责任。直播营销平台应当制定直播营销目录,设置法律法规规定的禁止生产销售、禁止网络交易、禁止商业推销宣传,以及不适宜以直播形式推广的商品和服务类别。

(4)直播营销平台应当对直播间运营者进行基于身份证号码、统一社会信用代码等真实身份信息认证。建立直播营销人员真实身份动态核验机制,在直播前核验所有直播营销人员身份信息,对于不符合相关规定的,不得为其提供直播服务。

(5)直播营销平台应当加强互联网直播营销信息内容服务管理,发现违法和不良信息,应当立即采取处置措施,保存有关记录,并向有关主管部门报告;应当防范和制止违法广告、价格欺诈等侵害用户权益的行为,以显著方式警示用户平台外私下交易等行为的风险;应当根据直播间运营者账号信用评价、关注和点击数量、营销金额及其他指标维度,建立分级管理制度,对重点直播间运营者采取安排专人实时巡查、延长直播内容保存时间等措施;直播营销平台应当建立健全风险识别模型,对高风险行为采取弹窗提示、违规警告、限制流量、阻断直播等措施。

(6)直播营销平台应当加强新技术新应用新功能上线和使用管理,对利用人工智能、数字视觉、虚拟现实等技术展示的虚拟形象从事互联网直播营销信息内容服务的,应当以显著方式予以标识,并确保信息内容安全。

(7)直播营销平台应当建立健全未成年人保护机制,注重保护未成年人身心健康。对不适宜未成年人参与的互联网直播营销信息内容服务,直播营销平台应当在信息展示前予以提示。

(8)直播营销平台应当建立直播间运营者账号信用评价管理制度,将用户评价和投诉举报、平台处理、监管部门通报等信息作为信用评价指标,根据信用情况确定服务范围及功能,并对直播间运营者账号信用情况进行公示;直播营销平台应当对违反法律法规和服务协议的直播间运营者账号,视情采取警示提醒、限制功能、暂停发布、注销账号、禁止重新注册等处置措施,保存记录并向有关主管部门报告;直播营销平台应当建立黑名单制度,将严重违法违规的直播营销人员及因违法犯罪或破坏公序良俗造成恶劣社会影响的人员列入黑名单。

(9)直播营销平台应当建立健全投诉、举报机制,明确处理流程和反馈期限,及时处理公众对于违法违规信息内容、营销行为投诉举报。用户通过直播间内链接、二维码等方式跳转到其他平台购买商品或者接受服务,发生争议时,相关直播营销平台应当积极协助用户维护合法权益,提供必要的证据等支持。

(10)直播营销平台应当记录、保存直播内容,保存时间不少于 60 日,并提供直播内容回看功能;直播内容中的商品和服务信息、交易信息,保存时间自交易完成之日起不少于 3 年。法律、行政法规另有规定的,依照其规定。

(三)有关直播间运营者和直播营销人员的规定

(1)直播营销人员或者直播间运营者为自然人的,应当年满 16 周岁;16 周岁以上的未成年人申请成为直播营销人员或者直播间运营者的,应当经监护人同意。

(2)直播间运营者和直播营销人员应当遵守法律法规和国家有关规定,遵循社会公序良俗,真实、准确、全面地发布商品或服务信息,不得有以下行为:违反《网络信息内容生态治理规定》第六条、第七条规定的;发布虚假信息,欺骗、误导用户;虚构或者篡改关注度、浏览量、点赞量、交易量等数据流量造假;知道或应当知道他人存在违法违规或高风险行为,仍为其推广、引流;侮辱、诽谤、骚扰、诋毁、谩骂及恐吓他人,侵害他人合法权益;可能引发未成年人模仿不安全行为和违反社会公德行为、诱导未成年人不良嗜好等;涉嫌传销、诈骗、赌博、贩卖违禁品及管制物品等;其他违反国家法律法规和有关规定的行为。

(3)直播营销人员不得在涉及国家安全、公共安全、影响他人及社会正常生产生活秩序的场所从事互联网直播营销信息内容服务。直播间运营者、直播营销人员应当加强直播间管理,在下列重点环节的设置应当符合法律法规和国家有关规定,不得含有违法和不良信息,不得以暗示等方式误导用户:直播间运营者账号名称、头像、简介,直播间标题、封面,直播间布景,直播营销人员着装、形象,其他易引起用户关注的重点环节。

(4)直播间运营者、直播营销人员应当依据平台服务协议做好语音和视频连线、评论、弹幕等互动内容的实时管理,但不得以删除、屏蔽相关不利评价等方式欺骗、误导用户。直播间运营者、直播营销人员与直播营销人员服务机构合作开展直播营销信息内容策划、生产等合作的,应当共同履行信息安全管理责任。

(5)直播间运营者、直播营销人员使用其他人肖像作为虚拟形象从事互联网直播营销信息内容服务的,应当征得肖像权人同意,不得利用信息技术手段伪造等方式侵害他人的肖像权。对自然人声音的保护,参照适用前述规定。

(四)网络直播营销活动的监督管理

各级网信部门会同有关主管部门建立健全信息共享、教育培训、联合检查执法等工作机制,协同开展互联网直播营销信息内容监督管理工作。各级网信部门要会同有关主管部门对平台履行主体责任情况开展监督检查,对存在问题的平台开展专项督查。直播营销平台对网信等部门依法实施的监督检查和调查,应当予以配合。

违反规定,给他人造成损害的,依法承担民事责任;构成犯罪的,依法追究刑事责任;尚不构成犯罪的,由网信等有关主管部门根据各自职责依照有关法律法规予以处理。

四、直播营销的"商业广告活动"性质挑战了广告行政审查制度

"商业广告活动"性质决定了直播带货全程适用《广告法》,也意味着适用各项广告活动制度规范。广告活动制度规范是广告监督管理机关实施广告法规管理的具体表现,在诸项广告制度规范中,广告行政审查因其防患于未然的制度设计尤其受到广泛关注。在我国,一些直接关涉消费者身体健康、生命安全、农业生产安全的特殊商品及服务广告由有关部门实施发布前的行政审查(医疗、药品、医疗器械、保健食品、特殊医学用途配方食品、农药、兽药和保健食品广告),未经审查不得发布。然而该项制度在网络直播营销的执行中遇到了前所未有的挑战,广告事前行政审查程序中的审查对象是与发布内容一致的广告样稿、样片或样带,而网络直播营销是现场直播式的商品或服务介绍、推广,形象地说是一种"流广告",无法预先确定其内容,这使得广告行政审查制度在遭遇"网络直播营销"时产生了尴尬——无法提供规范的审查对象(没有与发布内容一致的广告样稿、样片和样带)。如果采用事先编排再录播的方式,虽然可以实现事前行政审查,但是网络直播营销的"直播"性质已经荡然无存,变身为"电视购物短片广告"的网络版了。有论者提议将直播脚本作为审查对象,这也没有从根本上解决问题:首先直播脚本是文本形式,广告行政审查制度明确规定

审查对象必须与发布的广告形态一致,即影音广告提交广告样片,广播广告提交广告样带,平面广告提交广告样稿(文本形式),而直播营销是以视频或音频的方式开展,提交脚本显然不符合规定。其次,直播脚本呈现的是直播内容框架而非完整的直播内容,直播营销人员的直播进程固然围绕脚本展开,但具体内容会随直播间的互动而有相应增补,而广告行政审查规定审查通过的广告播出时不得剪辑、拼接和修改,否则需要重新申请。保留网络直播营销的"直播性质",则广告事前行政审查面临制度失效,执行广告事前行政审查则必然要去除网络直播营销的"直播性质",这一窘境在《互联网直播营销信息内容服务管理规定(征求意见稿)》中也未得到化解,征求意见稿虽然强调直播营销平台要防范和制止违法广告,但具体规定偏重"事中制止"和"事后究责",疏于"事前防范",对于侧重于事前防范的广告行政审查只字未提,征求意见稿中的这一漏洞亟须填补。

五、网络直播营销行为的行业自律规则

相对于网络直播营销如火如荼的发展实况,相关的法律规制还在建设中。为了更好地规范当前的直播营销行为,中国广告协会及时发布了《网络直播营销行为规范》和《网络直播营销选品规范》。

(一)《网络直播营销行为规范》的主要内容

1. 网络直播营销活动中发布的信息不得含有的信息

(1)反对《宪法》所确定的基本原则及违反国家法律、法规禁止性规定的。

(2)损害国家主权、统一和领土完整的。

(3)危害国家安全、泄露国家秘密及损害国家荣誉和利益的。

(4)含有民族、种族、宗教、性别歧视的。

(5)散布谣言等扰乱社会秩序、破坏社会稳定的。

(6)淫秽、色情、赌博、迷信、恐怖、暴力或者教唆犯罪的。

(7)侮辱、诽谤、恐吓、涉及他人隐私等侵害他人合法权益的。

(8)危害未成年人身心健康的。

(9)其他危害社会公德或者民族优秀文化传统的。

2. 网络直播营销主体要遵守的规定

(1)网络直播营销主体不得利用刷单、炒信等流量造假方式虚构或篡改交易数据和用户评价;不得进行虚假或者引人误解的商业宣传,欺骗、误导消费者。

(2)网络直播营销主体应当依法履行网络安全与个人信息保护等方面的义务,收集、使用用户个人信息时应当遵守法律、行政法规等相关规定。

(3)网络直播营销主体应当遵守法律和商业道德,公平参与市场竞争。不得违反法律规定,从事扰乱市场竞争秩序,损害其他经营者或者消费者合法权益的行为。

(4)网络直播营销主体应当建立健全知识产权保护机制,尊重和保护他人知识产权或涉及第三方的商业秘密及其他专有权利。

(5)网络直播营销主体之间应当依法或按照平台规则订立合同,明确各自的权利和义务。

(6)网络直播营销主体应当完善对未成年人的保护机制,注重对未成年人身心健康的保护。

3.商家(网络直播营销中销售商品或者提供服务的商业主体)要遵守的规定

(1)按照网络直播营销平台规则要求提供真实、合法、有效的商标注册证明、品牌特许经营证明、品牌销售授权证明等文件。

(2)商家发布的产品、服务信息,应当真实、科学、准确,不得进行虚假宣传,欺骗、误导消费者。涉及产品、服务标准的,应当与相关国家标准、行业团体标准相一致,保障消费者的知情权。

(3)商家应当依法保障消费者的合法权益,积极履行自身作出的承诺,依法提供退换货保障等售后服务。商家与主播之间约定的责任分担内容和方式等,应当遵守法律、法规规定,遵循平台规则。

4.主播(在网络直播营销活动中与用户直接互动交流的人员)要遵守的规定

(1)主播入驻网络直播营销平台,应提供真实有效的个人身份、联系方式等信息,信息若有变动,应及时更新并告知。主播不得违反法律、法规和国家有关规定,将其注册账号转让或出借给他人使用。

(2)主播入驻网络直播营销平台应当进行实名认证,前端呈现可以采用符合法律法规要求的昵称或者其他名称。主播设定直播账户名称、使用的主播头像与直播间封面图应符合法律和国家有关规定,不得含有违法及不良有害信息。

(3)主播不得在下列场所进行直播:涉及国家及公共安全的场所,影响社会正常生产、生活秩序的场所,影响他人正常生活的场所。

(4)主播在直播营销中应坚持社会主义核心价值观,遵守社会公德,不得含有以下言行:带动用户营造低俗氛围,引导场内低俗互动;带有性暗示、性挑逗、低俗趣味的;攻击、诋毁、侮辱、谩骂、骚扰他人的;在直播活动中吸烟或者变相宣传烟草制品(含电子烟)的;内容荒诞惊悚,以及易导致他人模仿的危险动作;其他违反社会主义核心价值观和社会公德的行为。

(5)主播发布的商品、服务内容与商品、服务链接应当保持一致,且实时有效。法律、法规规定需要明示的直接关系消费者生命安全的重要消费信息,应当对用户进行必要、清晰的消费提示。

(6)主播在直播活动中做出的承诺,应当遵守法律法规,遵循平台规则,符合其与商家的约定,保障消费者合法权益。主播应当遵守法律、法规,遵循平台规则,配合网络直播营销平台做好参与互动用户的言论规范管理。

(7)主播在网络直播营销活动中不得损害商家、网络直播营销平台合法利益,不得以任何形式导流用户私下交易,或者从事其他谋取非法利益的行为。

(8)主播向商家、网络直播营销平台等提供的营销数据应当真实,不得采取任何形式进行流量等数据造假,不得采取虚假购买和事后退货等方式骗取商家的佣金。

(9)主播以机构名义进行直播活动的,主播机构应当对与自己签约的个人主播的网络直播营销行为负责。

5.网络直播营销平台要遵守的规定

(1)网络直播营销平台经营者应当依法经营,履行消费者权益保护、知识产权保护、网络安全与个人信息保护等方面的义务。鼓励、支持网络直播营销平台经营者积极参与行业标准化、行业培训、行业发展质量评估等行业自律公共服务建设。

(2)网络直播营销平台经营者应当要求入驻本平台的市场主体提交其真实身份或资质证明等信息,登记并建立档案。对商家、主播告知的变更信息,应当及时予以审核、变更。

(3)网络直播营销平台经营者应当建立、健全和执行平台规则。

(4)网络直播营销平台经营者应当加强服务规范,努力提高服务水平,促进行业健康发展。

(5)电商平台类的网络直播营销平台经营者,应当加强对入驻本平台内的商家主体资质规范,督促商家依法公示《营业执照》、与其经营业务有关的行政许可等信息。

(6)内容平台类的网络直播营销平台经营者应当加强对入驻本平台的商家、主播交易行为的规范,防止主播采取链接跳转等方式,诱导用户进行线下交易。

(7)社交平台类的网络直播营销平台经营者应当规范内部交易秩序,禁止主播诱导用户绕过合法交易程序在社交群组进行线下交易。社交平台类的网络直播营销平台经营者,应当采取措施防范主播利用社交群组进行淫秽色情表演、传销、赌博、毒品交易等违法犯罪及违反网络内容生态治理规定的行为。

6. 网络直播营销主播服务机构^①要遵守的规定

(1)网络直播营销主播服务机构应当依法取得相应经营主体资质,按照平台规则与网络直播营销活动主体签订协议,明确各方权利和义务。

(2)主播服务机构与网络直播营销平台开展合作,应确保本机构及本机构签约主播向合作平台提交的主体资质材料、登录账号信息等真实、有效。主播服务机构应当建立健全内部管理规范,签约具备相应资质和能力的主播,并加强对签约主播的管理;开展对签约主播基本素质、现场应急能力的培训,提升签约主播的业务能力和规则意识;督导签约主播加强对法律、法规、规章和有关规定及标准规范等的学习。

(3)主播服务机构应当与网络直播营销平台积极合作,落实合作协议与平台规则,对签约主播的内容发布进行事前规范、事中审核、违规行为事后及时处置,共同营造风清气正的网络直播营销活动内容生态。

(4)主播服务机构应当规范经营,不得出现下列行为:获取不正当利益,如向签约主播进行不正当收费等;未恰当履行与签约主播签署的合作协议,或因显失公平、附加不当条件等与签约主播产生纠纷,未妥善解决,造成恶劣影响;违背承诺,不守信经营,如擅自退出已承诺参与的平台活动等;扰乱网络直播营销活动秩序,如数据造假或作弊等;侵犯他人权益,如不当使用他人权利、泄露他人信息、骗取他人财物、骚扰他人等;故意或者疏于管理,导致实际参与网络直播营销活动的主播与该机构提交的主播账户身份信息不符。

(二)《网络直播营销选品规范》的主要内容

1. 网络直播营销选品的基本原则

网络直播营销主播及其服务机构不得推销法律、行政法规禁止生产、销售的商品。其推销的商品应符合法律法规对商品质量和使用安全的要求,符合使用性能、宣称采用标准、允诺等,符合保障人身与财产安全的要求。

---

① 网络直播营销主播服务机构指培育主播并为其开展网络直播营销活动提供服务的专门机构,如MCN(multi-channel network,多频道网络)机构等。

2.网络直播营销主播及其服务机构选品时要履行的审查义务

(1)主播和机构应认真核对商品资质,属于市场准入审批的商品或者服务,需查验相应的市场准入类批准证书。

(2)商品中涉及商标、专利、认证等证书及代言人证明等用于确认产品实际情况的其他必要文件资料的,应认真进行核对。涉及他人名义形象的,网络直播营销主播及其服务机构需向权利方索要相关权利证明文件,必要时,予以公示。

(3)网络直播营销主播及其服务机构应检查核对直播选品样品的商品信息,包括但不限于:关于标签标识,涉及商品价格、商品名称、产地、生产者信息、性能、重要参数、规格、等级、生产日期、保质期等内容,需检查核对是否与商品资质资料的相关信息保持一致;关于商品包装,需检查核对商品在正常的流通过程中受环境条件的影响是否会破损、损坏,商品包装上的宣传语应避免违法违规或与产品标识、说明书相矛盾等;关于说明书,需检查核对宣传内容是否符合商品实际情况,与商品信息及资质资料中的相关信息保持一致。

(4)鼓励网络直播营销主播及其服务机构采取实地调研、审核商品原材料、考察商品生产流程等方式,加强对商品原产地的审核。

(5)鼓励网络直播营销主播及其服务机构在直播销售前随机选择直播商品样品送具有检测资质的第三方专业机构进行检测,以确保选品符合相关标准要求。对已经直播销售的商品,鼓励主播和机构自行委托第三方专业机构对商品进行抽检,检验商品质量是否合格。

3.网络直播营销主播及其服务机构要加强选品管控意识

(1)网络直播营销主播及其服务机构在与商家的合作中,如发现商家涉嫌违反平台规则的行为,应按照与商家的约定进行处理;如发现商家涉嫌违反有关法律法规的行为,应立即暂停与商家合作,并通报网络直播营销平台。

(2)网络直播营销主播及其服务机构、网络直播营销平台等应当依法配合有关部门监督检查,提供必要的资料和数据。

(3)网络直播营销主播及其服务机构制定网络直播营销选品制度,深化对产品的认知与了解,提升选品能力。

(4)网络直播营销服务机构应当提升签约主播的合规意识,督导签约主播加强对法律、法规、规章和有关规定及标准规范等的学习。

▶ **思 考 题**

1.我国当前对广播电视广告的播出有哪些具体的规定?

2.论述我国户外广告管理的对象和内容。

3.试述我国对电视购物广告的监管政策。

4.分析网络广告监管的困难。

5.互联网广告的发布者和经营者是谁?为什么?

6.程序化购买广告涉及的平台有哪几方?各自的职能是什么?

7.互联网直播营销内容服务是否具有商业广告活动性质?

第八章 广告违法行为的法律责任

第一节 广告违法行为法律责任概述

一、广告违法行为的含义和特征

（一）广告违法行为的含义

违法行为是指一切违反国家现行法律规定，危害法律所保护的社会关系的行为。

广告违法行为是指广告主、广告经营者、广告发布者，违反《广告法》《广告管理条例》《广告管理条例施行细则》等广告管理法律、法规，危害广告市场秩序的行为。

（二）广告违法行为的特征

广告违法行为具有以下的特征。

第一，广告违法行为是有社会危害性的行为，这是广告违法行为最本质的特征。例如媒体上发布虚假、违法的药品广告，使得消费者上当受骗花了钱买了药并吃了药，不仅没有像广告中所说的那样药到病除，反而加重病情，贻误了最佳治疗期而对身体产生了巨大的伤害。像这样发布虚假违法广告是典型的危害社会行为。

第二，广告违法行为是违反我国广告法律、法规和规章的行为。法律首先是一种概括、普遍、严谨的行为规范，它规范了广告活动主体的行为方式和活动内容，保障了广告活动过程中参与者的合法利益和法律责任，是判断广告违法行为的重要依据。

第三，广告违法行为是行为人主观上有过错的行为。

行为人主观上有过错有两种情况：故意和过失。故意过错是指广告活动主体有意识地进行广告违法行为，即明知自己的行为会产生危害社会的后果，并希望或放任这样的结果产生。过失也有两种情况：一种是广告活动主体不了解和没有意识到自己的行为的违法性，导致了广告违法行为的产生；第二种是指广告活动主体虽然预见到自己的行为可能会产生危害社会的结果，但轻信可以避免因此仍实施了违法行为，导致危害社会结果的产生。

二、广告违法行为的构成要件

广告违法行为的构成要件有 4 个。

（一）广告违法行为主体

广告违法行为主体是指那些实施了广告违法行为的公民、法人或者其他经济组织。广告违法行为主体一般是具有责任能力或行为能力的自然人或者依法成立的法人或者其他经济组织。

（二）广告违法行为客体

违法行为的客体是指广告活动主体实施违法行为所侵害的广告法律法规所保护的对象或者说社会关系。广告法律法规所调整和保护的社会关系主要有3种：国家广告行政管理秩序、民事法律关系和刑事法律关系。广告活动主体在广告活动中所侵犯的客体不同，构成了不同性质的违法行为，如行为人发布的广告违反了《广告法》中禁止的内容，是侵害了《广告法》所保护的广告行政管理秩序，从而构成了行政违法行为，要承担由此而产生的行政责任；如果行为人发布虚假广告给受害人造成了经济损失，是侵害了《民法典》所调整的民事法律关系，构成了民事侵权，应承担由此而产生的民事责任；如果违法行为的性质特别恶劣，后果特别严重，触犯了刑法，则相应地要承担刑事责任。

（三）行为人主观上有过错

判断行为人主观上是否有过错，可以从以下几个方面来认定：一是行为人应当掌握广告法律法规及相关法律法规的程度。不论是广告经营者还是广告发布者，在进行广告经营和广告宣传时，首先应当掌握广告管理法律法规及相关法律法规。如果知法犯法，或者应当掌握的法律法规没有熟悉或掌握，并由此导致广告违法行为的产生，则应当承担法律责任。二是从行为人应当掌握的专业知识、技能和智力水平判断。凡行为人凭借其应当具备的专业知识、技能和智力水平，足以保证其正确地进行广告宣传和广告经营活动，但却故意或者由于疏忽，而实施了广告违法行为，则应当承担法律责任；三是对广告经营者和广告发布者来说，还可以从其收取和查验的广告证明等义务的履行状况判断。凡是广告法律法规规定应当查验的广告证明文件，广告经营者和广告发布者没有查验，或者查验不全的，由此造成的广告违法行为，应当承担法律责任。

（四）广告违法行为违反相应的法律法规

广告违法行为在客观方面表现为违反广告法律、法规和规章的各种行为及行为造成的危害结果。比如说制作、发布了虚假违法广告，发布各类违禁广告，还有广告活动过程中的各类不正当竞争行为等。

三、广告违法行为的种类和表现形式

（一）广告违法行为的种类

广告违法行为按性质分，有行政违法、民事违法和刑事违法3种。行政违法是指广告违法行为主体违反了国家对广告活动的管理规定，侵害了受广告法律法规保护的行政关系但尚未构成犯罪的有过错的行政行为。广告的行政违法在广告违法行为中所占的比例很大。民事违法，是指广告活动中的债的不履行、不完全履行和不适当履行及侵权行为。广告的刑事违法是指广告违法行为已经触犯我国的《刑法》，要受到《刑法》制裁的行为。

（二）广告违法行为的表现形式

广告违法行为的具体表现形式很多，常见的有以下几种：发布虚假广告，欺骗、误导消费者;广告内容违反了广告法律法规所规定禁止的情形,如使用绝对化用语、使用国家机关工作人员的名义、含有法规中的相关规定内容等;广告中侵犯了他人的肖像权、著作权、名誉权等;广告中没有标注广告法律法规规定必须标注的内容;广告中伪造了专利的信息;在国家禁止的媒介和场所发布烟草广告;广告主提供虚假广告证明;发布了广告法律法规规定应当在发布前由审查机关审查批准而未经审查的广告;伪造、变造或转让广告审查决定文件;非法设置户外广告;广告主发布超越其经营范围的广告;广告审查机关对违法广告作出审查批准决定;广告监督管理机关和广告审查机关工作人员玩忽职守、滥用职权、徇私舞弊等。

四、共同广告违法行为和数种广告违法行为

(一)共同广告违法行为

1. 共同广告违法行为的概念

共同广告违法行为,是指两个或两个以上的广告主或广告经营者、广告发布者共同实施的广告违法行为。共同广告违法行为有两个特征:一是各个广告违法者在客观上都有共同的广告违法行为,各个违法者可能有不同的分工,但是都是围绕着同一违法目的来实施的,他们的行为总和是损害结果的原因。二是各个违法者在主观上都有过错,都知道各自的行为不是孤立地实施某一广告违法行为,而是同他人共同实施了违法活动。以上两个特征必须同时具备,才能构成共同广告违法行为。

2. 对共同广告违法行为的处罚

对共同广告违法行为中各个违法者的处罚,要视其过错程度和情节的轻重来决定。对主要广告违法行为者应从重处罚,对次要行为人比照主要违法者的处罚适当从轻;对情节特别恶劣的,也可以比照主要广告违法者从重处罚。总之,共同广告违法行为给他人造成损害的,各个违法者共同承担赔偿责任。

(二)数种广告违法行为

1. 数种广告违法行为的概念

数种广告违法行为是指单个违法者实施了两种以上的广告违法行为。数种广告违法行为分为同种类的数种广告违法行为和不同种类的数种广告违法行为:同种类的数种广告违法行为是指实施了两个以上的同一性质的广告违法行为,例如某广告经营者为甲客户设计制作了虚假广告后又为乙客户设计制作了虚假广告;不同种类的数种广告违法行为是指实施了两个以上不同性质的违法行为,例如某广告主发布了一则虚假广告后,又发布了贬低同类产品的违法广告。

2. 数种广告违法行为的处罚

对不同种类的数种广告违法行为的处罚,实行分别处罚、合并执行的原则。即对违法者实施的每一项违法行为逐项做出处罚,然后把每项处罚相加,一并执行。

对同种类的数种广告违法行为的处罚,分两种情况:凡造成违法广告发布的,适用分别处罚、合并执行的原则;未造成违法广告发布的,适用单一广告违法行为的从重情节处罚。

处罚数种广告违法行为时,应注意区分以下两种情况。

(1)持续广告违法行为的情况。

所谓持续广告违法行为是指广告违法行为在一定时间内处于持续的状态,虽然这一行为看上去像数种广告违法行为,但两者的区别是持续广告违法行为是为了实现同一违法目的。例如某广告主在一段时间内,多次发布同一虚假广告,这一行为就属于持续广告违法行为,应作为一个广告违法行为来处理。

(2)牵连广告违法行为。

所谓牵连广告违法行为是指为了一个违法目的,实施两个以上的违法行为,且违反了法律法规规定的不同条款。牵连广告违法行为从表现形式上看是数种违法行为,但其行为之间存在直接的牵连关系,对牵连广告违法行为进行处罚时,处罚直接的违法行为。例如某广告主为了发布虚假药品广告,采取了伪造证明的手段,意图使广告蒙混过关。该广告主为了实现发布违法广告获利的目的实施了两个违法行为,一是伪造了广告证明,二是发布了虚假广告,两个行为都是为着同一个目的,而且彼此之间有很强的牵连关系,对这一牵连广告违法行为进行处罚时,应直接处罚广告主发布虚假广告的违法行为,伪造广告证明的行为不单独另行处罚,但是这并不意味着对此种行为放纵不管,在处罚直接违法行为时,牵连违法行为属于决定处罚情节轻重的一个重要依据。

第二节　广告违法行为的行政责任

一、广告违法行为行政责任的概念

广告违法行为的行政责任,是指广告主或广告经营者、广告发布者在不履行广告法律法规规定的义务或实施广告法律法规所禁止的行为时,所应承担的后果。对违反广告法律法规的广告主、广告经营者或广告发布者,主要由市场监督管理机关依法追究其行政法律责任。

二、广告违法行为行政处罚的原则

行政处罚是指具有行政处罚权的行政主体为维护公共利益和社会秩序,保护公民、法人或其他组织的合法权益,依法对行政相对人违反行政法律法规而尚未构成犯罪的行为予以法律制裁的行政行为。

(一)行政处罚的法定原则

为了克服行政处罚的随意性,防止和纠正对行政处罚的滥用,在对广告违法行为的行政责任追究方面,首先应当遵守处罚的法定原则:处罚依据是法定的,实施处罚的主体是法定的,实施处罚的职权是法定的,处罚程序是法定的。《广告法》是我国调整广告经营者、广告发布者、广告主及消费者之间经济关系的广告基本法。近几年来在《广告法》的基础上,国家有关部门制定、出台了大量广告管理的法规和行政规章,此外在《广告法》出台以前就有已经施行的《广告管理条例》及其施行细则,我国已经基本上形成了广告管理的法律法规体系,为广告违法行为的行政处罚提供了比较完善的执法依据。

(二)三公原则

所谓三公原则,是指广告违法行为的行政处罚要遵守公开、公正、公平的原则:处罚公开原则是指市场监督管理机关的处罚依据及处罚中的有关内容必须公开;处罚公正原则要求执法机关不能违反公正的执法程序;处罚公平原则要求执法机关在行政处罚过程中必须依法裁判,公平地处罚违法行为人,做到不徇私枉法,既不能对同等行为给予不同处罚,也不能对不同行为给予相同处罚。

(三)结合教育原则

行政处罚是法律制裁的一种形式,但是又不仅仅是一种制裁,而兼有惩戒与教育的双重功能。处罚是手段不是目的,要通过处罚达到教育的目的。市场监督管理机关在行政处罚过程中要注意方式方法,坚持教育与处罚相结合的原则。对于一些初犯或者轻微行为可以采取不予处罚而代之以教育,2021年修订的《行政处罚法》第三十三条规定:"违法行为轻微并及时改正,没有造成危害后果的,不予行政处罚。初次违法且危害后果轻微并及时改正的,可以不予行政处罚。""对当事人的违法行为依法不予行政处罚的,行政机关应当对当事人进行教育。"随着新修订的《行政处罚法》的实施,各地市场监督管理机关也陆续发布了广告违法行为轻微不罚清单与首违不罚清单,将相关广告违法行为纳入不予行政处罚的范畴,如上海市《市场监管领域轻微违法行为免罚清单》、江苏省《市场监管领域轻微违法行为不予处罚清单》等。上海市的免罚清单中列举了3项免予行政处罚的情形,包括"酒类广告出现饮酒的动作,但广告仅在广告主自有经营场所发布,且属于首次被发现的""房地产广告以项目到达某一具体参照物的所需时间表示项目位置,但广告仅在广告主自有经营场所发布,且属于首次被发现的""广告经营者、广告发布者未按照国家有关规定建立、健全广告业务的承接登记、审核、档案管理制度,但违法行为被市场监管部门发现时当事人登记设立不满3个月,且属于首次被发现的"。江苏省的免罚清单中列举了12项免于行政处罚的情形,包括"法律、行政法规规定应当明示的广告内容,广告表达不显著、不清楚和不明白,同时具备以下条件:首次实施此类违法行为;责令限期整改后及时纠正;没有造成危害后果""广告引证内容合法有据,但未在广告中表明出处,同时具备以下条件:首次实施此类违法行为;及时纠正;没有造成危害后果""通过大众传媒发布的广告未显著标明'广告'字样,同时具备以下条件:通过大众传播媒介首次发布;能够使消费者辨明其为广告;及时纠正;没有造成危害后果"等。

(四)民事责任、刑事责任适用原则

民事责任、刑事责任适用原则是指不免除民事责任、不取代刑事责任的原则。行政相对方即广告违法行为责任人因违法受到行政处罚,其违法行为对他人造成损害的,应当依法承担民事责任。违法行为严重构成犯罪的,应当依法追究刑事责任。不得因已给予行政处罚而免于追究其民事责任或刑事责任。

(五)救济原则

所谓救济原则,是指广告监督管理机关给予违法行为行政处罚时,必须为其提供救济途径,即相对方对行政主体给予的行政处罚依法享有陈述权、申辩权;对行政处罚决定不服的,有权申请复议或者提起行政诉讼。相对方因违法行政处罚受到损害的,有权提出赔偿要求。在行政处罚中必须提供充分的救济,才能真正保障相对方的权利。

（六）处罚追究的时效原则

至广告违法行为终止之日算起，两年内未追究责任的不再处罚，法律另有规定的除外。

三、广告违法行为的行政处罚情节

（一）广告行政处罚情节的参照

广告违法行为的行政处罚情节，是指广告监督管理机关对广告违法行为人实施行政处罚时，作为决定处罚轻重或减免处罚所依据的各种具体情况。在具体的执法过程中，广告监督管理机关主要依据以下几个方面来参照实施处罚。

1. 广告违法程度

广告监督管理机关会根据广告违法行为的性质、违法的次数、违法行为涉及的金额等具体情况来判断其违法程度。

2. 社会危害性

广告监督管理机关会根据社会公众对违法广告的反映，对消费者或者违法行为人的竞争对手所造成的损害程度，对社会公共秩序、社会风俗的破坏程度来判断。

3. 主观恶意性

广告监督管理机关一般会根据具体的违法行为情节来判断违法行为人的主观恶意性。比如行为人反复、多次实施广告违法行为；行为人无视执法机关的警告仍继续实施违法行为；行为人态度恶劣，拒绝与执法机关配合，伪造证据等。

依据以上的因素，广告行政处罚分为从轻、从重、减轻或免予处罚4种情节。

（二）从重处罚的具体情况

从重处罚就是在对广告违法者进行行政处罚时在几种可能的处罚种类中内选择较重的处罚种类，或者在法律规定的幅度内选择较高的进行处罚。应当从重处罚的具体情形如下。

（1）广告内容涉及政治性问题，且政治立场不正确，损害国家尊严和利益的。

（2）广告内容虚假，损害消费者人身安全、财产安全或者导致消费者大量投诉的。

（3）利用广告贬低竞争对手，给对方造成严重损失的。

（4）发布国家法律、法规禁止发布的商品和服务的广告，例如法律规定精神类、麻醉类等药品禁止发布广告，如果某广告主和媒介发布了精神类、麻醉类的药品广告则应当对其违法行为从重处罚。

（5）违反广告发布的程序规定，且内容同时也是违法的，例如药品广告规定在发布前必须由药品企业所在地的省级药监部门进行广告内容的审查，获得广告审查证明文件后方可发布，如果某广告主既没有将药品广告送去审查，与此同时，广告内容还违反了药品广告的发布标准，则该行为应当从重处罚。

（6）多次因广告违法行为被广告监督管理机关处罚，仍继续从事广告违法行为的。

（三）从轻处罚、减轻处罚的具体情况

从轻处罚就是在对广告违法者进行行政处罚时在几种可能的处罚种类中选择较轻的处罚种类，或者在法律规定的幅度内选择较低的进行处罚；减轻处罚是指在法定的处罚种类以下和处罚幅度的最低限以下对广告违法者予以行政处罚；免予处罚是指广告违法行为轻微且及时纠正,没有造成任何危害后果的,对广告违法者给予批评教育,免除对其处罚。属于从轻处罚、减轻处罚的情形如下。

(1)单纯的广告违禁行为。例如广告中使用了如"最好""最佳"等绝对化的用语,但是其陈述确实有一定的依据的。

(2)单纯的未标注应当在广告中标注内容的违法行为。例如法律法规规定要在药品广告中标注广告批准文号、忠告语等内容,虽然广告主已经取得广告批准文号,但并未按照要求标注在广告中;广告中涉及有专利的内容,但是并没有标注专利种类和专利号,实际上广告主已经取得了相关的专利等。

(3)单纯的程序违法行为。例如未经广告审查机关事前审查擅自发布了药品、医疗、保健品等广告,经指出后及时补办手续的。

四、广告行政处罚的种类和方法

(一)广告行政处罚的种类

根据《行政处罚法》和《广告法》的规定,对广告违法行为的行政处罚方式主要有以下几种类型。

1. 警告

警告是指广告监督管理机关对广告违法行为人的谴责和告诫,对广告违法行为人来说,警告的作用在于形成一种心理压力和不利的社会舆论环境,使其在今后的广告活动过程中能够规范行事。

2. 责令停止发布

责令停止发布是指广告监督管理机关责令广告主、广告经营者、广告发布者停止发布有违法内容的广告,以便进一步地检查和纠正违法行为。

3. 责令公开更正

责令公开更正是指广告监督管理机关责令广告主、广告经营者和广告发布者对其已发布的广告以等额的费用在相应的范围内公开更正、予以纠正或改正。责令公开更正的目的在于消除违法广告对消费者和社会造成的不良影响。

2021年1月,上海市黄浦区市场监督管理局接到投诉举报反映某(上海)商贸有限公司的网店旗舰店有使用绝对化用语和格式条款的行为。接到投诉举报后,黄浦区市场监督管理局执法人员对当事人旗舰店相关网页进行数据留证,发现当事人的旗舰店首页宣传内容有"×××被誉为'最佳越野夹克'""涉及已损坏或已经使用过的商品,若因质量问题退货,如有必要须经权威质检部门或者CANADA ×××质量部门鉴定,CANADA ×××保留最终判定权"等文字内容。当事人的上述行为,涉嫌违反了《消费者权益保护法》第二十六条第二款及《广告法》第九条第三款的规定,构成了经营者排除消费者权利和广告使用"国家级""最高级""最佳"等用语的行为。依据《市场监督管理行政处罚程序暂行规定》第十七条第一款的规定,为进一步查清此案,黄浦区市场监督管理局于2021年1月19日对当事人立案调查。当事人于旗舰店发布的内容中声称,其所销售的产品所用的羽绒混合材料是"均含有××羽绒,这是优良且最保暖的加拿大羽绒",与实际情况不符,同时会对消费者的购买行为产生实质性影响,构成虚假广告行为。黄浦区市场监督管理局对其处以罚款45万元,责令其公开更正并停止发布。该商家接到处罚决定后,并不能简单地对原有广告进行修改,而是必须以同等的费用在相应的范围告示之前违法广告的事实。

有关责令公开更正要注意三点:一是公开更正必须以"等额的广告费用"来进行,这是指广告主已发布的违法广告的费用是多少,其公开更正发布广告的费用也应是多少,这样规定是为了避免广告主在发布更正广告时偷工减料。二是公开更正应在"相应的范围"进行。这是指违法广告在什么范围内发布的,更正广告也应在同样的范围发布,这样才能在违法广告发布的范围内有针对性地消除影响。另外,值得注意的是,对违法烟草广告的处罚不适用责令公开更正,主要是考虑到如果责令公开更正,实际上又给了烟草企业一次发布广告的机会。

4. 责令改正

责令改正是指对广告内容进行改正,违法的内容要删除,比如不当的言辞、绝对化的用语应当删除。另外法律规定要标注的内容要添加等。

5. 罚款

罚款是指广告监督管理机关责令广告违法行为人向国家缴纳一定数额的货币。罚款的目的是制裁广告违法行为人,告诫其以后不再重犯。罚款是适用最广泛的处罚形式,主要适用于以牟取非法经济利益为目的的行政违法行为,或者适用于通过剥夺违法者财产来补偿因违法行为造成的经济损失。罚款与罚金有本质的不同,罚金是人民法院判处犯罪人或犯罪单位向国家缴纳一定数额金钱的刑罚处罚方式。两者的性质、裁决机关、适用对象、金钱数额和申诉程序均不同。

6. 没收广告费用

没收广告费用是指广告监督管理机关对广告经营者、广告发布者从事广告违法活动所获得的广告费依法予以没收。广告费用是广告经营者、广告发布者从事广告活动所耗费的费用,包括广告设计、制作、发布等方面的费用。《广告法》规定,广告主、广告经营者、广告发布者之间在广告活动中应当依法订立书面合同;广告经营者、广告发布者应当公布其收费标准和收费办法;建立、健全广告业务的承接登记、审核、档案管理制度。这一系列广告活动规范为广告费用的确定奠定了基础。

在一般情况下,按照广告活动主体提供的书面合同和相关广告费用发票,广告费用的计算并不复杂,但是在执法实践中"广告费用无法计算或者明显偏低"经常出现,少数行为人抱着侥幸心理,弄虚作假,不配合调查,导致广告费用无法计算或明显偏低,例如广告经营者和广告发布者不提供广告业务登记台账、合同、发票及广告收费标准,虚构费用。根据《广告法》规定,遇到广告费用无法计算或者明显偏低的情况下,对违法主体处相应数额的罚款。在实际执法过程中,考验执法人员的是如何判定广告费用无法计算或广告费用明显偏低。判定广告费用无法计算,关键在于取得相关事实依据,可以从两方面着手:其一,收集广告费用无法计算的证据。行为人往往提供的书证物证较少,因此要注重现场笔录和调查笔录等文书中有关广告活动的痕迹及其产生的费用。其二,收集广告费用可以计算的证据。需要注意对旁证的提取和收集,可以从当地同行业、物价部门或其他相关部门收集证据,如果行为人不认可旁证出具的广告费计算结果而自身又无法提供计算依据或计算依据材料不实,则可以认定为广告费用无法计算。还有一种特殊情况,在互联网广告领域,有一种广告费用无法计算的现象——广告主在自有媒介上发布广告,因为不存在广告费用,也适用"广告费无法计算"。

判定广告费用明显偏低,需要执法人员根据日常工作经验和相关司法实践,以行为发生地的一般经营者的标准及物价部门的指导价或市场交易价作为参考,执法时要注意两个方面:①对照分析对象必须是以相同或类似广告为基础;②在判定广告费明显偏低情况时允许合理性偏差和正当让利。此外还应结合违法广告造成的危害来判断广告费用是否明显偏低。在传统媒介广告背景下,广告传播效应与广告费用成正比,黄金时段、重要版面因其传播效应更优故而收费更高,但互联网广告在大数据应用技术的助力下,精准投放日益普遍,程序化购买广告已经成为当前互联网广告的重要运作模式,有时一则违法广告费用并不高,但产生的社会危害可能很严重,例如造成重大人身伤害,或损害社会公共利益等。如果仅仅按照实际产生的广告费用,处以一倍到三倍或三倍到五倍比例的罚款,这样的处罚相对于实际危害及社会公众对公平的期待仍显过轻,这种情况下应认定为广告费用"明显偏低"。

7.没收违法所得

没收违法所得是指广告监督管理机关依法没收广告违法行为人因广告违法活动而取得的违法收入。广告监督管理机关认定行为人违法所得的基本原则是:以广告行为人违法从事广告经营活动所获得的全部收入扣除行为人直接用于经营活动的适当的合理支出,为违法所得。

根据相关规定:①违法设计制作广告的行为人的违法所得为其设计制作广告的全部收入扣除设计制作广告直接成本费用。②违法提供广告代理服务的行为人的违法所得为其提供广告代理服务的全部收入扣除该项服务中的成本支出。③在违法所得认定时,对当事人在行政机关作出行政处罚前依据法律、法规和省级以上人民政府的规定已经支出的税费,应予扣除。

8.停止广告业务

停止广告业务是指广告监督管理机关对违反广告法律法规情节严重的广告经营者、广告发布者停止或暂停其广告业务,暂扣或吊销《营业执照》。值得一提的是,广告监督管理机关不能片面地理解为县级以上的市场监督管理部门。

如果行为人为广播电台、电视台、广播电视台,可由省级以上广播影视行政部门采取暂停违规频道(率)的商业广告播出7~30日的处罚。2014年1月,国家新闻出版广电总局通报称,决定自2014年1月9日零时起至16日零时,暂停四川卫视所有商业广告播出7天;自1月9日零时起至24日零时,暂停新疆生产建设兵团卫视所有商业广告播出15天。对此,北京外国语大学国际新闻与传播系教授展江表示质疑,发表微博:"新闻出版广电总局有权处罚违法违规广告吗?"称《广告法》规定,广告监督管理机关是县以上工商行政管理部门(改组后职能并入市场监督管理部门),因此他认为新闻出版广电总局无权处罚四川卫视和新疆生产建设兵团卫视超时播购物广告的问题。《广告法》第六条规定:"县级以上地方市场监督管理部门主管本行政区域的广告监督管理工作,县级以上地方人民政府有关部门在各自的职责范围内负责广告管理相关工作。"广告活动涉及各行各业,广告管理涉及方方面面,除了涉及市场监督管理部门外,也涉及其他有关主管部门。为完善和明确广告监督管理体制,《广告法》修订时在总则部分增加规定,明确有关部门在各自的职责范围内负责广告管理相关工作。因此,广播影视行政部门在其职责范围内对广播电台、电视台进行管理并没有违反《广告法》。根据《广播电视播出机构宣传违规处理办法》规定,对于违规情节严重、未按广播影视行政部门要求整改或整改后再次出现同类问题的播出机构,广播影视行政部门可依据规定视情况作出暂停播出、停止播出的处理或暂停广告播出的处罚。

五、各类广告违法行为的行政责任

(一)发布虚假广告的行政责任

1.虚假广告的特点

虚假广告就是对商品或者服务作虚假宣传的广告。它的虚假性主要表现以下方面。

(1)夸大失实。

一般是经营者对自己生产、销售的产品的质量制作成分、性能、用途、生产者、有效期限、产地来源等情况,或对所提供的劳务、技术服务的质量规模、技术标准、价格等资料进行夸大、无中生有的与事实情况不符的宣传。

(2)语言模糊,令人误解。

此类广告内容也许是真的或者大部分是真实的,但是经营者措辞的技巧明示或者暗示、省略或含糊,使得消费者对真实情况产生误解,并影响其购买决策和其他经济行为。

(3)不公正。

即通过诽谤、诋毁竞争对手的产品来宣传自己产品的广告,此类广告不但违反了《广告法》,而且还违反了《反不正当竞争法》。

(4)消息虚假。

即所宣传的商品或者服务根本不存在,如在广告中对未达到国家质量标准的商品谎称达到国家质量标准、在广告中对未获奖或未达到某种获奖级别的商品谎称获奖或夸大获奖级别、在广告中对未获政府颁发的优质产品证书的商品广告谎称获得优质产品证、在广告中对使用劣质原材制成的商品谎称使用优质原材料制成的商品、在广告中对未申请专利或未获得专利证书的商品谎称取得专利申请或专利证书等。

发布虚假广告,欺骗、误导消费者,损害消费者合法权益,影响广告业健康发展,损害社会经济秩序,是严重的广告违法行为,应当依法严格追究相关主体的行政责任。

2.发布虚假广告行政责任的构成

《广告法》第四条规定:"广告主应当对广告内容的真实性负责。"在广告实践中,虚假广告的素材一般是由广告主提供的,虚假广告的内容基本上也是由广告主决定的,广告主是虚假广告的源头,因此发布虚假广告的行政责任首先应当由广告主承担。同时广告经营者、广告发布者明知或应知广告虚假仍设计、制作、代理、发布的,也要承担相应的行政责任。此处的"明知"当作"明知故犯"理解,属于一种故意;"应知"则是一种过失,即由于疏忽或其他原因而实际未知的心理状态。广告经营者、广告发布者明知或者应知广告虚假仍进行设计、制作、代理、发布,主观上存在过错,客观上为虚假广告最终得以发布提供了便利、创造了条件,因此也应当承担相应的行政责任。

3.广告主、广告经营者、广告发布者的具体责任

根据《广告法》五十五条规定,发布虚假广告的,首先由市场监督管理部门责令停止发布广告,并责令广告主在相应范围内消除影响,如以同一媒介、同一方式再发布更正性的广告或者声明,以消除虚假广告造成的不良影响。同时,由市场监督管理部门对广告主,以及明知或者应知广告虚假的广告经营者、广告发布者,进行处罚:①对广告主,处广告费用3倍以上5倍以下的罚款,广告费用无法计算或者明显偏低的,处20万元以上100万元以下

的罚款;2 年内有 3 次以上违法行为或者有其他严重情节的,处广告费用 5 倍以上 10 倍以下的罚款,广告费用无法计算或者明显偏低的,处 100 万元以上 200 万元以下的罚款,可以吊销营业执照,并由广告审查机关撤销广告审查批准文件(广告中的商品或服务属于事前行政审查范畴的)、1 年内不受理其广告审查申请。如果广告主是医疗机构,发布虚假广告情节严重的,除由市场监督管理部门依照《广告法》处罚外,卫生行政部门可以吊销诊疗科目或者吊销《医疗机构执业许可证》。②对广告经营者、广告发布者,由市场监督管理部门没收广告费用,并处广告费用 3 倍以上 5 倍以下的罚款,广告费用无法计算或者明显偏低的,处 20 万元以上 100 万元以下的罚款;2 年内有 3 次以上违法行为或者有其他严重情节的,处广告费用 5 倍以上 10 倍以下的罚款,广告费用无法计算或者明显偏低的,处 100 万元以上 200 万元以下的罚款,并可以由有关部门暂停广告发布业务、吊销《营业执照》。

(二)发布违禁广告的行政责任

1.违禁广告的定义

所谓违禁广告在此处特指违反《广告法》第九条的 11 项禁止性内容规定的广告。《广告法》第九条的 11 项禁止性规定是:①使用或者变相使用中华人民共和国的国旗、国歌、国徽,军旗、军歌、军徽;②使用或者变相使用国家机关、国家机关工作人员的名义或者形象;③使用"国家级""最高级""最佳"等用语;④损害国家的尊严或者利益,泄露国家秘密;⑤妨碍社会安定,损害社会公共利益;⑥危害人身、财产安全,泄露个人隐私;⑦妨碍社会公共秩序或者违背社会良好风尚;⑧含有淫秽、色情、赌博、迷信、恐怖、暴力的内容;⑨含有民族、种族、宗教、性别歧视的内容;⑩妨碍环境、自然资源或者文化遗产保护;⑪法律、行政法规规定禁止的其他情形。

2.发布违禁广告的行政责任

凡是违反上述规定的,应根据《广告法》第五十七条予以相应的行政处罚。《广告法》第五十七条规定发布含有第九条禁止情形内容的广告由市场监督管理部门责令停止发布广告,对广告主处 20 万元以上 100 万元以下的罚款,情节严重的,并可以吊销《营业执照》,由广告审查机关撤销广告审查批准文件、1 年内不受理其广告审查申请;对广告经营者、广告发布者,由市场监督管理部门没收广告费用,处 20 万元以上 100 万元以下的罚款,情节严重的,并可以吊销《营业执照》。

当然,并非所有的违禁广告行为都要予以行政处罚。如前文所述,2021 年新修订的《行政处罚法》规定,违法行为轻微并及时改正,没有造成危害后果的,不予行政处罚。初次违法且危害后果轻微并及时改正的,也可以不予以行政处罚。对于以上两种违法行为的当事人,执法机关主要采取教育的手段来使其改正行为。"首违轻微免罚"是广告执法人员在执法实践中要把握的重要方面,违禁广告行为中也不乏相应的情形。例如,2022 年 8 月 19日景德镇市市场监督管理局接到群众举报,反映景德镇某房产信息有限公司销售经理占某在个人微信视频号发布关于某小区推广广告含有"顶级学校、尊享顶级人生、顶级配套、顶级视野、顶级山水"内容,该局执法人员进行调查取证,该公司销售经理占某对视频号截图签字确认属实。当事人上述行为违反了《广告法》第九条第三项关于禁止在广告中使用绝对化用语的规定,依照《广告法》第五十七条的规定可对当事人处以 20 万~100 万元的处罚。鉴于当事人初次被发现此类违法行为,在自有经营场所或自有新媒体上发布,危害后果轻微,且已经自行改正,符合"首违轻微免罚"条件,最终景德镇市市场监督管理局对当事人做出了不予处罚的决定。

（三）非法代言的行政责任

广告代言人利用自身的专业性、权威性、影响力等因素对广告中的商品和服务进行推荐、证明，往往能够引起消费者对广告商品或者服务的关注和购买，是一种有效的宣传手段。正是因为广告代言人在影响消费行为方面的重要影响，《广告法》明确规定了广告代言人的法律责任。

根据《广告法》第六十一条规定，广告代言人的非法代言有以下几种情况。

（1）在医疗、药品、医疗器械、保健食品等禁止代言的广告中作推荐、证明。

（2）为其未使用过的商品作推荐、证明。

（3）明知或者应知广告虚假仍然在广告中对商品或服务作推荐和证明。

广告代言人有以上违法行为的除了依照《广告法》第五十六条规定承担民事责任外，还要承担相应的行政责任：由市场监督管理机关没收违法所得，并处违法所得 1 倍以上 2 倍以下的罚款。

此外，《广告法》的第三十八条规定，不得利用 10 周岁以下未成年人，以及在虚假广告中作推荐、证明受到行政处罚未满 3 年的自然人、法人和其他组织作为广告代言人。违反以上规定，市场监督管理部门责令其停止发布，责令广告主在相应范围内消除影响，处广告费用 1 倍以上 3 倍以下的罚款，广告费用明显偏低或者无法计算的处 10 万元以上 20 万元以下的罚款；情节严重的处广告费用 3 倍以上 5 倍以下的罚款，广告费用无法计算或者明显偏低的处 20 万元以上 100 万元以下的罚款，可以吊销《营业执照》。

（四）发布新闻广告的行政责任

新闻广告是指新闻单位以新闻采访、新闻报道的名义经营广告业务或发布广告，并收取广告费的行为。新闻单位利用新闻报道形式发布广告，使消费者分辨不出广告与新闻的区别，产生误解，不仅损害了消费者利益，也降低了新闻单位的信誉。同时，新闻单位工作人员利用职权，到处进行有偿新闻的行为，扰乱了正常的广告秩序。

针对新闻广告，《广告法》六十七条规定："广播电台、电视台、报刊音像出版单位发布违法广告，或者以新闻报道形式变相发布广告，或者以介绍健康、养生知识等形式变相发布医疗、药品、医疗器械、保健食品广告，市场监督管理部门依照本法给予处罚的，应当通报新闻出版、广播电视主管部门以及其他有关部门。新闻出版、广播电视主管部门以及其他有关部门应当依法对负有责任的主管人员和直接责任人员给予处分；情节严重的，并可以暂停媒体的广告发布业务。"对于广播电台、电视台、报刊音像出版单位以新闻报道形式变相发布广告的，或者以介绍健康、养生知识等形式变相发布医疗、药品、医疗器械、保健食品广告的，首先市场监督管理部门依据相关规定追究广告发布者的行政责任，并且在此基础上，新闻出版、广电部门的上级主管部门应对行为人作出如下处理：对负有责任的主管人员和直接责任人员给予处分；情节严重的，并可以暂停媒体的广告发布业务。为了使部门之间的监管工作相衔接，本条规定：市场监督管理部门对相关广播电台、电视台、报刊音像出版单位给予处罚的，要通报国家广播电视总局、国家新闻出版署及其他有关部门。

（五）未依法进行广告业务管理的行政责任

《广告法》第三十四条规定："广告经营者、广告发布者应当按照国家有关规定，建立、健全广告业务的承接登记、审核、档案管理制度。"广告经营者、广告发布者建立、健全广告业务的承接、审核、档案管理制度,有利于分清广告活动主体的责任、减少广告活动过程中的民事纠纷,同时也便于广告监督管理机关对其进行管理。广告经营者、广告发布者未按照要求建立、健全广告业务承接、审核、档案管理制度的,按照《广告法》第六十条规定,由市场监督管理部门责令其改正,并可以处 5 万元以下的罚款。

(六)"第三方平台"未依法制止违法广告的行政责任

根据《广告法》第四十五条规定:"公共场所的管理者或者电信业务经营者、互联网信息服务提供者对其明知或者应知的利用其场所或者信息传输、发布平台发送、发布违法广告的,应当予以制止。"在现实生活中有不少利用他人的场所或者信息传输平台发送、发布的广告,其中不乏违法广告,例如在超市、车站、商场、公园等公共场所发布广告,利用电信传输平台发送广告短信,在各大门户网站、论坛、应用软件上发送广告等。在以上的广告活动中,公共场所的管理者、电信业务经营者、互联网信息服务提供者本身不是广告发布者,也不是广告信息接收者,只是为他人提供了一个广告信息传播的场所或平台,可以理解为"第三方平台"。为了最大程度保障消费者利益,减少违法广告的出现频率,第三方平台也要履行相应的法律义务。《广告法》第四十五条就规定了"第三方平台"制止违法广告的法律义务。

在广告活动实践中,如果上述的"第三方平台"没有履行制止违法广告的法定义务,即对有关违法广告活动未及时采取措施予以制止,比如公共场所的管理者对利用其场所发布违法广告的行为未及时进行劝阻,电信业务经营者或者互联网信息服务提供者未及时采取删除、屏蔽、断开广告链接等技术措施等,就构成了违法行为。根据《广告法》第六十三条,公共场所的管理者和电信业务经营者、互联网信息服务提供者,明知或者应知广告活动违法不予制止的,由市场监督管理部门没收违法所得,违法所得 5 万元以上的,并处违法所得 1 倍以上 3 倍以下的罚款,违法所得不足 5 万元的,并处 1 万元以上 5 万元以下的罚款;情节严重的,由有关部门依法停止相关业务。

(七)广告证明违法的行政责任

广告法律法规中有关广告证明的规定主要有 3 种情况:一是广告主申请发布广告必须出具相关的证明文件;二是广告经营者在发布广告前,必须查验有关证明文件;三是行政主管部门必须如实出具广告证明文件。广告证明违反规定的也有 3 种情况。

1. 代理、发布无合法证明或证明不全的广告

很多违法广告之所以能够见诸各大媒体,和广告经营者、广告发布者没有认真履行查验广告证明文件有关。针对这一类只顾追求经济利益而无视法律规定的义务,将消费者的利益置若罔闻的广告经营者,《广告法》第六十条进行了相应的处罚规定。根据规定,广告经营者、广告发布者未按照国家有关规定对广告内容进行核对的,由市场监督管理部门责令改正,可以处 5 万元以下的罚款。

2. 伪造、变造或者转让广告审查决定文件

《广告法》第四十六条对医疗、药品、医疗器械、农药、兽药和保健食品广告,以及法律、行政法规规定应当进行审查的其他广告的发布前审查作了规定。对医疗、药品等部分特殊商品或者服务的广告,在发布前由广告审查机关进行审查,将违法广告杜绝在发布前。伪

造、变造或者转让广告审查批准文件,将使广告发布前审查机制虚置,对消费者权益也会造成损害。伪造广告审查文件是指,不法广告主为了发布虚假广告,伪造了广告审查决定文件;变造或者转让广告审查文件,是对合法的广告审查文件或者失效的广告审查决定文件的内容进行篡改,以实现发布虚假广告的目的;转让广告审查决定文件,是对广告审查决定文件的非法让渡行为。对以上的广告违法行为,《广告法》第六十五条进行了处罚规定:伪造、变造或者转让广告审查批准文件的,由市场监督管理部门没收违法所得,并处1万元以上10万元以下的罚款。

3.出具或提供虚假广告证明

为广告主出具或提供虚假广告证明是指合法的或非法的认证机构为广告主出具内容虚假的证明。针对非法的认证机构为广告主出具非法或虚假证明的广告违法行为,县级以上市场监督管理机关根据相关法规依法取缔,处10万元以上50万元以下的罚款,有违法所得的,没收违法所得。针对合法认证机构出具虚假认证结论,或者认证结论严重失实的,撤销批准文件,并予公布;对直接负责的主管人员和负有直接责任的认证人员,撤销其执业资格。

(八)广告活动中进行不正当竞争的行政责任

《广告法》第三十一条规定:"广告主、广告经营者、广告发布者不得在广告活动中进行任何形式的不正当竞争。"根据《反不正当竞争法》第二条规定,不正当竞争是指从事商品生产、经营或者提供服务的自然人、法人和非法人组织在生产经营活动中,违反规定,扰乱市场竞争秩序,损害其他经营者或者消费者的合法权益的行为。该法的第二章详细列举了各种不正当竞争行为,其中包括以广告或者其他方法,对商品的质量、制作成分、性能、用途、生产者、有效期限、产地等作引人误解的虚假宣传。虚假广告扰乱了社会秩序,严重损害了广大消费者和其他竞争者的利益,是广告领域典型的不正当竞争行为。

广告活动中以虚假广告对商品质量、制作成分、性能、用途、生产者、有效期限、产地等作引人误解的虚假宣传的这种不正当竞争方式,其所承担的行政责任,根据《反不正当竞争法》第二十条的规定,属于发布虚假广告,依照《广告法》中发布虚假广告的违法行为进行相应处罚。

除了利用虚假广告进行虚假宣传的不正当竞争之外,广告活动中还存在两种较为常见的不正当竞争行为。

(1)广告主利用广告招标的方式窃取广告公司的创意。创意属于广告公司的商业机密,针对窃取创意的不正当竞争行为,由市场监督管理部门责令停止违法行为,没收违法所得,处10万元以上100万元以下的罚款;情节严重的,处50万元以上500万元以下的罚款。

(2)广告中编造、传播虚假信息或者误导性信息,损害竞争对手的商业信誉、商品信誉。对于损害竞争对手商业信誉、商品声誉的不正当竞争行为,由市场监督管理部门责令停止违法行为、消除影响,处10万元以上50万元以下的罚款;情节严重的,处50万元以上300万元以下的罚款。

(九)拒绝、阻挠市场监督管理机关监督检查的行政责任

《广告法》第五十一条明确规定:"市场监督管理部门依照本法规定行使职权,当事人应

当协助、配合,不得拒绝、阻挠。"市场监督管理部门依法行使职权受法律保护,当事人应当予以协助、配合,不得以任何理由拒绝,甚至以暴力、威胁或者其他手段阻挠市场监督管理机关依法行使职权,具体包括:配合市场监督管理部门检查有关场所,接受询问调查,按期提交有关证明文件,配合市场监督管理部门查阅、复制与涉嫌违法广告有关的合同、票据、账簿、广告作品和其他相关资料。当事人违反本法规定,拒绝、阻挠市场监督管理部门监督检查的,应当根据具体情形追究其责任:如果当事人未使用暴力、威胁方法,且未造成严重后果,依法构成违反治安管理行为的,由公安机关给予警告或者 200 元以下的罚款;情节严重的,处 5 日以上 10 日以下拘留,可以并处 500 元以下罚款。如果当事人使用了暴力、威胁方法,或者虽未使用暴力、威胁方法但造成了严重后果,构成犯罪的,则要承担相应的刑事责任。

(十)发送垃圾广告的行政责任

《广告法》第四十三条规定:"任何单位或者个人未经当事人同意或者请求,不得向其住宅、交通工具等发送广告,也不得以电子信息方式向其发送广告。以电子信息方式发送广告的,应当明示发送者的真实身份和联系方式,并向接收者提供拒绝继续接收的方式。"本条是关于规范垃圾广告的规定。

1. 垃圾广告的定义

垃圾广告有两种情形,一种是指未经公民的同意或者请求向自然人的住宅、交通工具等发送的广告,或者以电子信息方式发送的广告,使当事人在接收、查看、删除这些广告时耗费大量时间和精力,侵扰了当事人的私人生活空间的安宁,侵害了他人私生活不受侵扰的权利。还有一种情形是指在经当事人同意或请求的情况下,以电子信息发送的广告中未明示发送者的真实身份、联系方式及拒绝接收的方式。

很多国家和地区都通过立法制定了保护消费者不受无关商业信息侵扰的措施,我国的《消费者权益保护法》中也规定了经营者未经消费者同意或者请求,或者消费者明确拒绝的,不得向其发送商业信息。同时,2012 年 12 月,第十一届全国人民代表大会常务委员会第三十次会议通过了《全国人民代表大会常务委员会关于加强网络信息保护的决定》,其中第七条规定:"任何组织和个人未经电子信息接收者同意或者请求,或者电子信息接收者明确表示拒绝的,不得向其固定电话、移动电话或者个人电子邮箱发送商业性电子信息。"《广告法》第四十三条呼应了上述法律规定的内容,明确了任何单位和个人未经当事人同意不得向其住宅、交通工具等发送广告。

2. 发送垃圾广告的具体情形

(1)未经当事人书面或者口头同意或者请求,向其住宅、交通工具等发送广告,或者通过固定电话、移动电话、消费者的电子邮箱等电子信息方式向其发送广告。

(2)在经当事人同意或者请求以电子信息方式发送的广告中,未明示发送者的名称等真实身份,以及有效邮寄地址等联系方式。

(3)在经当事人同意或者请求以电子信息方式发送的广告中,未向接收者提供拒绝继续接收的方式,不能使接收者很容易地免费取消订阅。

3. 发送垃圾广告面临的行政责任

根据《广告法》第六十二条的规定,针对发送垃圾广告的违法行为,由有关部门责令停止违法行为,对广告主处 5000 元以上 3 万元以下的罚款。

(十一)互联网广告违法行为的行政责任

1.未标明关闭标志、确保一键关闭的违法行为

《广告法》第四十四条第二款规定,利用互联网发布广告,不得影响用户正常使用网络。以弹出等形式发布的广告,应当显著标明关闭标志,确保一键关闭。违反以上规定,根据《广告法》第六十二条规定,由市场监督管理部门责令改正,对广告主处以5000元以上3万元以下的罚款。

2.欺骗、误导用户点击、浏览广告的违法行为

《互联网广告管理办法》第二十七条规定,欺骗、误导用户点击、浏览广告的,法律、行政法规有规定的,依照其规定;法律、行政法规没有规定的,由县级以上市场监督管理部门责令改正,对广告主、广告经营者、广告发布者处5000元以上3万元以下的罚款。

3.广告主未按规定建立广告档案,或者未对广告内容进行核对的违法行为

《互联网广告管理办法》第二十八条规定,广告主未按规定建立广告档案,或者未对广告内容进行核对的,由县级以上市场监督管理部门责令改正,可以处5万元以下的罚款。

4.广告经营者、广告发布者拒不配合市场监督管理部门开展的互联网广告行业调查,或者提供虚假资料的违法行为

《互联网广告管理办法》第二十八条规定,广告经营者、广告发布者拒不配合市场监督管理部门开展的互联网广告行业调查,或者提供虚假资料的,由县级以上市场监督管理部门责令改正,可以处1万元以上3万元以下的罚款。

(十二)特殊商品、服务广告违法的行政法律责任

1.药品广告、医疗器械广告、医疗广告

《广告法》和相应的法律法规对药品广告、医疗器械广告、医疗广告的发布内容和发布形式做了明确具体的规定。

违反相关规定发布处方药广告、药品类易制毒化学品、戒毒治疗的医疗器械和治疗方法广告的,由市场监督管理部门对广告主处20万元以上100万元以下的罚款,情节严重的,并可以吊销《营业执照》,由广告审查机关撤销广告审查批准文件、1年内不受理其广告审查申请;对广告经营者、广告发布者,由市场监督管理部门没收广告费用,处20万元以上100万元以下的罚款,情节严重的,并可以吊销《营业执照》。

在药品广告、医疗器械广告和医疗广告中出现表示功效、安全性的断言或者保证、说明治愈率或者有效率、与其他药品、医疗器械的功效和安全性或者其他医疗机构比较、利用广告代言人作推荐、证明或法律、行政法规规定禁止的其他内容的情况,由市场监督管理部门责令停止发布广告,责令广告主在相应范围内消除影响,处广告费用1倍以上3倍以下的罚款,广告费用无法计算或者明显偏低的,处10万元以上20万元以下的罚款;情节严重的,处广告费用3倍以上5倍以下的罚款,广告费用无法计算或者明显偏低的,处20万元以上100万元以下的罚款,可以吊销《营业执照》,并由广告审查机关撤销广告审查批准文件、1年内不受理其广告审查申请。

广播电台、电视台、报刊音像出版单位、互联网信息服务提供者以介绍健康、养生知识等形式变相发布医疗、药品、医疗器械广告的,由市场监督管理部门责令改正,对广告发布者处10万元以下的罚款,并且通报新闻出版、广播电视主管部门及其他有关部门。新闻出

版、广播电视主管部门及其他有关部门应当依法对负有责任的主管人员和直接责任人员给予处分;情节严重的,并可以暂停媒体的广告发布业务。

在针对未成年人的大众传播媒介上发布医疗、药品、医疗器械广告的,由市场监督管理部门责令停止发布广告,对广告主处20万元以上100万元以下的罚款,情节严重的,并可以吊销《营业执照》,由广告审查机关撤销广告审查批准文件、1年内不受理其广告审查申请;对广告经营者、广告发布者,由市场监督管理部门没收广告费用,处20万元以上100万元以下的罚款,情节严重的,并可以吊销《营业执照》。

2. 酒类广告

《广告法》第五十八条对违法酒类广告的行政处罚进行了规定。

在针对未成年人的大众传播媒介上发布酒类广告的违法行为,由市场监督管理部门责令停止发布广告,对广告主处20万元以上100万元以下的罚款,情节严重的,并可以吊销《营业执照》,由广告审查机关撤销广告审查批准文件、1年内不受理其广告审查申请;对广告经营者、广告发布者,由市场监督管理部门没收广告费用,处20万元以上100万元以下的罚款,情节严重的,并可以吊销《营业执照》。

针对在酒类广告中含有诱导、怂恿饮酒或者宣传无节制饮酒,出现饮酒动作,表现驾驶车、船、飞机等活动,或者明示或暗示饮酒能消除紧张和焦虑等内容的违法行为,由市场监督管理部门责令停止发布广告,责令广告主在相应范围内消除影响,处广告费用1倍以上3倍以下的罚款,广告费用无法计算或者明显偏低的,处10万元以上20万元以下的罚款;情节严重的,处广告费用3倍以上5倍以下的罚款,广告费用无法计算或者明显偏低的,处20万元以上100万元以下的罚款,可以吊销《营业执照》,并由广告审查机关撤销广告审查批准文件、1年内不受理其广告审查申请。

3. 烟草广告

《广告法》第五十七条对违法发布烟草广告进行了规定。

在大众传播媒介、公共场所、公共交通工具、户外发布烟草广告,向未成年人发送任何形式的烟草广告,利用其他商品或服务的广告、公益广告宣传烟草制品名称、商标、包装、装潢及类似内容,或者在烟草制品生产者或者销售者发布的迁址、更名、招聘等启事中含有烟草制品名称、商标、包装、装潢及类似内容等违法行为,由市场监督管理部门责令停止发布广告,对广告主处20万元以上100万元以下的罚款,情节严重的,并可以吊销《营业执照》,由广告审查机关撤销广告审查批准文件、1年内不受理其广告审查申请;对广告经营者、广告发布者,由市场监督管理部门没收广告费用,处20万元以上100万元以下的罚款,情节严重的,并可以吊销《营业执照》。

4. 医疗广告

除了《广告法》外,有关医疗广告的发布标准及相应的处罚,《医疗广告管理办法》中也有明确的规定。

在针对未成年人的大众传播媒介上发布医疗广告的违法行为,由市场监督管理部门责令停止发布广告,对广告主处20万元以上100万元以下的罚款,情节严重的,并可以吊销《营业执照》,由广告审查机关撤销广告审查批准文件、1年内不受理其广告审查申请;对广告经营者、广告发布者,由市场监督管理部门没收广告费用,处20万元以上100万元以下的罚款,情节严重的,并可以吊销《营业执照》。

在医疗广告中出现标识功效、安全性断言、治愈率或有效率、代言人、与其他医疗机构比较等《广告法》第十六条规定的禁止性内容的违法行为,由市场监督管理部门责令停止发布广告,责令广告主在相应范围内消除影响,处广告费用1倍以上3倍以下的罚款,广告费用无法计算或者明显偏低的,处10万元以上20万元以下的罚款;情节严重的,处广告费用3倍以上5倍以下的罚款,广告费用无法计算或者明显偏低的,处20万元以上100万元以下的罚款,可以吊销《营业执照》,并由广告审查机关撤销广告审查批准文件、1年内不受理其广告审查申请。情节严重的,除由市场监督管理部门的处罚外,卫生行政部门可以吊销诊疗科目或者吊销《医疗机构执业许可证》。

以介绍健康、养生知识等形式变相发布医疗广告的违法行为由市场监督管理部门责令改正,对广告发布者处10万元以下的罚款。

医疗机构篡改《医疗广告审查证明》内容发布医疗广告的违法行为,省级卫生行政部门、中医药管理部门应当撤销《医疗广告审查证明》,并在1年内不受理该医疗机构的广告审查申请。省级卫生行政部门、中医药管理部门撤销《医疗广告审查证明》后,应当自作出行政处理决定之日起5个工作日内通知同级市场监督管理部门,市场监督管理部门应当依法予以查处。

5.房地产广告

房地产广告中含有升值或者投资回报的承诺,以项目到达某一具体参照物的所需时间表示项目位置,违反国家有关价格管理的规定,对规划或者建设中的交通、商业、文化教育设施及其他市政条件作误导宣传等《广告法》第二十六条规定的禁止性内容的违法行为,由市场监督管理部门责令停止发布广告,责令广告主在相应范围内消除影响,处广告费用1倍以上3倍以下的罚款,广告费用无法计算或者明显偏低的,处10万元以上20万元以下的罚款;情节严重的,处广告费用3倍以上5倍以下的罚款,广告费用无法计算或者明显偏低的,处20万元以上100万元以下的罚款,可以吊销《营业执照》,并由广告审查机关撤销广告审查批准文件、1年内不受理其广告审查申请。

根据《房地产广告发布规定》,违反本规定发布房地产广告依照《广告法》有关条款处罚,《广告法》无具体处罚条款的,对负有责任的广告主、广告经营者、广告发布者,处以违法所得3倍以下但不超过3万元的罚款;没有违法所得的,处以1万元以下的罚款。

六、广告行政处罚的管辖和适用

根据《行政处罚法》,对广告违法行为的行政处罚由违法行为发生地的县级以上地方人民政府具有行政处罚权的行政机关管辖。法律、行政法规另有规定的除外。对管辖发生争议的,报请共同的上一级行政机关指定管辖。

行政机关实施行政处罚时,应当责令当事人改正或者限期改正违法行为。对当事人的同一个违法行为,不得给予两次以上罚款的行政处罚。不满14周岁的人有违法行为的,不予行政处罚,责令监护人加以管教;已满14周岁不满18周岁的人有违法行为的,从轻或者减轻行政处罚。精神病人在不能辨认或者不能控制自己行为时有违法行为的,不予行政处罚,但应当责令其监护人严加看管和治疗。间歇性精神病人在精神正常时有违法行为的,应当给予行政处罚。当事人有下列情形之一的,应当依法从轻或者减轻行政处罚:主动消除或者减轻违法行为危害后果的,受他人胁迫有违法行为的,配合行政机关查处违法行为有立功表现的,其他依法从轻或者减轻行政处罚的。违法行为轻微并及时纠正,没有造成危害后果的,不予行政处罚。

违法行为构成犯罪的,行政机关必须将案件移送司法机关,依法追究刑事责任。违法行为构成犯罪,人民法院判处拘役或者有期徒刑时,行政机关已经给予当事人行政拘留的,应当依法折抵相应刑期。违法行为构成犯罪,人民法院判处罚金时,行政机关已经给予当事人罚款的,应当折抵相应罚金。

违法行为在两年内未被发现的(从违法行为发生之日起计算),不再给予行政处罚。法律另有规定的除外。违法行为有连续或者继续状态的,从行为终了之日起计算。

第三节 广告违法行为的民事责任

一、广告违法行为民事责任的概念

广告违法行为的民事责任,是指在广告活动中广告主、广告经营者、广告发布者因进行广告违法活动,欺骗、误导消费者,使购买商品和接受服务的消费者的合法权益受到损害,或者在广告活动中产生了侵权行为和债的不履行,应当承担的法律责任。

二、广告违法行为民事责任的形式

依据《民法典》第一百七十九条规定,广告违法行为民事责任形式主要有:停止侵害,排除妨碍,消除危险,返还财产,恢复原状,修理、重作、更换,继续履行,赔偿损失,支付违约金,消除影响、恢复名誉,赔礼道歉。以上民事责任形式可以单独适用,也可以合并适用。

赔偿损失是广告活动中最常见的一种民事责任形式。确定广告违法行为损害赔偿的范围时应遵循以下几项原则。

首先,财产损失全部赔偿原则。民事责任主要是财产责任,其目的在于对造成权利损害的一方给予经济上的补偿。财产损失包括财产的直接减少和失去的可得利益。可得利益是指按照合理预见原则,当事人已经预见或应当预见到的必然能够得到的预期收益。

其次,对人身赔偿,赔偿由此引起的财产损失原则。根据《民法典》的规定,人身损害包括对人的生命健康权、姓名权、肖像权、名誉权、荣誉权等的损害。人身损害有时单纯表现为精神损害,有时则在精神损害的同时伴随财产损失,这时就应当赔偿由此造成的全部损失,即除了停止损害、消除影响外还应赔偿相应的损失,包括医疗费、住院费、误工费、护理费、营养费等。具体费用的赔偿标准,2003 年最高人民法院审判委员会第 1299 次会议通过的《最高人民法院关于审理人身损害赔偿案件适用法律若干问题的解释》中有具体的规定。

最后,对精神损害,实行财产责任和非财产责任并用的原则。财产责任是指以一定财产为内容的责任,例如返还原物、支付违约金等。非财产责任是指不具有财产内容的责任,例如消除影响、恢复名誉、赔礼道歉等。

对精神损害,主要是承担非财产责任,同时根据受害人的请求,还可以使违法行为人承担赔偿损失的财产责任。根据 2020 年修订的《最高人民法院关于确定民事侵权精神损害赔偿责任若干问题的解释》中的规定,精神损害的赔偿数额根据以下因素确定:①侵权人的过错程度,但是法律另有规定的除外;②侵权行为的目的、方式、场合等具体情节;③侵权行为所造成的后果;④侵权人的获利情况;⑤侵权人承担责任的经济能力;⑥受理诉讼法院所在地的平均生活水平。法律、行政法规对残疾赔偿金、死亡赔偿金等有明确规定的,适用法律、行政法规的规定。

三、广告违法行为民事责任的法律规定

《民法典》《著作权法》《消费者权益保护法》等对广告民事违法行为人的民事责任作了详细的规定。除此之外,《广告法》中针对广告活动中常见的民事违法行为也作了相应的民事责任规定。

《广告法》第五十六条规定,违反本法规定,发布虚假广告,欺骗、误导消费者,使购买商品或者接受服务的消费者的合法权益受到损害的,由广告主依法承担民事责任。广告经营者、广告发布者不能提供广告主的真实名称、地址和有效联系方式的,消费者可以要求广告经营者、广告发布者先行赔偿。

《广告法》第六十八条规定,广告主、广告经营者、广告发布者违反本法规定,有下列侵权行为之一的,依法承担民事责任:在广告中损害未成年人或者残疾人的身心健康的,假冒他人专利的,贬低其他生产经营者的商品或者服务的,在广告中未经同意使用他人名义、形象的,其他侵犯他人合法民事权益的。

四、各类广告违法行为的民事责任

(一)虚假广告的民事责任

《广告法》第五十六条规定了发布虚假广告的应承担的民事责任。发布虚假广告欺骗、误导消费者,除了承担相应的行政责任和刑事责任外,如果使购买商品或者接受服务的消费者的合法权益受到损害,广告主、广告经营者、广告发布者、广告代言人还要承担相应的民事责任。

1. 发布虚假广告的民事责任主要应由广告主承担

《广告法》第四条明确了“广告主要对广告内容真实性负责”。广告主不仅是虚假广告的源头,也是虚假广告推销使消费者合法权益受到损害的商品或者服务的生产者和提供者,根据《消费者权益保护法》《中华人民共和国侵权责任法》(以下简称《侵权责任法》)规定,商品经营者发布虚假广告损害消费者权益时,广告主应当承担相应的民事责任。

按照《广告法》第五十六条规定,广告经营者、广告发布者不能提供广告主的真实名称、地址和有效联系方式的,消费者可以要求广告经营者、广告发布者先行赔付。无法提供真实姓名、有效联系方式和地址,消费者就无法从广告主那里获得赔偿。在这种情况下,从保护消费者利益、方便其获得赔偿的角度出发,规定消费者可以要求广告经营者和广告发布者先行赔偿。广告经营者和广告发布者在承担民事责任后,可以向广告主追偿。这项规定也可促使广告经营者和广告发布者基于自身利益考量严格把关客户。

2. 广告经营者、广告发布者、广告代言人承担连带责任

《广告法》第五十六条规定,虚假广告造成消费者损害的,广告经营者、广告发布者和广

告代言人依法承担连带责任。

(1)关系消费者生命健康的商品或者服务的虚假广告,造成消费者损害的,其广告经营者、广告发布者、广告代言人应当与广告主承担连带责任。

(2)前项规定以外的商品或者服务的虚假广告,造成消费者损害的,其广告经营者、广告发布者、广告代言人,明知或者应知广告虚假仍设计、制作、代理、发布或者作推荐、证明的,应当与广告主承担连带责任。

《侵权责任法》第十三条规定:"法律规定承担连带责任的,被侵权人有权请求部分或者全部连带责任人承担责任。"第十四条规定:"连带责任人根据各自责任大小确定相应的赔偿数额;难以确定责任大小的,平均承担赔偿责任。支付超出自己赔偿数额的连带责任人,有权向其他连带责任人追偿。"根据上述法规规定,广告经营者、广告发布者、广告代言人依法承担连带责任时,消费者有权请求广告主、广告经营者、广告发布者、广告代言人中的任何部分或者全部连带责任人赔偿其损失。对消费者作出赔偿超出了自己依法应承担的赔偿数额的连带责任人,有权向其他连带责任人追偿。

(二)侵害他人财产所有权

侵害他人财产权是广告活动中一种常见的侵权行为。在广告活动中,广告主、广告经营者和广告发布者利用广告对商品和服务所做的虚假宣传,欺骗和误导消费者,使消费者购买商品或接受服务,从而导致消费者的合法财产遭受损失。广告主、广告经营者和广告发布者应依法对消费者的损失进行赔偿。

(三)侵犯他人肖像权

2022年初,杭州某公司在未经著名艺人王某授权的情况下,在其天猫店铺经营页面中使用王某肖像及姓名作为广告物,为其所售产品进行商业宣传。被侵权方认为,此举严重侵犯了王某的肖像权和姓名权,王某为维护自身合法权益,向北京互联网法院提起诉讼。法院一审判决被告杭州某公司立即停止使用原告王某肖像图片及姓名;并在涉案天猫店铺中连续48小时登载声明,向原告王某赔礼道歉;赔偿原告王某经济损失20000元和取证费50元。除了真人肖像,真人演绎角色的表情包滥用也在侵权之列。著名演员葛优曾在电视剧《我爱我家》中扮演纪春生,该角色在剧中有一个经典的"葛优躺"形象,后来经过网友二创成了网络热门表情包。2016年,"葛优躺"表情包在网络上走红。近几年,葛优以侵犯肖像权为由将相关企业和账号起诉到法院。据《南方周末》报道,截至2023年3月22日,与之相关的民事案件判决文书共600份,涉及544起案件,案由均是葛优起诉企业使用"葛优躺"照片侵犯其肖像权。544起案件中,葛优胜诉率达99.6%,仅有两起案件除外。一件因一审因取证程序瑕疵未判定企业侵权,另有一件仅判企业道歉无须赔偿。542家企业在赔礼道歉的同时,赔偿葛优经济损失、合理维权成本等共计759.4392万元。根据《民法典》规定,肖像权是民事主体人格权的重要组成部分,任何组织或者个人不得以丑化、污损,或者利用信息技术手段伪造等方式侵害他人的肖像权。未经肖像权人同意,不得制作、使用、公开肖像权人的肖像。《广告法》第六十八条也明确规定,在广告中未经同意使用他人名义或者形象构成侵权,依法承担民事责任。广告主或者广告经营者在广告中使用他人名义或者形象的,应当事先取得其书面同意,使用无民事行为能力人、限制民事行为能力人的名义或者形象的,应当事先取得其监护人的书面同意。

（四）侵犯他人著作权

中国公民、法人或者其他组织的作品，不论是否发表都依法享有著作权。在广告作品中对受到《著作权法》保护的公民或法人的广告创意、文案、声音、画面等进行模仿、抄袭、引用，即可视为是对他人的著作权的侵犯。根据《著作权法》的规定，著作权包括下列人身权和财产权：①发表权，即决定作品是否公之于众的权利；②署名权，即表明作者身份，在作品上署名的权利；③修改权，即修改或者授权他人修改作品的权利；④保护作品完整权，即保护作品不受歪曲、篡改的权利；⑤复制权，即以印刷、复印、拓印、录音、录像、翻录、翻拍、数字化等方式将作品制作一份或者多份的权利；⑥发行权，即以出售或者赠与方式向公众提供作品的原件或者复制件的权利；⑦出租权，即有偿许可他人临时使用视听作品、计算机软件的原件或者复制件的权利，计算机软件不是出租的主要标的的除外；⑧展览权，即公开陈列美术作品、摄影作品的原件或者复制件的权利；⑨表演权，即公开表演作品，以及用各种手段公开播送作品的表演的权利；⑩放映权，即通过放映机、幻灯机等技术设备公开再现美术、摄影、视听作品等的权利；⑪广播权，即以有线或者无线方式公开传播或者转播作品，以及通过扩音器或者其他传送符号、声音、图像的类似工具向公众传播广播的作品的权利，但不包括本款第十二项规定的权利；⑫信息网络传播权，即以有线或者无线方式向公众提供，使公众可以在其选定的时间和地点获得作品的权利；⑬摄制权，即以摄制视听作品的方法将作品固定在载体上的权利；⑭改编权，即改变作品，创作出具有独创性的新作品的权利；⑮翻译权，即将作品从一种语言文字转换成另一种语言文字的权利；⑯汇编权，即将作品或者作品的片段通过选择或者编排，汇集成新作品的权利；⑰应当由著作权人享有的其他权利。"根据《著作权法》的规定，有对前述各类著作权有侵权行为的，如未经著作权人许可在广告作品中使用其所创作的音乐作品、美术作品或摄影作品等，又如未经著作权人许可修改他人创作的各类广告作品用于其他产品的宣传，再如使用他人作品应当支付报酬而未支付的等，应当根据情况，承担停止侵害、消除影响、赔礼道歉、赔偿损失等民事责任。

在有关著作权侵犯赔偿的问题上，法律也有明确的规定，侵犯著作权或者与著作权有关的权利的，侵权人应当按照权利人的实际损失给予赔偿；实际损失难以计算的，可以按照侵权人的违法所得给予赔偿。赔偿数额还应当包括权利人为制止侵权行为所支付的合理开支。权利人的实际损失或者侵权人的违法所得不能确定的，由人民法院根据侵权行为的情节，判决给予 500 元以上 500 万元以下的赔偿。

在广告实践中，有一种侵权行为并不在《著作权法》的保护范围内，这就是广告创意剽窃。2022 年，奥迪汽车"小满广告"被指抄袭之后，宝马汽车的一则广告也被网友指出涉嫌抄袭，与此同时，本田汽车一款汽车的广告也被指盗用了他人的创意，大品牌剽窃创意接二连三发生，折射出广告创意保护的困难。《著作权法》第三条规定了该法的保护范围包括：文字作品，口述作品，音乐、戏剧、曲艺、舞蹈、杂技艺术作品，美术、建筑作品，摄影作品，视听作品，工程设计图、产品设计图、地图、示意图等图形作品和模型作品，计算机软件，符合作品特征的其他智力成果。而作为广告作品灵魂和基础的广告创意显然不属于符合作品特征的其他智力成果，正是由于我国对于创意的法律保护仍然存在真空地带，导致广告、建筑、时尚设计等领域的抄袭、剽窃屡禁不止，从而严重阻碍了创意产业的发展。

（五）侵犯他人名誉权

北京某整形医院以某知名女演员名义在网页上做整容广告，北京东城区法院判决该医院赔偿女演员名誉侵权精神损害抚慰金 10 万元。该医院在未经原告本人同意的情况下，在其网站登载"×××整容'暑期特别奉献'及'你想变成×××吗?'"等内容，并转载了一篇有关该女演员做过整容手术的文章，还在网页中擅自使用了原告照片。法院经审理认定，被告此种行为会使浏览网页的部分公众对女演员是否进行过整容等问题产生误导，足以让部分观众认为原告谋取了经济利益为其代言，对原告的公众人物形象产生负面影响，使其社会评价降低，已构成对原告的名誉侵权。名誉是社会对自然人的人品、道德、功绩，对组织的信誉、产品等的综合评价，关系到自然人和法人、非法人组织的社会地位和尊严。名誉权，是指自然人或法人、非法人组织的名誉不受非法侵害的权利，属于人身权中的人格权。《民法典》第一百一十条明确规定，自然人、法人和非法人组织享有名誉权，任何组织或者个人不得以侮辱、诽谤等方式侵害他人的名誉权。广告活动中发生了侵犯他人名誉权的行为，依据《民法典》相关条款规定，受害人有权要求侵害人承担包括停止侵害、恢复名誉、消除影响、赔礼道歉及赔偿损失在内的民事责任。

（六）广告活动中损害未成年人或者残疾人身心健康的民事责任

未满 18 周岁的未成年人大多属于无民事行为能力或者限制民事行为能力人，其对自身的行为不能完全辨识或者判断。残疾人是指在心理、生理、人体结构上，某些组织、功能丧失或者不正常，全部或部分丧失以正常方式从事某种活动的人。未成年人和残疾人是社会中的特殊群体，其身心很容易受到伤害。对于损害未成年人和残疾人身心健康的，除市场监督管理机关依法对广告主、广告经营者、广告发布者进行行政处罚以外，广告主、广告经营者和广告发布者还应当对其损害未成年人、残疾人身心健康的侵权行为承担民事责任：停止侵害、消除影响、赔礼道歉、赔偿损失。

（七）广告活动中违反合同的民事责任

因不可抗力不能履行合同或者造成他人损害的，不承担民事责任，法律另有规定的除外。违反广告合同的民事责任主要有以下几种。

1. 赔偿责任

当事人一方不履行合同义务或者履行合同义务不符合约定条件的，另一方有权要求履行或者采取补救措施，并有权要求赔偿损失。至于赔偿的数额范围，《民法典》第五百八十四条规定："损失赔偿额应当相当于因违约所造成的损失，包括合同履行后可以获得的利益；但是，不得超过违约一方订立合同时预见到或者应当预见到的因违反合同可能造成的损失。"当事人可以在合同中约定，对于违反合同而产生的损失赔偿额的计算方法。

2. 支付违约金

支付违约金是违反广告合同责任中最常见的责任形式。《民法典》第五百八十五条也对此有明确的规定："当事人可以约定一方违约时应当根据违约情况向对方支付一定数额的违约金，也可以约定因违约产生的损失赔偿额的计算方法。约定的违约金低于造成的损失的，人民法院或者仲裁机构可以根据当事人的请求予以增加；约定的违约金过分高于造成的损失的，人民法院或者仲裁机构可以根据当事人的请求予以适当减少。"

3. 继续履行

所谓继续履行是指广告合同的当事人不论是否已经支付了违约金或赔偿金，都必须依据对方的要求，在能够履行合同的前提下，对原广告合同中未履行的部分继续履行。继续履行责任是法律规定对违反合同的行为人的一种强制形式,只要权利人有继续履行的要求,并且又有继续履行的可能,就必须继续履行。

第四节 广告违法行为的刑事责任

一、广告违法行为刑事责任的概念

广告违法行为的刑事责任是指违法主体所实施的行为不仅违反了广告管理法规,而且构成了犯罪,依照《刑法》的规定所应当承担的法律责任。

二、《广告法》中有关广告违法行为刑事责任的规定

《广告法》对广告活动中的犯罪行为及处罚作了原则性的规定。具体体现在以下3条条文中。

《广告法》第五十五条规定,违反本法规定,发布虚假广告的,由市场监督管理部门责令停止发布广告,责令广告主在相应范围内消除影响,处广告费用3倍以上5倍以下的罚款。构成犯罪的,依法追究刑事责任。

《广告法》第七十条规定,违反本法规定,拒绝、阻挠市场监督管理部门监督检查,或者有其他构成违反治安管理行为的,依法给予治安管理处罚。构成犯罪的,依法追究刑事责任。

《广告法》第七十二条规定,广告监督管理机关和广告审查机关的工作人员玩忽职守、滥用职权、徇私舞弊的,给予行政处分。构成犯罪的,依法追究刑事责任。

三、常见的广告违法行为的刑事责任

1. 虚假广告罪

《刑法》第二百二十二条关于虚假广告罪作如下规定:"广告主、广告经营者、广告发布者违反国家规定,利用广告对商品或者服务作虚假宣传,情节严重的,处二年以下有期徒刑或者拘役,并处或者单处罚金。"虚假广告罪是指广告主、广告经营者、广告发布者违反国家规定,利用广告对商品作虚假宣传,情节严重的行为。根据最高人民检察院和公安部2022年4月6日印发的《最高人民检察院公安部关于公安机关管辖的刑事案件立案追诉标准的规定(二)》对广告主、广告经营者、广告发布者违反国家规定,利用广告对商品或者服务作虚假宣传,涉嫌下列情形之一的,应予追诉。

(1)违法所得数额在10万元以上的。

(2)假借预防、控制突发事件、传染病防治的名义,利用广告作虚假宣传,致使多人上当受骗,违法所得数额在3万元以上的。

(3)利用广告对食品、药品作虚假宣传,违法所得数额在3万元以上的。

(4)虽未达到上述数额标准,但两年内因利用广告作虚假宣传受过两次以上行政处罚,又利用广告作虚假宣传的。

（5）造成严重危害后果或者恶劣社会影响的。

（6）其他情节严重的情形。

根据《刑法》第二百二十二条规定，犯虚假广告罪的行为人将处两年以下有期徒刑或者拘役，并处或者单处罚金。

2.假冒专利罪

根据2004年12月22日《最高人民法院、最高人民检察院关于办理侵犯知识产权刑事案件具体应用法律若干问题的解释》第十条规定实施下列行为之一的属于"假冒他人专利"的行为：①未经许可，在其制造或者销售的产品、产品的包装上标注他人专利号的；②未经许可，在广告或者其他宣传材料中使用他人的专利号，使人将所涉及的技术误认为是他人专利技术的；③未经许可，在合同中使用他人的专利号，使人将合同涉及的技术误认为是他人专利技术的；④伪造或者变造他人的专利证书、专利文件或者专利申请文件的。

在广告活动中，假冒他人专利，涉嫌下列情形之一的，应予追诉：①非法经营数额在20万元以上或者违法所得数额在10万元以上的；②给专利权人造成直接经济损失50万元以上的；③假冒两项以上他人专利，非法经营数额在10万元以上或者违法所得数额在5万元以上的；④其他情节严重的情形。

《刑法》第二百一十六条规定，假冒他人专利，情节严重的，处3年以下有期徒刑或者拘役，并处或者单处罚金。

3.假冒注册商标罪

根据《刑法》第二百一十三条规定，假冒注册商标罪是指在广告活动中，未经注册商标所有人许可，在同一种商品、服务上使用与其注册商标相同的商标，情节严重的行为。

《最高人民法院、最高人民检察院关于办理侵犯知识产权刑事案件具体应用法律若干问题的解释》第一条规定：未经注册商标所有人许可，在同一种商品上使用与其注册商标相同的商标，具有下列情形之一的，属于《刑法》第二百一十三条规定的"情节严重"，应当以假冒注册商标罪判处3年以下有期徒刑或者拘役，并处或者单处罚金：①非法经营数额在5万元以上或者违法所得数额在3万元以上的；②假冒2种以上注册商标，非法经营数额在3万元以上或者违法所得数额在2万元以上的；③其他情节严重的情形。

具有下列情形之一的，属于《刑法》第二百一十三条规定的"情节特别严重"，应当以假冒注册商标罪判处3年以上7年以下有期徒刑，并处罚金：①非法经营数额在25万元以上或者违法所得数额在15万元以上的；②假冒两种以上注册商标，非法经营数额在15万元以上或者违法所得数额在10万元以上的；③其他情节特别严重的情形。

4.侵犯著作权罪

根据《刑法》规定，侵犯著作权罪是指在广告活动过程中，以营利为目的，未经著作权人许可，复制发行其文字作品、音乐、电影、电视、录像作品、计算机软件及其他作品的，出版他人享有专有出版权的图书的，未经录音录像制作者许可，复制发行其制作的录音录像的，制作、出售假冒他人署名的美术作品的，违法数额较大或者有其他严重甚至特别严重情节的行为。

《最高人民法院、最高人民检察院关于办理侵犯知识产权刑事案件具体应用法律若干问题的解释》第五条规定，以营利为目的，实施《刑法》第二百一十七条所列侵犯著作权行为之一，违法所得数额在3万元以上的，属于"违法所得数额较大"。具有下列情形之一的，属于"有其他严重情节",应当以侵犯著作权罪判处 3 年以下有期徒刑或者拘役,并处或者单处罚金:①非法经营数额在 5 万元以上的;②未经著作权人许可,复制发行其文字作品、音乐、电影、电视、录像作品、计算机软件及其他作品,复制品数量合计在 1000 张(份)以上的;③其他严重情节的情形。

以营利为目的,实施《刑法》第二百一十七条所列侵犯著作权行为之一,违法所得数额在 15 万元以上的,属于"违法所得数额巨大";具有下列情形之一的,属于"有其他特别严重情节",应当以侵犯著作权罪判处 3 年以上 7 年以下有期徒刑,并处罚金:①非法经营数额在 25 万元以上的;②未经著作权人许可,复制发行其文字作品、音乐、电影、电视、录像作品、计算机软件及其他作品,复制品数量合计在 5000 张(份)以上的;③其他特别严重情节的情形。

5. 损害商业信誉、商品信誉罪

在广告活动中,利用广告捏造并散布虚伪事实,损害他人的商业信誉、商品声誉,涉嫌下列情形之一的,应予立案:①给他人造成的直接经济损失数额在 50 万元以上的;②虽未达到上述数额标准,但造成公司、企业等单位停业、停产 6 个月以上,或者破产的;③其他给他人造成重大损失或者有其他严重情节的情形。

根据《刑法》第二百二十一条规定,捏造并散布虚伪事实,损害他人的商业信誉、商品声誉,给他人造成重大损失或者有其他严重情节的,处 2 年以下有期徒刑或者拘役,并处或者单处罚金。

6. 渎职罪

这类罪行是指国家机关工作人员滥用职权、玩忽职守,或者利用职权徇私舞弊,妨碍了国家机关正常的职能活动,严重损害国家和人民利益的行为,具体包括滥用职权罪、玩忽职守罪和徇私舞弊罪。在广告活动中,这类罪行的犯罪主体是特定的,即广告监督管理机关和广告审查机关的工作人员。

滥用职权罪的立案标准是:①造成死亡 1 人以上,或者重伤 3 人以上,或者轻伤 9 人以上,或者重伤 2 人,轻伤 3 人以上,或者重伤 1 人,轻伤 6 人以上的;②导致 10 人以上严重中毒的;③造成经济损失 30 万元以上的;④造成公司、企业等单位停业、停产 6 个月以上,或者破产的;⑤弄虚作假,不报、缓报、谎报或者授意、指使、强令他人不报、缓报、谎报情况,导致重特大事故危害结果继续、扩大,或者致使抢救、调查、处理工作延误的;⑥严重损害国家声誉,或者造成恶劣社会影响的;⑦其他致使公共财产、国家和人民利益遭受重大损失的情形。

玩忽职守罪的立案标准是:①造成死亡 1 人以上,或者重伤 3 人以上,或者重伤 2 人、轻伤 4 人以上,或者重伤 1 人,轻伤 7 人以上,或者轻伤 10 人以上的;②导致 20 人以上严重中毒的;③造成个人财产直接经济损失 15 万元以上,或者直接经济损失不满 15 万元,但间接经济损失 75 万元以上的;④造成公共财产或者法人、其他组织财产直接经济损失 30 万元以上,或者直接经济损失不满 30 万元,但间接经济损失 150 万元以上的;⑤虽未达到③、④两项数额标准,但③、④两项合计直接经济损失 30 万元,或者合计直接经济损失不满 30 万元,但合计间接经济损失 150 万元以上的;⑥造成公司、企业等单位停业、停产 1 年以上,或者破产的;⑦海关、外汇管理部门的工作人员严重不负责任,造成 100 万美元以上外汇被骗购或者逃汇 1000 万美元以上的;⑧严重损害国家声誉,或者造成恶劣社会影响的;⑨其他致使公共财产、国家和人民利益遭受重大损失的情形。

根据《刑法》第三百九十七条第一款规定,国家机关工作人员滥用职权或者玩忽职守,致使公共财产、国家和人民利益遭受重大损失的,处 3 年以下有期徒刑或者拘役;情节特别严重的,处 3 年以上 7 年以下有期徒刑。本法另有规定的,依照规定。

徇私枉法罪的立案标准是:①对明知是没有犯罪事实或者其他依法不应当追究刑事责任的人,采取伪造、隐匿、毁灭证据或者其他隐瞒事实、违反法律的手段,以追究刑事责任为目的立案、侦查、起诉、审判的;②对明知是有犯罪事实需要追究刑事责任的人,采取伪造、隐匿、毁灭证据或者其他隐瞒事实、违反法律的手段,故意包庇使其不受立案、侦查、起诉、审判的;③采取伪造、隐匿、毁灭证据或者其他隐瞒事实、违反法律的手段,故意使罪重的人受较轻的追诉,或者使罪轻的人受较重的追诉的;④在立案后,采取伪造、隐匿、毁灭证据或者其他隐瞒事实、违反法律的手段,应当采取强制措施而不采取强制措施,或者虽然采取强制措施,但中断侦查或者超过法定期限不采取任何措施,实际放任不管,以及违法撤销、变更强制措施,致使犯罪嫌疑人、被告人实际脱离司法机关侦控的;⑤在刑事审判活动中故意违背事实和法律,作出枉法判决、裁定,即有罪判无罪、无罪判有罪,或者重罪轻判、轻罪重判的;⑥其他徇私枉法应予追究刑事责任的情形。

根据《刑法》第三百九十七条第二款规定,国家机关工作人员徇私舞弊,犯前款罪的,处 5 年以下有期徒刑或者拘役;情节特别严重的,处 5 年以上 10 年以下有期徒刑;本法另有规定的,依照规定。

第五节 广告行政复议

一、广告行政复议的概念

行政复议是指公民、法人或者其他组织认为具体行政行为侵犯其合法权益,向行政机关提出行政复议申请,行政机关受理行政复议申请、作出行政复议决定的活动。广告行政复议是指公民、法人或者其他组织认为广告监督管理机关的具体行政行为侵犯了其合法权益,而向上一级广告监督管理机关提出申请,并由上一级广告监督管理机关在当事人参加的情况下,依法对该行政行为进行审查并作出裁决的活动。

广告监督管理机关履行行政复议职责,应当遵循合法、公正、公开、及时、便民的原则,坚持有错必纠,保障法律、法规的正确实施。

二、广告行政复议的范围

根据《中华人民共和国行政复议法》的相关规定并结合广告活动的特殊性,有以下情形之一的,公民、法人和其他组织可以依法申请行政复议。

(1)对广告监督管理机关作出的警告、罚款、没收违法所得、没收非法财物、责令停产停业、暂扣或者吊销许可证、暂扣或者吊销执照、行政拘留等行政处罚决定不服的。

(2)对广告监督管理机关作出的限制人身自由或者查封、扣押、冻结财产等行政强制措施决定不服的。

（3）对广告监督管理机关作出的有关许可证、执照、资质证、资格证等证书变更、中止、撤销的决定不服的。

（4）认为行政机关侵犯合法的广告经营自主权的。

（5）认为广告监督管理机关违法集资、征收财物、摊派费用或者违法要求履行其他义务的。

（6）认为符合法定条件，申请行政机关颁发许可证、执照、资质证、资格证等证书，或者申请行政机关审批、登记有关事项，行政机关没有依法办理的。

（7）申请广告监督管理机关履行保护人身权利、财产权利的法定职责，行政机关没有依法履行的。

（8）认为广告监督管理机关的其他具体行政行为侵犯其合法权益的。

三、广告行政复议的申请

公民、法人或者其他组织认为具体行政行为侵犯其合法权益的，可以自知道该具体行政行为之日起 60 日内提出行政复议申请；但是法律规定的申请期限超过 60 日的除外。因不可抗力或者其他正当理由耽误法定申请期限的，申请期限自障碍消除之日起继续计算。

同申请行政复议的具体行政行为有利害关系的其他公民、法人或者其他组织，可以作为第三人参加行政复议。公民、法人或者其他组织对行政机关的具体行政行为不服申请行政复议的，作出具体行政行为的行政机关是被申请人。申请人、第三人可以委托代理人代为参加行政复议。

申请人申请行政复议，可以书面申请，也可以口头申请；口头申请的，行政复议机关应当场记录申请人的基本情况、行政复议请求、申请行政复议的主要事实、理由和时间。

公民、法人或者其他组织申请行政复议，行政复议机关已经依法受理的，或者法律、法规规定应当先向行政复议机关申请行政复议、对行政复议决定不服再向人民法院提起行政诉讼的，在法定行政复议期限内不得向人民法院提起行政诉讼。公民、法人或者其他组织向人民法院提起行政诉讼，人民法院已经依法受理的，不得申请行政复议。

四、广告行政复议的受理

行政复议机关收到行政复议申请后，应当在 5 日内进行审查，对不符合法律规定的行政复议申请，决定不予受理，并书面告知申请人；对符合法律规定，但是不属于本机关受理的行政复议申请，应当告知申请人向有关行政复议机关提出。

行政复议机关决定不予受理或者受理后超过行政复议期限不作答复的，公民、法人或者其他组织可以自收到不予受理决定书之日起或者行政复议期满之日起 15 日内，依法向人民法院提起行政诉讼。

公民、法人或者其他组织依法提出行政复议申请，行政复议机关无正当理由不予受理的，上级行政机关应当责令其受理；必要时，上级行政机关也可以直接受理。

五、广告行政复议的决定

行政复议原则上采取书面审查的办法，但是申请人提出要求或者行政复议机关负责法制工作的机构认为有必要时,可以向有关组织和人员调查情况,听取申请人、被申请人和第三人的意见。

行政复议机关负责法制工作的机构应当自行政复议申请受理之日起 7 日内,将行政复议申请书副本或者行政复议申请笔录复印件发送被申请人。被申请人应当自收到申请书副本或者申请笔录复印件之日起 10 日内,提出书面答复,并提交当初作出具体行政行为的证据、依据和其他有关材料。申请人、第三人可以查阅被申请人提出的书面答复、作出具体行政行为的证据、依据和其他有关材料,除涉及国家秘密、商业秘密或者个人隐私外,行政复议机关不得拒绝。

行政复议决定作出前,申请人要求撤回行政复议申请的,经说明理由,可以撤回;撤回行政复议申请的,行政复议终止。

行政复议机关在对被申请人作出的具体行政行为进行审查时,认为其依据不合法,本机关有权处理的,应当在 30 日内依法处理;无权处理的,应当在 7 日内按照法定程序转送有权处理的国家机关依法处理。处理期间,中止对具体行政行为的审查。

行政复议机关负责法制工作的机构应当对被申请人作出的具体行政行为进行审查,提出意见,经行政复议机关的负责人同意或者集体讨论通过后,按照下列规定作出行政复议决定。

(1)具体行政行为认定事实清楚,证据确凿,适用依据正确,程序合法,内容适当的,决定维持。

(2)被申请人不履行法定职责的,决定其在一定期限内履行。

(3)具体行政行为有下列情形之一的,决定撤销、变更或者确认该具体行政行为违法;决定撤销或者确认该具体行政行为违法的,可以责令被申请人在一定期限内重新作出具体行政行为:①主要事实不清、证据不足的;②适用依据错误的;③违反法定程序的;④超越或者滥用职权的;⑤具体行政行为明显不当的。

(4)被申请人不按照规定提出书面答复、提交当初作出具体行政行为的证据、依据和其他有关材料的,视为该具体行政行为没有证据、依据,决定撤销该具体行政行为。

行政复议机关责令被申请人重新作出具体行政行为的,被申请人不得以同一的事实和理由作出与原具体行政行为相同或者基本相同的具体行政行为。

第六节　广告行政诉讼

一、广告行政诉讼的概念

广告行政诉讼是指广告案件当事人认为广告监督管理机关的处罚决定或者上一级广告监督管理机关复议决定侵犯了其合法权益,依法向人民法院起诉并由人民法院审查裁决的法律制度。

人民法院依法对行政案件独立行使审判权,不受行政机关、社会团体和个人的干涉。人民法院设行政审判庭、审理行政案件。

二、广告行政诉讼的范围

根据《中华人民共和国行政诉讼法》，人民法院受理公民、法人和其他组织对下列具体广告行政行为不服提起的诉讼。

(1)对拘留、罚款、吊销许可证和执照、责令停产停业、没收财物等行政处罚不服的。

(2)对限制人身自由或者对财产的查封、扣押、冻结等行政强制措施不服的。

(3)认为行政机关侵犯法律规定的广告经营自主权的。

(4)认为符合法定条件申请行政机关颁发许可证和执照，行政机关拒绝颁发或者不予答复的。

(5)申请行政机关履行保护人身权、财产权的法定职责，行政机关拒绝履行或者不予答复的。

(6)认为行政机关违法要求履行义务的。

(7)认为行政机关侵犯其他人身权、财产权的。

三、广告行政诉讼的起诉和受理

对属于人民法院受案范围的行政案件，公民、法人或者其他组织可以先向上一级行政机关或者法律、法规规定的行政机关申请复议，对复议不服的，再向人民法院提起诉讼；也可以直接向人民法院提起诉讼，公民、法人或者其他组织直接向人民法院提起诉讼的，应当在知道作出具体行政行为之日起 3 个月内提出。公民、法人或者其他组织向行政机关申请复议的，复议机关应当在收到申请书之日起 2 个月内作出决定。申请人不服复议决定的，可以在收到复议决定书之日起 15 日内向人民法院提起诉讼。复议机关逾期不作决定的，申请人可以在复议期满之日起 15 日内向人民法院提起诉讼。

提起诉讼应当符合下列条件：①原告是认为具体行政行为侵犯其合法权益的公民、法人或者其他组织；②有明确的被告；③有具体的诉讼请求和事实根据；④属于人民法院受案范围和受诉人民法院管辖。

人民法院接到起诉状，经审查，应当在 7 日内立案或者作出裁定不予受理。原告对裁定不服的，可以提起上诉。

四、广告行政诉讼的审理与判决

人民法院应当在立案之日起 5 日内，将起诉状副本发送被告。被告应当在收到起诉状副本之日起 10 日内向人民法院提交作出具体行政行为的有关材料，并提出答辩状。人民法院应当在收到答辩状之日起 5 日内，将答辩状副本发送原告。被告不提出答辩状的，不影响人民法院审理。

诉讼期间，不停止具体行政行为的执行。但有下列情形之一的，停止具体行政行为的执行：①被告认为需要停止执行的；②原告申请停止执行，人民法院认为该具体行政行为的执行会造成难以弥补的损失，并且停止执行不损害社会公共利益，裁定停止执行的；③法律、法规规定停止执行的。

人民法院经过审理，根据不同情况，分别作出以下判决。

(1)具体行政行为证据确凿，适用法律、法规正确，符合法定程序的，判决维持。

(2)具体行政行为有下列情形之一的,判决撤销或者部分撤销,并可以判决被告重新作出具体行政行为:①主要证据不足的;②适用法律、法规错误的;③违反法定程序的;④超越职权的;⑤滥用职权的。

(3)被告不履行或者拖延履行法定职责的,判决其在一定期限内履行。

(4)行政处罚显失公正的,可以判决变更。

人民法院在审理行政案件中,认为行政机关的主管人员、直接责任人员违反政纪的,应当将有关材料移送该行政机关、其上一级行政机关或者监察、人事机关;认为有犯罪行为的,应当将有关材料移送公安、检察机关。

人民法院应当在立案之日起3个月内作出第一审判决。有特殊情况需要延长的,由高级人民法院批准;高级人民法院审理第一审案件需要延长的,由最高人民法院批准。当事人不服人民法院第一审判决的,有权在判决书送达之日起15内向上一级人民法院提起上诉。当事人不服人民法院第一审裁定的,有权在裁定书送达之日起10日内向上一级人民法院提起上诉。逾期不提起上诉的,人民法院的第一审判决或者裁定发生法律效力。

人民法院审理上诉案件,应当在收到上诉状之日起两个月内作出终审判决。有特殊情况需要延长的,由高级人民法院批准,高级人民法院审理上诉案件需要延长的,由最高人民法院批准。人民法院审理上诉案件,按照下列情形,分别处理:①原判决认定事实清楚,适用法律、法规正确的,判决驳回上诉,维持原判;②原判决认定事实清楚,但适用法律、法规错误的,依法改判;③原判决认定事实不清,证据不足,或者由于违反法定程序可能影响案件正确判决的,裁定撤销原判,发回原审人民法院重审,也可以查清事实后改判。当事人对重审案件的判决、裁定,可以上诉。

> **思考题**

1.广告法律责任及广告违法行为的概念、构成要件是什么?广告违法行为的种类和表现形式主要有哪些?

2.分析广告违法行为行政处罚的原则及情节。

3.广告行政处罚中的责令改正与责令公开更正有什么区别?

4.非法代言的行政责任有哪些?

5.论述广告活动中民事违法行为的种类及应承担的民事责任。

6.虚假广告罪的量刑标准是什么?

7.广告行政复议和广告行政诉讼的区别是什么?

附录

参考文献

白玉萍,陈蕾,张欣涛,等.试论完善我国违法药品广告公告制度[J].中国药事,2010(10):941-943.

陈纯明."三类违法广告"的成因及整治措施[J].中国药业,2009(10):5-6.

陈刚,单丽晶,阮珂,等.对中国广告代理制目前存在问题及其原因的思考[J].广告研究(理论版),2006(1):5-12.

陈培爱.广告学原理[M].上海:复旦大学出版社,2003.

陈培爱.中外广告史新编[M].北京:高等教育出版社,2009.

陈绚.广告道德与法律规范教程[M].北京:中国人民大学出版社,2002.

樊志育.广告学原理[M].上海:上海人民出版社,1994.

范鲁斌.中国广告业30年200个"第一"[J].中国广告,2007(12):129-137.

范志国,何鹄志.关于构建我国广告自律审查机构的探讨[J].技术经济与管理研究,2008(1):30-31.

李维峰,周杰,宫晓霞.违法广告行为的(法)经济学分析[J].山东农业管理干部学院学报,2005(5):85-86.

刘林清.广告法规与管理[M].北京:高等教育出版社,2009.

吕蓉.广告法规管理[M].上海:复旦大学出版社,2003.

倪峁.广告法规与管理[M].上海:上海人民美术出版社,2016.

水志东.互联网广告法律实务[M].北京:法律出版社,2017.

涂俊明.虚假违法广告公告的缺失[J].农药市场信息,2012(8):14.

徐英华.中国广告业如何应对加入WTO的挑战[J].经济师,2003(1):276-277.

杨进.违法广告禁而不止的制度分析[J].广西政法管理干部学院学报,2010(3):108-112.

杨拥军,毛江平,毛觉.建立管理、监测互动的广告监管体系[J].工商行政管理,2003(7):38-40.

药恩情,闫翠翠.我国广告法制建设回顾与展望[J].中北大学学报(社会科学版),2010(2):9-14.

张金海,廖秉宜.广告代理制的历史检视与重新解读[J].广告大观(理论版),2007(2):25-31.

张文锋.传媒体制与违法广告监管的思考[J].采写编,2012(1):37-38.

周茂君.建立我国独立广告审查制度刍议[J].湖北社会科学,2001(11):58-59.